U0792664

从黄埔军校走出来的
国共两党高级将领

潘 望◎著

II

『折戟沉沙铁未销，自将磨洗认前朝』

他们，在内战中一败涂地，最终退出了历史舞台，成了人们茶余饭后的前朝旧事

杜聿明

王耀武

郑洞国

廖耀湘

郑介民

桂永清

罗瑞卿

许光达

周士第

宋时轮

郭天民

郭化若

『云龙风虎尽交回，太白入月敌可摧』

他们，不惜流血牺牲，前赴后继、历经艰险，终于缔造了一个崭新的中国

中共党史出版社

图书在版编目(CIP)数据

从黄埔军校走出来的国共两党高级将领.2 / 潘望著.—北京：中共党史出版社，2016.4

ISBN 978-7-5098-3159-5

Ⅰ.①从… Ⅱ.①潘… Ⅲ.①中国人民解放军-将军-列传②国民党军-将军-列传 Ⅳ.①K825.2

中国版本图书馆 CIP 数据核字（2015）第 158015 号

出版发行：中共党史出版社
责任编辑：潘 鹏 王树林（特邀）
复 审：韩冬梅
终 审：吴 江
社 址：北京市海淀区芙蓉里南街 6 号院 1 号楼
邮 编：100080
网 址：www.dscbs.com
经 销：新华书店
印 刷：北京晨旭印刷厂
开 本：170mm×240mm 1/16
字 数：280 千字
印 张：19.5
印 数：1-10000 册
版 次：2016 年 4 月第 1 版
印 次：2016 年 4 月第 1 次印刷
ISBN 978-7-5098-3159-5
定 价：39.80 元

此书如有印制质量问题，请与中共党史出版社营销部联系
电话：010-82517190

前 言

转眼间，《从黄埔军校走出来的国共两党高级将领》第二部又即将完稿，在这本书中，我们为广大读者朋友们推出了罗瑞卿、许光达、周士第、宋时轮、郭天民、郭化若、杜聿明、王耀武、郑洞国、廖耀湘、郑介民、桂永清12位人物。

这些大家熟悉的名字分属于国共两党，他们当中，有的是人民解放军的著名战将，为新中国的成立立下了赫赫功勋；有的是八年抗战中战功赫赫的抗日名将，后来却成为内战战犯兵败被俘；有的是性如烈火、脾气暴躁然则号称“沙场铁壁”的悍将；有的是执掌军统、俨然不可一世最后却神秘死亡的魔头；有的是满腹经纶但又屡经磨难的一代儒将；有的是屡战屡败居然还青云直上的奸佞武臣。无论历史如何评说，他们都拥有着同一个起点——黄埔！

黄埔军校战果辉煌。从黄埔军校刚刚成立不久就开始的东征、北伐，到随后的十年内战、抗日战争，再到最后的解放战争，黄埔师生一直都是双方的主角。他们曾经并肩作战，扫除顽固军阀、抵抗侵华日军，也曾白刃相见，逐鹿中原，决战在辽沈大地，鏖战于淮海、平津前线。

在冰与火的战争洗礼中，绝大多数黄埔师生都实现了人生的蜕变，他们从学员兵，到营、团、师长，有的直至将军、元帅。可以说，每一个黄埔人都是一个精彩故事，他们的故事从黄埔发端，一直延续到整个人生。

因为这本书是《从黄埔军校走出来的国共两党高级将领》的延续，所以除了所写人物不同外，两本书在编写体例、叙事重点、语言风格等多方面基本相同。本书既描绘了他们精湛的指挥艺术，又渲染了令人热血沸腾的战争场面；即对为人民解放事业做出杰出贡献的革命先烈进行了赞扬与讴歌，又对站在人民对立面并以暗淡落幕的黄埔名将，表示了谴责与感叹；在多角度、全方位地展示他们独具特色的个人魅力的同时，也凸出了黄埔精英们的群体风采。

如今，黄埔军校已经渐渐离我们远去，但它在我们心中的分量依然沉重，魅力依然无穷。尤其是那一代黄埔人，他们的信仰，他们的意志，他们的智慧，他们的勇气，他们表现出来的黄埔精神，永远都是我们取之不竭的精神财富。翻开本书，让我们重新回到那个硝烟滚滚的年代，重新回顾那段充满壮烈的历史，重新认识那些充满激情的黄埔精英们的曲折离奇的传奇人生。

潘望于北京小关

2016年1月中旬

目 录

铁拳护卫——罗瑞卿

外柔内刚——许光达

铁甲骑士——周士第

沙场铁壁——宋时轮

性如烈火——郭天民

一代高参——郭化若

昆仑之刃——杜聿明

铁军悍将——王耀武

宽厚“长者”——郑洞国

丛林之虎——廖耀湘

魔窟儒将——郑介民

青云直上——桂永清

从黄埔军校走出来的 CONGHUANGPUJUNXIAOZOUCHULAIDE
GUOGONGLIANGDANGGAOJIJIANGLING 国共两党高级将领 二

铁拳护卫——罗瑞卿

战争时期，他一直在政治部工作，负责保卫党中央；新中国成立后，他是首任公安部长，负责保卫新生的共和国。苏联的缔造者列宁曾经不幸遇刺，可在国民党特务数百次的预谋暗杀中，毛泽东与其他党和国家领导人安然无恙，罗瑞卿真可谓是“善战者无赫赫之功”。

小档案

姓名字号： 罗瑞卿，原名罗其荣

籍　　贯： 四川省南充市

生卒年月： 1906.5.31—1978.8.3　卒年72岁

毕业院校： 黄埔军校武汉分校

军　　衔： 大将

最高军职： 中国人民解放军总参谋长，中央军委秘书长

一、“假党员”问题

罗瑞卿是一位杰出的共产主义战士，是党和军队的杰出领导人之一。但是，他入党的经历颇有些传奇性。

1926 年初，黄埔军校随国民政府由广州迁到了武汉，改称武汉中央军事政治学校，要在各地招收一批共青团员和革命青年。罗瑞卿在南充中学时的老师、共产党员袁诗荛鼓励罗瑞卿投考军校。听到这个消息，罗瑞卿十分高兴，立即离开了成都到了重庆。在重庆，他以优异成绩考入中央军事政治学校。

1926 年底，罗瑞卿被分配在黄埔军校武汉分校入伍生总队政治第 1 大队第 2 队，后参加北伐战争。1927 年 8 月，他因为生病脱离了张发奎的队伍。病好了，罗瑞卿便同失掉党的关系的共产党员任启愤等一起找党。

罗瑞卿在黄埔

这时，武汉已是一片白色恐怖。他们认识的党员不是被逮捕抓进监狱了，就是被送上刑场了；还有一些是已经在报上登了反共启事的变节者，而这些人已经不成其为党员了。真正的、仍然在进行着革命活动的党员呢？在茫茫人海中却一个也找不到。

天气越来越冷，白色恐怖也越来越严重。到处流传着谣言，说是四川人都是共产党。任启愤对罗瑞卿说，秦汉山部驻在湖南常德。这支部队曾参加过由刘伯承等领导的泸顺暴动，出川后被鲁涤平收编。任认识秦，可以在那里找事做，暂时存身。

于是，罗瑞卿、任启愤即乘小火轮穿洞庭湖经津市到常德。

来到常德后，秦汉山给了任启愤一个差事，对罗却爱莫能助。此时，茕茕孑立的罗瑞卿被困在常德约一个月的时间。不久，他得知任伯芳在澧州由鲁涤平收编的另一支部队里当参谋，便写信给他，随后，罗瑞卿由任伯芳介绍到澧州那支部队的政治部宣传科当科员。

此时，任伯芳也失去了党的关系。1928 年夏天，他们商量决定到上海找党。

到上海后不久，罗瑞卿又同任白戈、王义林等相遇。五六个人挤住在田汉举办的南国艺术剧院出租的一个亭子间里，过着有饭大家吃、有钱大家花的“共产主义”生活。

这时，罗瑞卿在军校的同学潘先知等人看到他大病初愈，衣食无着，便劝他投靠由汪精卫、陈公博等人组织的国民党改组派，被罗瑞卿拒绝了。

1928 年 10 月，罗瑞卿得知任伯芳已经接上了党组织关系，便向他提出入党要求。

任伯芳说：“现在白色恐怖十分严重，党已经转入地下的情况下，要想尽快解决这一问题，你就说在军校入党，失掉了关系，你写个报告，由我做证明人算了。”

罗瑞卿虽然感到这样做不妥，但由于入党心切，还是照办了。

中央军委随即派欧阳钦同他接上了关系，并送了文件和生活费给他。

这就是罗瑞卿入党的经过，也是一个热血青年寻找信仰的一个真实、又有点悲壮的故事。它的产生不仅是由于当时特定的历史条件，也反映了当时罗瑞卿不成熟的一面。

随着时间的推移，罗瑞卿逐渐步入领导岗位，然而，入党一事在很长的一段时间里，都是他心上的一个阴影。他总觉得自己是做了对不起党的事情，于是，便用加倍的忠诚和努力来弥补。

但是，在“文化大革命”中，这个盖子终于揭出来了。林彪、康生、“四人帮”把假党员的帽子戴到罗瑞卿的头上。罗瑞卿带着悔恨和愤怒，诚恳地向党、向毛泽东陈述这段真实的经历：

1926年夏，我从我那个破产的地主家庭分裂、偷跑出来后，就带着一点进步的倾向（当然是很微弱的）向革命寻找出路。第一次大革命的浪潮，把我卷进了黄埔武汉分校。我没有参加任何党派，但有比较强烈的愿望想加入中国共产党。就是大革命失败被敌人打散后，无论是想回四川找朋友，或病困武昌，或因桂系军阀占领武汉后白色恐怖更加严重，同任启愤去湘西以致流浪各地，在以后同任伯芳到上海，都没有改变这种愿望……由于各种条件的限制，我都未能如愿。从中学起，不管在什么地方，我接近的人都是当时的共产党员和带有某些进步倾向的人。我没有同坏人亲密接近过，我没有做过或任何反对党，反对革命的坏事。这些，如果党还没有审查清楚，请求党严加审查。

我加入党，没有组织手续，当然是不能允许的。但是我到党内来是革命的，不是来混日子，更不是来投机、来破坏的。这是被历史决定也被历史证明了的。因为当时的社会严重地压迫我，我除革命而外没有别的出路。去年11月我向主席的报告中说：我如果当时不找到党的依靠，不仅无法革命，连生存都成问题，这是确实的。因此，我同党发生关系后，党要我去湘鄂西红军，我就去。到宜昌后，因交通断绝，党要我去一个县委任秘书暂时隐蔽。去后，那个县委不肯接收，说隐蔽不下来，党又要我回上海等交通恢复，我就回到上海。不久，毛主席率领的红四军就打下了汀州，党又决定我们同行的两人，一去闽西上杭游击队，一去闽西永定游击队，我都是坚决服从的。

我在主席和党的领导下，工作30几年，党给了我职务，并有了不少重要职务。每当想起此事心里总觉不安。职务每提拔一次，自己就震动一次，但是总以“好好为党工作吧，我又没有对党破坏”的想法来安慰自己。我在自己的岗位上确实是忠心耿耿，兢兢业业地为党为人民利益工作的。除上述这个问题外，我在党内确实没有再做过任何坏事。我的工作上也犯过一些错误，有些还带有它的严重性，但那是我对于马列主义和主席的思想，对于主席和党的路线、政策、指示学习不够，理解不深，没执行好所致，决非我有意损害党。

这段往事多少年来，甚至当“文化大革命”结束之后，都像一块石头一样压在罗瑞卿的心上。

后来，在国家的政治生活终于走上了正轨，罗瑞卿恢复了组织生活。他重又出席了党的代表大会，担任了重要的职务。罗瑞卿去世以后，由邓小平宣读的悼词中对罗瑞卿的入党这样写着：

罗瑞卿同志是四川南充人。第一次国内革命战争初期，他就参加了革命学生运动，1926 年加入了中国共产主义青年团，1927 年在黄埔军校武汉分校从事革命活动。在蒋介石叛变革命的危急关头，罗瑞卿同志于 1928 年转为中国共产党员。

党通过这种方式，再一次承认了罗瑞卿的党籍。

二、绰号“罗长子”

井冈山时期，在红 4 军第 2 纵队中，罗荣桓任 2 纵政委，罗瑞卿任政治部主任，两人都是分管部队的政治思想工作。但是，他们性格上各有特点。罗瑞卿活泼、干脆，罗荣桓沉静、稳重，一动一静，迥然不同，但配合十分默契，开始建立起深厚的友谊。

因为他们都姓罗，又先后任第 2 纵队、红 4 军政委，为区别起见，大家便称呼罗荣桓为大罗，罗瑞卿为小罗。以后，罗瑞卿和罗荣桓长期在一起战斗，大罗、小罗之称一直伴随着他俩。

1929 年初，在中央军委的安排下，罗瑞卿、曾省吾由地下交通员带领，经漳州、南靖、龙岩来到了上杭蛟洋。

这时，闽西有两支游击队，一支在上杭，领导人即为傅柏翠；另一支在永定，领导人是张鼎丞。这两支队伍是在 1928 年 6 月永定和蛟洋暴动后组成的。罗瑞卿和曾省吾加入了傅柏翠的游击队。

5 月间，红 4 军第二次入闽，傅柏翠、曾省吾闻讯后立即到上杭北面的新泉、庙前去联络。

红军时期的罗瑞卿

第二天，红四军路过游鱼坝，罗瑞卿和傅、曾率领游击队和当地群众欢迎红4军，街上摆了茶水，墙上贴了欢迎标语，村口插了红旗。随后，一起攻打龙岩。红4军主力打西门，罗瑞卿等率游击队在东门佯攻，5月23日攻克龙岩。5月26日，上杭一带游击队编为红59团。傅柏翠任团长，曾省吾任党代表，罗瑞卿任参谋长。

6月，红4军三打龙岩之后，闽西的地方武装又合编为红4军第4纵队，傅柏翠为司令，张鼎丞为党代表，龚楷为参谋长，李力一为政治部主任，罗瑞卿任参谋主任。随后，罗瑞卿参加了在龙岩召开的红4军党的第七次代表大会。

会后，毛泽东离开部队，陈毅赴上海参加党中央召开的军事联席会议并就红4军的现状及党内存在的分歧向党中央请示报告。朱德率第2、第3纵队出击闽中。罗瑞卿随第4纵队和第1纵队一道，坚持闽西斗争。不久，罗瑞卿被调到第2纵队第5支队任党代表。在上杭，罗瑞卿又出席了红4军党的第八次代表大会。

红4军开完八大后，即奉命出击粤北东江地区，但是战斗失利，只好于11月中旬返回闽西。这时，陈毅已带着中央的“九月来信”返回部队。23日，红4军攻克汀州。随即，毛泽东被朱德、陈毅等人请回部队。

毛泽东在一次干部会上注意到了罗瑞卿。其实，在红四军召开七大时，他们就见过面。但当时毛泽东心事重重，对罗也就没在意。这一次，他注意到了这位看着比自己还要高的罗瑞卿，便问道：“你是北方人吧？”

罗瑞卿回答：“我是四川南充人。”

毛泽东略感惊讶：“哦，川湘子弟身材大都不高，可你我却都是长人，你看来还要比我更高一点。称得上是个‘长子’。”

接着，毛泽东又问了他的姓名和干什么工作。这是罗瑞卿和毛泽东之间的第一次交谈。

随后，罗瑞卿在一个月内几乎每天同毛泽东都有接触。

1929年底，罗瑞卿出席了红4军党的第九次代表大会，即古田会议。古田会议结束后，秋收起义的参加者罗荣桓任第2纵队政委，随后，罗瑞卿任第2纵队政治部主任。

由于毛泽东说他是“长子”，从井冈山开始，罗瑞卿便得了“罗长子”的外号。在以后的岁月中，毛泽东对于“罗长子”有许多的形象说法。其中，最著名的就是毛泽东不止一次说过的：“天塌下来怕什么，有罗长子顶着呢！”

在井冈山时期，报纸是毛泽东十分看重的东西。毛泽东每到一地都要找报纸，并从第一版直到最后一版仔细阅读，连广告也不放过，从中分析国际国内形势，了解敌人的动态。

这时，作为2纵的政治部主任，罗瑞卿除协助罗荣桓贯彻古田会议决议外，还有一个重要任务，就是为毛泽东搜集白区报纸。为此，罗瑞卿经常托人为毛泽东购买报纸。在从闽西到江西的途中，罗瑞卿曾为毛泽东买报纸引出过一段轶事。

一天，罗瑞卿拿出一些钱委托一位做邮差的江西老表到白区去收购报纸。

几天后，这位老表满载而归，并向罗交回还剩余的两块光洋。

罗瑞卿看到这位邮差薪水菲薄，家小多，生活很困难，便将这两块光洋送给他。这位老表做了多年邮差，见过各种牌号的军队，但从未见过像红军这样同老百姓心连心的军队，也未见过对老百姓这样和蔼的长官。他将这两块大洋视如拱璧，一直舍不得花。

然而，后来他生活实在困难，家里快要断炊了，便将这两块银元换了40枚五分的中华苏维埃铜币。这些铜币他每用一枚都要掂量再三，当剩下最后一枚时，他决心永远保留以作纪念。

1934年秋，红军长征后，他仍将这枚铜币珍藏在家中。

全国解放后，他从报上看到罗瑞卿已任公安部长，便给罗瑞卿写了一封充满真挚感情的信。当罗瑞卿拆开这封信时，那枚铜币便滚落到他的办公桌上。后来，罗瑞卿将这枚铜币献给了中国人民革命军事博物馆。

三、“棺材太短了”

1931 年 4 月，蒋介石派何应钦率 20 万大军，向中央根据地发动了第二次“围剿”。4 月 20 日，红军主动后撤到根据地腹部东固、龙冈一带隐蔽待机。

敌军进入根据地后，稳扎稳打，步步为营，行动十分谨慎。到 5 月 14 日，红军已等待了 25 天之久，敌王金钰师和公秉藩师准备离开富田坚固的工事向东固推进。红军总部获悉后，立即命令 1、3 军团分三路攻击运动中之敌。红 4 军担任右路，抢占观音崖、九寸岭两处隘口，正面阻击敌人。

从富田到东固，中间横一大山，只有两条大路可通，观音崖、九寸岭是必经之地。5 月 16 日，师长曾士峨、政委罗瑞卿率领 11 师迅速抢占了观音崖，11 师师部设在观音崖山顶稍下的独立房屋内。这所房屋是老表看山歇脚、以避风雨的，房门很矮，身材高大的罗瑞卿进出都要低头。师特务连长杨得志又领人在旁边搭了一个棚子，作为师指挥所。

部队刚刚进入阵地，敌人便打来猛烈炮火，那个棚子很快被炸塌。曾士峨、罗瑞卿此时正在棚外用望远镜专注地观察敌情。不一会儿，罗瑞卿看到敌人的一路正向左面 33 团阵地迂回，立即告诉曾士峨，曾士峨点头说：“33 团前面还有一个山头，敌人只有通过这个山头才能接近 33 团阵地。”

随即，曾士峨吩咐杨得志派人通知 33 团团长聂鹤亭，让他坚决顶住。

杨得志刚把人派出，又是一阵密集的机枪扫射过来。高高的罗瑞卿首当其冲，左颊中弹，他立即转身去扶那房屋的门框，没扶住便倒在独立房屋面前。这一子弹打断了罗瑞卿的动脉，顷刻间，他满头满脸是血。看到政委倒了下去，曾士峨命令医生抢救后，自己也挥舞着驳壳枪冲下山去迎敌了。

这时，医生叶青山刚刚恢复党籍才四天，他听说罗瑞卿负了伤，飞快赶来进行抢救。

罗、叶有过一段交情。1930 年 12 月，当部队南撤到宜黄时，开展反“AB 团”的斗争。第 11 师的唯一经过科班训练的医生叶青山也被一个看护长供出是“AB 团”，于是叶也遭到审查。在动员他招供时，他搜索枯肠，交代道：“我惦念孤身一人在家的老母，有一次卫生队有人怕被抓‘AB 团’，要开小差，我也随声附和，想回家看看老母亲，这说明我革命意志不坚定，有危险的动摇情绪。”

然而，11 师政委罗瑞卿不相信叶是“AB 团”，在“左”倾情绪盛行的形势下，要解脱叶青山，需要转一点儿弯子。于是在一次大会上，罗瑞卿宣布：“对叶青山，还是让他看病治伤，在使用中进一步对他进行考察。至于说他动摇，给他开除党籍处分!”

罗瑞卿这一着在“左”的情绪下，是要承担风险的，终于救了叶青山一命。

后来，毛泽东见到叶青山时常常开玩笑地说：“叶青山，叶青山，留得青山在，不怕没柴烧哇!”1931 年 5 月 12 日叶青山又被恢复党籍。

此刻，叶青山看到罗瑞卿左侧颞颧颌关节已经击穿，颞颧动脉受损，出血严重，应采取压迫止血法，但身边又找不到可应用的材料。他摸摸自己的口袋，发现一块银元，情急智生，于是，他将这块银元用几层纱布裹住，放在罗瑞卿伤口出血处，实行了加压止血包扎，然后让人用担架将罗抬到救护所去，自己又去抢救别的伤员。

在师救护所，有一位护士不知罗瑞卿的伤情，他看到罗的脸上结了紫黑色的血痂，血痂上还有一些泥土、草棍，便动手去清除污物而把血痂揭开了。这一来，动脉中的血又冒了出来，他吓得手足无措，又到前线去找叶青山。

结果，叶青山赶了十几里路到后方，好不容易才又止住了血。

这时罗瑞卿已经十分虚弱，叶青山怕他再出血，便陪伴着他，并决定马上把他送到后方医院。结果，叶青山和罗的勤务兵王保林还有两个民工轮流抬着担架，一路上小心翼翼，每天多则走三四十里，少则走一二十里，终于在 25 日把罗平安送到位于上田的后方医院。

在医院内，由医务主任李治和叶青山给罗瑞卿做了动脉血管吻合和颞颌关节复位的手术。手术基本可以，但由于失血过多，加上一路上烈日暴晒、风吹雨淋，罗瑞卿又并发了大叶性肺炎，高烧不止，昏迷不醒。

罗瑞卿与小战士

有一天，他稍稍清醒，忽然听到外面有锯木头的声音，还有人说话。一人说："太短了，长点！没见那个人，个子长得好高咧！"

另一人说："已经够长了。"

罗瑞卿模模糊糊地知道，他们说的就是自己。原来，他们在为他做棺材。

然而，为他准备的棺材并没有用上。罗瑞卿在昏迷数日后，又一次奇迹般地活了过来。

罗瑞卿这次负伤也落下一个后遗症，这就是嘴不能张大，吃饭困难，不能大笑，说话也吃力，显得有些咬牙切齿。后来，在审查党的七大代表候选人资格时，有人还提出：罗瑞卿太严肃，没有笑容，一说话就咬牙切齿，人们都怕他。

叶青山立即解释说："他受过伤，是我给治的，颞颌关节复位时没有抬起来，所以以后讲话他一定要咬牙切齿，否则就讲不出来。其实他虽然对敌人狠，但对自己人很和蔼，是一位好领导。"

四、共和国之盾

1948年5月9日，中共中央决定将晋察冀和晋冀鲁豫两个解放区及其党政军机关合并，组成中共中央华北局、华北行政委员会和华北军区。聂荣臻为华北军区司令员，徐向前为第一副司令员，薄一波为政治委员，罗瑞卿为政治部主任。野战军分为两个兵团，徐向前率领由晋冀鲁豫一些部队组成的第一兵团在山西转战；杨得志、罗瑞卿、耿飚率领的第3、第4纵队编为第2兵团，过平绥路东进。

1949年6月，中央军委副主席周恩来电召罗瑞卿到北平。

罗瑞卿向继任政委李志民交代了工作，和杨得志等同志话别后，便与赴青岛休养的徐向前同乘火车前往北平。

抵达北平后，罗瑞卿来到中南海。这时党中央和军委总部机关已从西柏坡迁进北平，周恩来的办公室在中南海，毛泽东还住在香山。罗瑞卿推门进去时，周恩来放下手中的毛笔，哈哈一笑，与罗瑞卿一起坐到旁边的沙发上，说："叫你来，是有急事。马上要宣布新中国诞生，中央政府里面，有你的位置，是公安部长。"

罗瑞卿从沙发上站起来，对周恩来说："我还是随四野南下，参加解放全中国的战斗吧。"

周恩来微笑着说："那么，公安部长谁来当呢？"

"李克农。"罗瑞卿想都没想脱口而出。

周恩来对他说："各人有各人的事，李克农有李克农的事，你就不要讲价钱了。"

周恩来告诉他，中央已经做出了决定。罗瑞卿便不作声了。

当晚，毛泽东在双清别墅接见了罗瑞卿。

一见面，毛泽东就对罗瑞卿说："听说你不愿意干公安部长，还要去打仗？现在要建立新的国家政权了，我们都不干，都去打仗，那行吗？"

罗瑞卿认识到让他当公安部长是形势的需要，便愉快地接受了任务。罗瑞卿担任公安部长后，首先率领公安队伍在首都，并指导全国开展荡涤旧社会一切污泥浊水的斗争，为中华人民共和国的成立，创造了良好的政治环境，受到了党中央和毛泽东的称赞。

1950 年朝鲜战争爆发后，龟缩在台湾的国民党蒋介石认为反攻的时机已到，便加紧向大陆派遣间谍特务。

这些特务有空投的，有从海上偷渡的，还有从边境潜入的，他们以“杀死一名部长，奖励十条黄金”为诱饵，使一批亡命之徒铤而走险，把暗杀目标盯在一些高级干部和重要民主人士身上。当罗瑞卿向毛泽东汇报这些情况时，毛泽东饶有风趣地说：“他们很不简单嘛！海、陆、空都出动了。这就叫做‘海里爬上来，陆地钻出来，空中掉下来’。不过，他们折腾得再凶，怕是在罗长子面前也讨不了好去呢!”

毛泽东说得很轻松，罗瑞卿却不敢掉以轻心，立即从全国抽调精兵强将，投入这一斗争。

9 月下旬，罗瑞卿向毛泽东汇报，为控制敌人交通线和运送破坏器材的运输线，准备选择一些人设法打入敌人内部去。毛泽东听后很感兴趣，指示说：“为了取得敌人的信任，必要的时候，也可以甩几个手榴弹，烧两间茅房子，到敌人那里去报告，只要不死人就行。”

说得两人会心地哈哈大笑。

就在这次会谈后不久，名噪一时的国民党特务段云鹏，便落入了罗瑞卿设置的

公安部长罗瑞卿（左二）

法网。

段云鹏，自幼习武，能飞檐走壁，解放前是京津一带有名的飞贼，1946 年为军统北平站所收买，当上了国民党特务。北平解放前夕，为破坏国共和谈，恐吓民主人士，他在原北平市长何思源家里搞爆炸，使何的一个女儿当场死亡，何夫妇受重伤。北平解放后，他逃到台湾，但贼心不死，先后于 1949 年 9 月和 1950 年 5 月两次潜入京津地区，发展特务人员，策划多次爆炸事件。他甚至想利用熟悉中南海地形的特点，阴谋再次潜入北京，行刺毛泽东、刘少奇、周恩来等党和国家领导人。

罗瑞卿得到这个情报后，决定采取欲擒故纵的策略，派秘密人员诱骗段贼入境，终于将这个自命不凡、声称任何人对他也奈何不得的飞贼，在第三次潜入大陆，刚刚到广州时便被捕获，除掉了这个祸害。当罗瑞卿将这个情况报告毛泽东时，毛泽东听后诙谐地说：

"你们莫要这么性急嘛！他不是飞贼吗？让他飞一个样子看看嘛！"

在此前后，公安人员还先后除掉了企图在广州刺杀叶剑英的赵一帆，混入中央机关内部企图暗害中央领导人的高元龙；妄图在上海暗杀陈毅的刘金德等敌特分子；还把几批空投到东北地区，企图搞反革命暴乱的敌特和数名美国间谍悉数就擒。把敌人一次次阴谋利用"五一"、"十一"重大节日搞爆炸，制造重大事件的图谋彻底粉碎，使新中国革命政权日益巩固，毛泽东、周恩来等党和国家领导人对此非常满意，多次指出：国家政权的巩固，公安战线功不可没！

五、长江搏激浪

20 世纪 50 年代，毛泽东经常到全国各地视察，祖国的大江南北，山川原野几乎到处都留下了他巨人的足迹。毛泽东外出，作为"大警卫员"的罗瑞卿，除了相随相伴之外，更多地是为他的安全做保卫工作。

毛泽东每次外出或出席各种活动，罗瑞卿都要亲自安排保卫人员，对毛泽东将要出入的场所、行走的路线、乘坐的车辆，亲自过问和检查。有时甚至他自己要先走一走，椅子要先坐一坐，东西要先摸一摸看一看，力争做到缜密周详，无一纰漏。毛泽东的专车到达或离开，都由罗瑞卿开道。儿童上天安门献花，也是他亲自带上去。罗瑞卿相随毛泽东左右，使得毛泽东戏谑地说：

“罗长子在我身边，天塌下来，有他顶着。”

“罗长子往我身边一站，我就感到十分放心。”

毛泽东酷爱游泳，他外出，经常提出要游泳，而罗瑞卿对此则常常持反对意见，不同意毛泽东冒这个险。当毛泽东1953年在武汉时，曾打听长江可不可以游泳，回答是否定的。1956年5月，毛泽东在广州，一天突然又提出要去武汉游长江，罗瑞卿等知道后，都坚决反对。因为长江水情复杂，还可能有血吸虫，无法保证毛泽东的安全。

罗瑞卿亲自去劝毛泽东：“主席，长江不能游。”

“为什么？”毛泽东脸色不悦。

“因为太危险，万一出点事我负不起这个责任！”

“出什么事？无非你们就是怕我死在那个地方么！可你怎么知道我会淹死？”

毛泽东言辞咄咄逼人，罗瑞卿听了连忙解释道：“主席，我不是那个意思，保护您的安全是党和人民交给我的任务，我们不能眼看着您去冒这个风险。”

毛泽东还是听不进去，并吩咐道：“先派人去试试水性再说。”

警卫一中队长先被派去实地考察。他也很不同意毛泽东游长江，便沿江走了一趟，问了问岸边的老乡，听大家说，长江漩涡很多游不得，就回广州报告毛泽东，说长江不能游。

“你下水了吗？”毛泽东问道。

“我没有下水。”

“没有下水你怎么知道不能游，再派人去！”毛泽东有些发火了。

第二次又派副卫士长去。他水性好，毛泽东还亲自交待要他一定下水试一试。结果，这次考察回来说长江可以游。毛泽东听了很高兴，决定先由广州到长沙，去湘江里游一游，作为游长江的准备；然后再到武汉，去游长江。

5月31日，罗瑞卿提前来到“武康”轮上，挑选了一些游泳好手陪同毛泽东游泳，又对可能会发生的问题做了充分准备，然后亲自扶毛泽东走下轮船扶梯下水。毛泽东高兴地跳入水中，回头招呼罗瑞卿也来下水游泳，罗瑞卿苦笑着摇摇头："我不会，我是个'秤砣'。"

其实，这时罗瑞卿自己真恨自己少年时代为什么没有学会游泳，不然，这会儿也可以陪着毛泽东游一游，万一发生什么意外自己也好处理。

毛泽东这次在长江一直游了两个多小时，尽兴后才上船。他得意地以一个胜利者的口气对罗瑞卿说：

"谁说长江不能游？我一游就是十几里！你不让我游，我偏要游。明年我还要来，还要把你拉下水！"

毛泽东说的也许是玩笑话，可罗瑞卿听了却暗暗下定决心，为了保卫毛泽东，自己说什么也得学会游泳！

转眼到了 1959 年。这年毛泽东在江西九江游长江时，罗瑞卿就已经能够陪同毛泽东下水了。后来，他还陪同毛泽东在韶山水库、十三陵水库等地方游泳。但是人们可能很少知道，为了学会游泳，年过半百的罗瑞卿，该要付出多少精力和体力，才能实现这个愿望呵！人们可能更不知道，为了能尽快学会游泳，罗瑞卿不仅自己下决心学，而且还把他夫人"拉下了水"，一块学会了游泳。

时光荏苒，十年韶光弹指一挥间。1959 年 9 月，罗瑞卿被任命为人民解放军总参谋长。不久，又辞去公安部职务，兼任军委秘书长，主持军委日常工作。从此他便离开公安战线，又回到军队的领导岗位上。

六、爱情与爱人

对于自己和夫人郝治平的爱情，罗瑞卿曾在诗中写道："延安相识未知心，太行始得互恋情。"

其实，要说相识，应当说是郝治平先认识了罗瑞卿。

郝治平原是开封第一师范的学生。1938 年春天，她不满 16 岁，便同当时成百上千的热血青年一样，奔向革命圣地延安。到陕北公学后，她不到两个月就入了党，随后又进入抗大第四期学习。到抗大不久，她见到了时任抗大的副校长的罗瑞卿。

罗瑞卿认识郝治平，要晚得多。

大概是在 1938 年 10 月中共六届六中全会期间。郝治平参加了抗大的演出队到会进行慰问演出。她表演的节目是跳工农舞。一些较矮的女同志扮农民，而她和几位个子高一点的女同志则女扮男装演工人。郝治平女着男装显得更加俊俏，而白衬衣、蓝色背带工装裤在当时的延安不啻时装，吸引了大家的眼球。罗瑞卿等与会的领导坐在台下观看，第一次见到了郝治平。但是，这次演出只是使罗瑞卿知道了抗大有这么一批文艺骨干，仅此而已，他连郝治平的名字也不知道。

1939 年，由于国民党顽固派推行消极抗日、积极反共的政策，对陕甘宁边区实行军事包围和经济封锁，加上 1938 年陕北大旱，边区的财政经济发生极大的困难。党中央在号召根据地的军民自力更生、上山开荒后，又决定将抗大、陕北公学等学校迁移到晋东南去。

7 月 7 日，罗瑞卿等率抗大总校、陕北公学等单位离开延安东进。此时，郝治平已结业，留校任第 2 大队的技术书记。

当抗大转移到延长县时，一天，郝治平在路上同罗瑞卿迎面相遇。她向他敬了一个礼，便走了过去。罗瑞卿发现她个子高高的，便停下脚，把她叫住，问她是哪一个单位的，叫什么名字，干什么工作。她有些拘谨地一一作答后便又走开了。

对于这一段往事，罗瑞卿在和郝治平结婚后，他对她说：“那个时候你好高傲呐!”

郝治平回答说：“你是副校长，我是一个基层干部，我们以前又不熟悉，难道还要我主动同你拉呱儿不成?”

罗瑞卿听后禁不住笑出声来。

1940 年 6 月，罗瑞卿调任八路军野战政治部主任，离开了抗大。同年底，郝治平也从抗大调到中共北方局党校继续深造。这一期间，郝治平收到过各式各样的情书。有知识分子写的书法工整的长诗，也有工农干部写的字迹拙朴的约会便条。对这些，她一概置之不理。

一天，她刚下课，又收到了一封信，一看前面的称呼是“紫萍”。

自从抗大转移到太行山后，她即改名赤茜，是谁用谐音叫我原来的名字呢？再看信尾，署名是“洛水清”。这三个字如果用四川话来读，即是罗瑞卿的谐音。她脸上不禁飞起一片红晕。再看信的内容，是约她晚饭后在村口相见。此信虽只寥寥数语，但她已能猜出其含义。但她又想：也许是罗主任要找我了解什么情况呢。于是，她依约而去。

从此，在夕阳中的村外河边上、小树林里，常常可以见到他们的身影。

经过一段时间的了解，双方都感到对方正是自己所要寻找的伴侣，于是，罗瑞卿提出了结婚的要求。她轻轻地点点头，但提出："要等我毕业以后。"

罗瑞卿询问她："你哪一天毕业？"

郝治平说："是 4 月 3 日。"

罗瑞卿立即说："好，婚期就订在 4 月 3 日。"

4 月 3 日，桃李芳菲。党校毕业典礼结束后，女同学们便簇拥着新娘郝治平，唱着歌，说说笑笑，向野战政治部驻地桐峪镇走去。罗瑞卿在镇口迎接，把她们都请到新房——一座在太行地区少见的新式两层小楼。为了避免惊动更多的人，罗瑞卿没有将举行婚礼的日期通知彭德怀、左权等领导人，出席婚礼的只是野政的一些同志。

傍晚，客人们陆续散去。在小油灯下，他俩相对而坐。伙房送来了晚饭。有小米饭和特地炖的一碗鸡汤。吃饭时，罗瑞卿将鸡肫夹到她碗内，对她说："这个最好吃了。"

她说："最好吃你怎么不吃？"又将它夹回他碗里。让来让去，最后他将它一分为二，一人吃一半。从此，罗家吃鸡，鸡肫总是剖成两半，他俩各吃一半。

郝治平毕业后分配到政治部秘书处。为了适应频繁的反"扫荡"的需要，政治部机关也军事化了，共编为第 4、第 5 连两个连队，郝治平任 4 连指导员。

1942 年初，郝治平分娩刚刚 11 天，便赶上了反"扫荡"。孩子被放进一个垫了小棉垫的木筐，盖上小棉被，由通信员背着走。这一天，风雪弥漫，郝治平的头发、眉毛都结上了霜花。她十分想看看女儿，但部队在转移，沿途又无处可以避风。罗瑞卿也十分担心女儿的处境。他解开马褡子上的一块油布，盖在木筐上面，然后，又策马去指挥部队和机关的反"扫荡"。天亮后，敌机轰炸，通信员避入一个窑洞，刚把木筐卸下，一颗炸弹把窑洞震塌，通信员赶忙把木箱从土中扒出救出孩子。

直到傍晚，郝治平才在一小村庄住下，进入屋内，郝治平赶忙掀开小棉被。一看，心都凉了，只见婴儿浸在屎尿中，冻得皮肤青紫，连哭声也没有了。房东老大娘把孩子抱起来，看了一看说："别急，我来试一试。"她把孩子放在炕上，

罗瑞卿夫妇

用手一遍一遍周身按摩。许久，孩子终于哭出声来，得救了！以后，郝治平将她寄养在辽县麻田村一户老乡家里。孩子是在桐峪生的，在麻田托付给老乡，孩子的奶娘便给她起名叫“峪田”。

5月，日军又发动了2.5万人的“拉网大扫荡”，兵分七路，于24日完成对窑门口、青塔、艾铺地区的包围。25日，在包围圈中的八路军总部和中共北方局机关在129师385旅一部掩护下向东、北、南三个方向突围。彭德怀突出了重围，但左权和总部几位干部在突围战斗中壮烈牺牲。罗瑞卿和供给部长杨立三等总部大部分人员仍在包围圈内。罗瑞卿命令大家分为战斗小组化整为零，分散突围。

在被敌人包围的这几天，罗瑞卿一直未见着郝治平。她正跟着杨立三率领的另一支队伍寻找突围的道路。一天，她跳上一个高坎，崴了脚。杨立三让她骑自己的马。郝治平说什么也不骑。她对杨立三说：“部队可以没有我，却不能没有你。”杨立三劝之再三，她就是不上马。他只好让她行军时拽住马尾巴。

这一天，罗瑞卿走过一个叫“王前”的地方，不禁闪过一个不祥的念头。当晚，罗瑞卿与杨立三会合。他看到了郝治平，惊喜地对她说：“啊呀，你没有死啊!”

她点点头说：“我是拽住老杨的马的尾巴走过来的，老杨是我的救命恩人。”

新中国成立后，罗瑞卿先后在公安部、总参谋部担任领导工作，为了巩固新生的人民政权，他又投入到没日没夜、紧张而又繁忙的工作中。他的责任是保卫中央领导人的安全。不论毛泽东到哪里，他总要随行，特别是每逢节假日，或在天安门城楼，或在怀仁堂，他都要站在毛泽东身边。由于罗瑞卿工作忙，郝治平的担子就更重了。一方面，她有她的工作；另一方面，她要担负更多的对子女的教养责任，自称是孩子们的班长。

七、最后的时光

1965年12月，林彪因罗瑞卿拒绝上他们的贼船，竟以突然袭击的方式对罗瑞卿横加诬陷，百般折磨，罗瑞卿愤而跳楼自杀，虽然没死，但是摔断了脚，住院监视治疗。

1966年春夏，狂热的斗争席卷北京，郝治平被禁止去医院照看罗瑞卿。

12月20日，红卫兵分别从医院和家里把罗瑞卿和郝治平劫走。24日，在工人体育馆召开了批判所谓罗瑞卿篡军反党集团大会。陪斗的除郝治平外，还有肖向荣、梁必业、王尚荣、陈鹤桥、史进前。这次大会表面上是红卫兵在张罗，实际上是林彪、叶群在操纵。这一天，叶群亲临会场，坐在19看台。

在会场上，有人照像拍电影。郝治平低着头。红卫兵揪住她的头发逼使她抬起头来。她就是不抬头，正在争持间，忽然听到身旁的罗瑞卿对她说：“把头抬起来，让他们照!”郝治平受到了鼓舞，心想：“我又没有罪，怕什么?”于是便抬起头来。

会后，罗瑞卿被送往一个警卫部队“监护”起来。随后，便是三天一小斗，五天一大斗，直到1967年3月底。罗瑞卿和郝治平只有在这些批斗会上才有见面的机会。

1968年2月，郝治平也被投进监狱。

九一三事件后，罗瑞卿的监护条件逐渐改善。并且，可以同家人见面。郝治平在狱中的待遇也有所改善。但她又得了癌症。复兴医院的钱医生认识她，也很同情她，成功地给她做了手术，使她死里逃生，活了下来。

1974 年 1 月 5 日，郝治平出狱。8 日，她到医院去看望罗瑞卿。医院怕罗瑞卿夫妇过分激动，已预备了氧气，准备急救。但郝治平虽然很激动，表现得却很坚强。到了这时她才知道，由于林彪一伙的故意拖延，罗瑞卿的腿伤迟迟得不到治疗，直到 1969 年因左小腿已无法保存才不得不做了截肢手术，并被摘掉了股骨头。她抚摸着罗瑞卿的残肢说："少一条腿没有关系，只要心脏还在跳动，就可以为党工作。"

1975 年，罗瑞卿重新被任命为军委顾问，1977 年 8 月，中共第十一次全国代表大会在北京召开，罗瑞卿当选为中央委员，并被任命为中央军委常委、军委秘书长。他全身心地投入了拨乱反正的工作。

罗瑞卿历来以精力充沛、精明强干而著称。他一恢复工作便进入了不分上班下班、没有白天黑夜的状态。他的家庭从他解除监护后形成的短暂的平静也不复存在，一切都围绕着他快节奏地运转。秘书来不及调来，郝治平也上了阵。他的桌上文件卷宗堆积如山，办公室内电话铃声不断，来访的客人一批接着一批。他平时需坐轮椅，行动不便。

为了节省时间，罗瑞卿工作时便不喝水，以减少去卫生间的次数。午休时，他连假腿也不摘，和衣躺着休息一会儿。他生病住院，病房便成为办公室。他每天都要工作到深夜。亲属和战友担心他累坏身体，劝他放慢工作节奏。他却说："我今年 72 岁，要当成 27 岁来过。"

复出后，短短一年内，罗瑞卿视察了京郊、天津、徐州等地的部队。有的地方坑道太窄，轮椅难以通过，他便拄着手杖走。一些领导出于对他的关怀，便告诉部队，以后罗秘书长到什么地方，汽车、轮椅通不过时，就组织人抬。而这反倒使罗瑞卿于心不安。他不愿意麻烦人，渴望走下轮椅，扔掉手杖，大干一场。

1977 年，组织上请了两位西德专家给罗瑞卿安装了一个重量更轻、质量更好的假腿。这两位医生告诉他，可以安装人造股骨，以改善左腿功能。罗瑞卿听了，怦然心动。

1978 年 3 月，郝治平在体检时，发现肺部有一个阴影。连续观察，它长得很快。3 月 13 日，她第二次动手术，切除了一叶肺，并证实是原乳腺癌转移到肺部。罗瑞卿知道了郝治平的病情。他心情沉重地对妻子说："我不能就这个样子。我要出国治腿。今后我不能再要你照顾我。我要治好腿，照顾你。"

罗瑞卿大将

随后，罗瑞卿请出访西德的卫生部副部长钱信忠、中国人民对外友好协会会长王炳南和驻西德大使张彤协助了解西德做安义肢手术的情况，搜集一些有关资料。4月间，罗瑞卿向中共中央写报告，准备去西德治腿，中央表示同意，赴德时间定在7月15日。

7月15日8时许，罗瑞卿夫妇及随行人员和医陪小组，到达专机停机坪，空军司令员张廷发等也到达。在飞机扶梯前等候的机长向坐在轮椅上的罗瑞卿敬礼，并向罗瑞卿夫妇一一介绍了机组人员。罗瑞卿夫妇同机组人员一一握手，连声说："谢谢，谢谢。"

起飞前，罗瑞卿的小孙子和小外孙一直在罗瑞卿膝盖上坐着，同爷爷、外公又说又笑。

预定起飞的时间9点钟快到了。送行的人都劝罗瑞卿上飞机。罗瑞卿摇摇头，他要等王震。

"爸爸，走吧，不要等了。"他的女儿劝说着。

"王胡子说来送我，他一定来。我要见到他再走。"

正说着，王震到了，他一下车就快步走到罗瑞卿面前一面同他紧紧握手，一面说话。在场的人无不为这两位将军的亲密情谊而感动。

9点57分，飞机起飞。7月18日19点40分到达波恩。驻西德大使张彤和文化参赞齐怀远到机场迎接。

在波恩，罗瑞卿夫妇受刘伯承夫人汪荣华之托，为刘伯承买了一箱药。然后亲笔给杨勇副总长写了一封信，托返回北京的专机带回。

到波恩不久，罗瑞卿住进了距波恩200余公里的海德堡骨科大学医院。7月29日，经内外科检查，情况良好，决定8月2日动手术。

8月1日，手术前一天，郝治平带了一束鲜花，在张彤大使陪同下坐了两个半小时的汽车去医院看望罗瑞卿，同他在病房合了一张影。很晚了，她还不想走。罗瑞卿对她说："走吧，走吧，你回去休息吧，我已经服了睡前的药，明天就做手术。你放心，一切都会好的。"说完，他微笑着，摆着手，目送着她出门。这就是罗瑞卿留给郝治平的最后的影像。

8月2日，当郝治平赶到医院时，罗瑞卿已经进了手术室。中午，从手术室传来消息，手术成功。守候在手术室外的她激动得掩面痛哭。但因怕感染，医院未让她看望他。傍晚，又传来消息，他已苏醒过来，还用英语对给他动手术的医生道了谢谢和晚安。

眼见一切顺利，郝治平便回到旅馆休息。她刚躺下，就听到了不祥的电话声，接着便有人敲门。等她赶到医院，罗瑞卿因突然心肌梗塞已与世长辞。

历史评说

毛泽东曾不止一次说过："天塌下来有罗长子顶着!"虽然是开玩笑，可也说明了他对罗瑞卿的信任和重视。在开国将帅中，罗瑞卿文武兼备、勇于开拓，具有杰出的领导才能。他长期担任重要岗位的领导职务，有时身兼数职，无论是军事教育、作战指挥还是政治保卫工作，罗瑞卿都善于从感性到理性，创造性地进行探索和总结，为共和国做出了不可磨灭的贡献。

外柔内刚——许光达

许光达是开国大将，更是一位儒将，他在苏联国际列宁学院和东方劳动者共产主义大学学习期间，曾对坦克产生浓厚兴趣，并认真学习了坦克技战术。延安时期，许光达先后担任抗大教育长、军委参谋部部长兼延安交通司令、卫戍司令等职务，他在军事战略理论和装甲技术兵种方面的造诣，是举世公认的，被誉为共和国“装甲兵之父”。

小档案

姓名字号： 许光达，原名许德华，曾用名徐洛华，别名五伢子

籍　　贯： 湖南省长沙市

生卒年月： 1908.11.19—1969.6.3　卒年61岁

毕业院校： 黄埔军校

军　　衔： 大将

最高军职： 中国人民解放军装甲兵司令员，国防部副部长，国防委员会委员

一、壮志且从戎

许光达原名许德华，因在家中排行老五，小名又叫“五伢子”。许光达的父亲叫许子贵，勤劳俭朴。母亲因病早逝，许光达十岁时，父亲再次娶亲。

辛亥革命之后，旧制废除，新制确立，各地设立了各种新式的学堂，许子贵也把许光达送入了凤凰庙小学读书。

特殊的家庭环境使许光达比同龄人成熟得多。读书使人明理，许光达从书本里知道了许多成人、立身、理事的道理。然而，吝啬的父亲认为许光达读了几年书，认得了一些字，这对一个农家子弟已经足够了，当许光达读完初小后，许子贵就不想让儿子再读书了。许光达敢怒而不敢言，只有在心中生闷气。

这时，许光达的大伯许长龄出面了。许长龄是个篾匠，整日里挑着篾匠担到各地做工，到过的地方多，接触的人多，见过的事也多。游历做工的闯荡，使他知道

青年许光达

有学识的人才能有出息。他见弟弟不让侄子读书了，很是气愤，责问许子贵："你这个抠煞鬼，伢子是去读书，不是败家，这点钱你也不愿出？"

但是，许子贵结结巴巴，还是不愿出钱："上学堂要那么多钱，我哪出得起呀？"

许长龄见弟弟如此抠门，更加生气，拍着胸脯说："好！你不给，我给。我送伢子去上学！"于是，在大伯的资助下，许光达继续进入了高小读书。

许长龄送侄儿上学，说不上有什么长远的目光，只是认为读了书将来就有出息，可以光宗耀祖。他的这番苦心和爱心，成就了许光达，为新中国输送了一个将才，也为许家和萝卜冲的父老乡亲争了光。

许光达百倍珍惜这来之不易的机会，他埋头扎进了知识的海洋，刻苦读书。1921年秋，许光达以优异的学习成绩考取了长沙师范学校。

这时，长沙师范学校不收学费，只收膳宿费，每月十二三元。这一次，许子贵没有再让儿子犯愁，而是爽快地说："五伢子，我家只有你考上了师范。那是个大学堂，你好好去读书，钱嘛，我出。"

在20世纪20年代，长沙是个革命思潮风行和革命活动活跃的地方。毛泽东等中国共产党最早的一批党员，在长沙建立了党的组织，展开了积极的革命活动。这对渴望新知的许光达产生了极大的影响。新的环境，新的大地，新的社会气氛，使许光达不仅仅埋头于书的海洋，而且走出了书斋，投入到火热的社会生活中去。

在长沙，许光达成为了学生运动的积极参加者。在思想上，他逐渐成为一个坚定的革命者。1925年5月，许光达加入了共产主义青年团，同年9月，他转为中国共产党党员。

1925年冬季的一个夜晚，许光达应约来到曹先生家。曹先生叫曹典琦，是他在长沙师范的国文老师、人生引路人，更是他的党内同志。曹先生让许光达坐下后，颇有深意地问道："如果革命需要你离开长沙，你愿意吗？"

"离开长沙？到哪里去？"

"到广州。"

"广州？"许光达知道，广州是中国革命的中心地，尤其是在1924年国共两党合作后，国共两党的主要革命力量齐聚那里，这时，广州已成为全国革命青年众所向往的地方。他急切地问道："曹先生，我到广州做什么？"

"黄埔军校正在招生。"曹先生说："省委要选一些青年党员去学军事，组织上决定派你去。"

听到这话，许光达顿觉浑身上下热血沸腾，心情十分激动。他回到宿舍，兴奋地收拾着书籍和行李。春节就要来临，于是他给大伯留下了一张字条，上面写道："外出求学，请勿念。"第二天，许光达就和同行的谭希林踏上了南行的列车。

黄埔军校是孙中山在中国共产党以及苏联派遣的顾问人员帮助下，为培养革命军事干部建立起来的军事学校。因校址在广州市郊区的黄埔长洲岛，故简称黄埔军校。

这是一所正规的军事学校，必须经过严格的考试才能入校学习。许光达虽然是湖南省党组织选拔推荐来的，也不例外。他顺利通过了政治课和文化课的考试。1926 年 4 月 13 日初试之后，21 日又复试合格，他正式取得了入伍生的资格，被编入新生第 2 团。三个月的入伍生期满后，他经过考试被录取为炮兵，正式成为黄埔军校第五期学员，编入炮科 11 大队。

国民革命军誓师北伐以后，革命形势发展迅猛。10 月，北伐军攻占武汉，打败军阀吴佩孚。11 月，北伐军歼灭军阀孙传芳主力，占领九江、南昌。为适应国民革命形势的需要，国民党中央政治会议决定迁都武汉，武汉成为新的革命力量中心。

随着革命阵营的北移，黄埔军校决定筹备武汉分校。12 月 18 日，邓演达正式奉令筹设武汉分校。黄埔军校第五期政治、炮兵、工兵三科各四个中队迁入武汉分校，许光达所在炮科中队也在迁移之列。

1927 年 2 月 12 日，武汉分校举行开学典礼。武汉分校完全由中国共产党和国民党左派领导，实权掌握在邓演达和恽代英手中。4 月，蒋介石发动了四一二反革命政变，全国形势陷入混乱。仍在武汉分校的许光达，接到陈毅转达的党的指示：参加毕业分配，到张发奎的第 2 方面军去。

许光达来到驻扎在九江的国民革命军第 2 方面军，当上见习排长。一个月后，他又接到地下党组织传达的指示：开小差，离开部队，速去南昌，到起义部队中去。

于是，许光达在张发奎的部队里"开小差"，与其他共产党员晓行夜宿，爬山涉水，于 8 月 6 日赶到南昌城下。当他们擦去汗渍，拍净尘土，准备进城的时候，却发现城头上没有红旗，也听不到歌声。城门有军警站岗，盘问路人。

原来，八一南昌起义后，蒋介石调集武汉、广州几路的大军"围剿"南昌起义部队，为保存实力，起义军已于8月5日撤离了南昌。

怎么办？许光达望着城门，不免有些失望。第二天，他毅然决定南下追赶部队。

南下的路途上，沿途有不少的散兵游勇，他们都是从起义部队中逃出来的。他们中有的人对前途悲观失望，有的贪生怕死，有的想去投靠新军阀。他们中也有共产党员和黄埔生。有认识许光达的，就劝许光达不要去“送死”，许光达毫不动摇，继续追赶部队。

终于，许光达在宁都城下追上了起义部队。宁都城里驻扎着起义军第25师。该师担任着全军后卫任务，师长是周士第。许光达来到师部见到了周士第，递上组织介绍信，周师长非常高兴，把许光达安排在75团3营当排长。许光达终于开始了他的革命戎马生涯。

二、“挨一枪是福”

1932年3月，瓦庙集血战了七天七夜，这是湘鄂西苏区历史上最辉煌、也最惨烈的一仗。国民党武汉绥靖公署集中了五个旅的兵力疯狂“围剿”，王明“左”倾路线代表在反“围剿”中大力推行“不许部队后退半步”的“新战术”，并且大搞“火线肃反”，滥杀无辜，使红3军内外交困、血流成河。已是红25团团长的许光达，也上了“肃反委员会”的黑名单。

战斗还在激烈地进行着，而夏曦派来的保卫干部却蹲在团部要抓人，许光达说：“着什么急，打完这一仗我就跟你们走，顶多个把钟头。”说着，他就冲进了前线。

战斗结束，许光达身负重伤，昏迷不醒，被直接送到了洪湖瞿家湾的红军医院。师长段德昌一身血迹打马赶来，向医院余学艺院长恳求：“许光达是我们军的功臣呀，你们一定要救活他，一定一定救活他……”

这时，医生杨鼎成对段德昌说：“别做大指望，子弹离心窝子近得很，动刀子，危险性很大。”

杨鼎成当时才20岁出头，是苏区医院很有权威的医生。实际上，他只是在红军学校学过一点中医技术，后来给有名的土郎中王炳南打了一段下手。但他胆子大，敢动刀，锯胳膊、锯腿都不含糊。

“那怎么办？不动刀能救活吗？”段德昌急切地问。

“不动刀子，命就没了！”

“那还等个什么？就开刀吧！”段德昌急得头上直冒汗。

“动？怎么动？麻药都没有。这么大的手术，要开膛破肚啊！”

段德昌一听也毛了，开膛破肚的事谁忍受得了啊！这时躺在地上的许光达开了口：“没麻药，不要紧，里外是个痛！”

见许光达说话，段德昌惊奇不迭，扑上去问：“光达，你醒啦……”

“炮楼打掉了吗？”许光达虚弱地问。

段德昌直点头，眼里发潮：“柳枝集打下来了！瓦庙集也打下来了！”

许光达嘴角微微含笑：“那好，先不忙动刀子，先把我送到肃反委员会去吧。”

“谁说的？”段德昌愤怒地问。

“不用问了，师长，我接受组织审查……”许光达态度坚决，然而，他说完眼皮就一合，又昏死了过去。

“不管什么肃反不肃反，救人要紧！”段德昌对医生们命令道。

初步检查确认，许光达体内的弹头离心脏只有十公分左右，手术分秒不能耽误！余学艺和杨鼎成说干就干，手术开始了。

于是，一张简易的长条木桌，一堆刀刀剪剪，搬进来了。这些剪刀只有少数几件是通过地下组织从上海、武汉搞到的制式用品，大多数是铁匠铺打的。杨鼎成又抬来了一桶滚开的盐水浸泡着半桶棉花，还有一个可以洗澡的长形木盆，接在条桌底下。这就算是手术室。

因为没有麻药，杨鼎成的牙齿咬得格格响，就是不忍心下刀。

“没关系，我吃得住，干吧！”许光达瞪着双眼催促医生，并把一条毛巾塞到嘴里咬住。

“噗嗤”一声，刀下去了，旁边一位叫黄超云的护士小姑娘，眼泪止不往往外涌。几十年后她回忆起来还心颤不已地说：“我从来没见过那么刚强的人！地上鲜血接了一盆啊……”

整整做了三个多小时的手术，然而，由于子弹进得太深，手术没有成功。医生们不甘心，又在缝合的刀口上拉开一道口子，仍未成功。接着第三次开膛……

第三次手术还是没有把子弹取出来。

这时，贺龙闻讯赶来了。他决定派人送许光达去上海。那儿有家中共地下组织控制的医院，全国各红色游击区高级指挥员负伤，都可秘密送去治疗。

历尽千难万险，伤势严重的许光达终于躺在上海这家医院的手术台上。护士小姐开始备皮。

备皮结束，戴眼镜的主刀医生和他的副手们也都从来苏水里面抽出双手，消毒准备工作一就绪，各自开始走向工作位置。负责麻醉的医生先行忙碌开了。他将一根煮消过的针头刚刚夹到镊子上，忽听手术室的大门“砰”地一声被人拉开了。只见一位穿着天蓝色旗袍的中年女子，忽忽忙忙地闯了进来。

她定了定神，对大家说：“对不起！家里临时出了大事，阿弟必须回去处理一下，手术先别做了！”说着，她就动手帮许光达穿衣服。

“太太，先生的手术……否则……”主刀医生深感唐突，说话有点语无伦次。

这女子不管这些，急速地帮许光达穿好衣服，对众人说：“手术还是要做的，床位不要退……”说着将人翻上活动床，三步两步通过太平道下到一楼。出了门口早有一辆轿车等在那里。她将许光达驮到车上，爬上驾驶室就是一脚油门。轿车驶出不到一条街，身后警笛大作，国民党特务包围了这所医院。几分钟内，就有三名正在手术的红军指挥员，被杀死在手术台上。

结果，昏昏沉沉的许光达被送到租界一位新西兰友好人士艾黎家里。

后来经地下组织安排，伤重的许光达辗转去了苏联。在莫斯科，那颗距心脏只有十公分的子弹头才被取了出来。

1937年许光达从苏联伤愈回国，见到了老上级贺龙，贺龙笑着说：“国民党打了你一枪，却救了你一条命，别人挨一枪是祸，你挨一枪是福。”

这话虽然是句幽默，却含有深意。的确，如果许光达不是因为负伤到苏联治病，极有可能也和段德昌、孙德清一样被“肃反”的夏曦杀害。许光达并不怕牺牲，但被自己的同志杀害，是他无法承受之重的人生悲剧。

三、老同学之战

1947年3月，蒋介石对延安发起重点进攻，许光达受命率部参加延安保卫战，保卫党中央和毛泽东转战陕北。

8月16日，许光达接到彭德怀的命令，率部火速开往乌龙铺，接应和掩护中央机关转移。

这时局势十分险恶。国民党军第36师已到达镇川堡，同时，董钊的一个师、刘戡的五个旅已由绥德直扑葭县，刘戡部和第36师，南北相距只不过百里路，东向封锁了黄河渡口，西向控制了威榆公路。中共中央机关被挤在葭县、米脂、榆林三县交界的狭小地区，背后是沙漠，东、西侧是黄河、榆林河，南北敌人大军压

许光达在延安

来，包围圈越缩越小。

8月16日晚，党中央和毛泽东、周恩来、任弼时等人冒着大雨进至葭县乌龙铺以东的曹家庄。周恩来亲自打电话给彭德怀，告之中央机关不过黄河，仍继续留在陕北，但处境困难，希望彭德怀派一名得力的将领火速带兵前来，保卫中央机关转移。

正是在这样十万火急的背景下，许光达率领部队冒着大雨，拼命向乌龙铺前进。中央的安危，此时正系于他和3纵的身上。

在彭德怀的部署下，许光达指挥3纵和绥德军分区警备4团、6团插到乌龙铺与沙家店之间的当川寺，切断124旅与其主力的联系。同时，王震指挥的2纵等四个旅，在沙家店地区张开“口袋”，围歼敌36师主力。贺炳炎的1纵进至沙家店以西，堵死敌36师的退路，并担任对增援之敌的阻击任务。

这样，36师基本上落入彭德怀的手掌心了。

然而，36师只是进攻之敌中的一路，另一路刘戡带领的五个旅仍冒雨进犯，已经到了葭县的店头镇一带。中共中央机关因葭芦河河水猛涨而无法北进，改向西北方向移动，还是没有脱离危险。

尽管彭德怀已在沙家店布下口袋，正准备围歼36师主力，但对许光达来说，处境是相当困难的。前边有刘戡的主力压过来，后边是葭芦河，3纵背水而战，这是兵家大忌。然而，许光达知“忌”而行，英勇奋战。

由于3纵果敢的牵制行动，使得1纵和2纵能够迅速将36师师部及165旅包围在沙家店，整编36师是胡宗南的嫡系部队，为此，胡宗南急电36师师长钟松，命令其固守待援。第29军军长刘戡，由南路北上，令55旅就近来援，自己率主力即后赶去。

然而，刘戡三个旅遭到许光达3纵的顽强阻击，难以前进。许光达还命令部队实施阵前出击，曾一度打到了刘戡的军部，连刘戡的警卫部队也被冲散，把刘戡惊出一身冷汗。刘戡从混乱中逐渐清醒过来后，才集中兵力向3纵发起轮番攻击。

面对着优势敌军的疯狂冲锋，许光达沉着应战，采取“少摆多屯、不断添油”的灵活战法，保留强大的预备队，不断地增强战斗的韧性和持续力，打退了敌人一次又一次的进攻，把敌人死死地钉在当川寺一线无法前进一步。刘戡的部队当时距离36师的阵地只有30多里，仍是被阻隔不能会合，谁也救不了谁。整编36师，孤军突进，只能孤军作战，最后全军覆灭了。

而当36师被歼之后，刘戡见势不妙，掉头回逃。这样一来，党中央机关化险为夷，得以继续留在陕北指挥全国解放战争。

沙家店一仗，是西北野战军一次漂亮的歼灭战。事后，毛泽东称赞沙家店这一仗确实打得好！说："侧水侧敌本是兵家所忌，而我军却犯了这个忌，在短短一天的时间里就取得了前无古人的胜利。"

1947 年 10 月初，许光达率 3 纵队兵临清涧城下。

清涧位于延安与绥德之间，是咸榆公路的要冲，地势险要，易守难攻。守城的是国民党军整编第 76 师，师长是廖昂，与许光达在黄埔军校时是同班同学。分手 20 年后，两人重新在战场上面对面地较量了。

10 月 6 日，外围作战打响。3 纵攻势猛烈，敌人的反击也很顽强，他们占据有利地形，给 3 纵造成很大的困难。3 纵一连打了三天三夜，到 10 月 9 日，外围作战任务才基本完成。

望着眼下处于平静状态的清涧城，许光达思忖起来：从目前情况看，外围虽已基本扫清，但城里的敌人还有相当大的实力，他们心存侥幸，等待援军，因此会顽抗下去。若是强攻，我军伤亡肯定要增大。在我军已处优势的情况下，许光达决定写封信给廖昂，晓以利害，劝他投降。若廖昂愿降，兵不血刃；即使廖昂不肯投降，至少可以动摇他的军心。于是，许光达掏出纸笔，给廖昂写了这样一封信：

廖昂兄：

别来无恙。

你我由军校毕业，分手已 20 年矣！不期在清涧相遇，真乃有缘。可惜，炮火连天，工事阻拦，你我只能隔城相望，不能握手言欢，实乃憾事！站在清涧城郊，不由得使我回想起与廖兄军校同窗时的生活，那时，你我都是热血青年，秉承总理遗愿，致力军事救国，渴望创功立业……岁月流逝，几经沧桑，往事仍然历历在目。尤以在军校填写《学员政治面貌登记表》时的情景铭心刻骨，终生难忘。

眼下，我军已将清涧城团团围住，援军也被我狙击。清涧是朝不保夕，破城在即。我念及与你同窗情谊，不忍亲睹城破之日你身陷囹圄，故陈说利害，劝兄迷途知返，弃暗投明。

我党的政策历来是既往不咎，立功有赏。你若能率部起义，使生灵免遭涂炭，乃我民众之大幸，望兄三思而行。

切！切！

同学许光达（德华）

廖昂看到许光达的这封信后，心里一阵惊悸。对于这位老同学许光达，他是熟悉的，许光达外表虽文静，内心却极刚强。现在，他正指挥部队攻打清涧。廖昂在心里承认，许光达信上分析的形势是事实。可他又抱侥幸心理，盼望胡宗南的援军到来。怎么办呢？他拿不定主意。死守吗？看来很难守住；投降吗？又不甘心。

廖昂的内心矛盾和左右摇摆，引起了部下的恐慌。后来当廖昂得知援军已到清涧城西南地区，又强硬起来，拒绝投降。然而，他的部下因他的左右摇摆而散乱了军心，尽管廖昂后来严令抵抗，但许多人已无心恋战了。

战场上，一封致敌方主帅的区区数言短信，其威力往往大大超过成百上千发炮弹。

廖昂没有投降，许光达指挥部队发起了攻击。

经过一昼夜激战，清涧终被攻克，共歼灭国民党军 8000 余人，其中生俘中将师长廖昂以下 6600 余人。

许光达带领指挥部进入城内，迎面碰上战士们押着一队俘虏走过来。许光达勒马站在路边查看，当他看到一名俘虏时，微微一笑，喊了一声道："老廖，你抬起头来！"

那名俘虏满脸通红地抬起头来，正是廖昂……

四、酣战大西北

1948 年初，西北地区的国民党军在人民解放军的连续打击下，兵力大为削减，已处于分散防守状态。此时，胡宗南集团共有九个整编师 28 个旅，除在其他地区布防外，用于陕甘宁地区的仅有 17 个旅，并主要置于延安以南之洛川、黄陵、宜川地区，企图以机动防御姿态，确保延安，阻止解放军南下关中。

胡宗南当时的部署是：以一个师的兵力驻守延安及控制延安至附近的公路线；以整编第 76 师一个旅驻守宜川；刘戡率整编第 29 军军部及二个师集结于洛川、黄陵地区，作为机动兵团，或北援延安，或东援宜川，或阻我南下；以一个旅又二个团驻守韩城及禹门口附近，阻我西渡黄河；以一个多旅防守铜川、耀县、三原及成榆公路一线。

根据毛泽东的指示，西北野战军决定发起宜川——瓦子街战役。战法就是“围点打援”，即以一部兵力围攻宜川城，集中主力在运动中歼灭可能由洛川东援解围的国民党军。

2 月 17 日，彭德怀把许光达召来布置任务，并征求他对整个战役计划的看法和意见。彭德怀说：“战役的核心是吃掉敌西北胡宗南集团的主力——刘戡的整编第 29 军，而要吃掉敌第 29 军，就必须设法将其引诱出来，在运动中将其歼灭。”

许光达认为，要把摆在洛川、黄陵一线的刘戡的第 29 军引诱出来消灭，而又不让宜川之敌跑掉，需要动脑筋、用计谋。他说：“我们的计划是：开始，要猛攻宜川，逼使被围在宜川的张汉初（敌第 24 旅旅长）告急。胡宗南的援兵一出动，就活捉老狼。”

许光达的这一着果然十分灵验。2 月 22 日，西北野战军向宜川方向攻击前进。23 日，肃清了该城周围敌之地方武装，孤立了宜川。24 日，西北野战军包围宜川，并积极展开猛烈的进攻，先后突破敌外围防御，占领了敌战术要点老虎山、虎头山、万灵山、外七郎山等阵地，将敌压缩于城内。面对着西北野战军凶猛的攻势，宜川守敌惊恐万状，频频向胡宗南告急求救。

胡宗南再也坐不住了，命令宜川守军死守待援，又急令刘戡率整编第 29 军二个师共四个旅八个团的兵力，于 2 月 26 日由洛川、黄陵地区出发，沿洛川、宜川公路经瓦子街轻装驰援。

蛇终于出洞了，战役的第一步基本达成。

接着，许光达指挥 3 纵西北野战军继续猛攻宜川，迫使宜川守敌拼命呼救，胡宗南死令刘戡“立即前进，不准停留”，促使刘戡率部于 29 日进至瓦子街以西地区。当敌完全上钩后，我军即以五个团继续围攻宜川，诱使援敌深入就范，同时集中主力九个旅，以伏击态势突然包围了刘戡援军。当主战场转至歼灭瓦子街之敌援军时，许光达命令围宜部队暂缓总攻，一方面加强防御，以防两部敌军突围会合或逃跑，另一方面做好总攻的准备。

瓦子街的枪声渐渐停息，彭德怀打电话给许光达：“现在，应该收拾狼娃子了！”

“好！”许光达回答得很干脆。

在宜川城周围的制高点中，唯有内七郎山和凤翅山地势险要，而两山之中，内七郎山更为险峻。此山并不高，海拔仅300余米，但背倚城墙，山壁如削，自古就有“七郎一条路”的说法。这条路藏在山肚子里，是条曲里拐弯的暗道，山顶有洞口，敌24旅的炮兵阵地、弹药仓库都在山顶上。

许光达指挥21团首先从小北门突入宜川城，冲到内七郎山下，但几次强攻都没有接近山下的暗道洞口。19团从西门进城后用云梯登山，也受到猛烈的火力压制。

许光达于是命令部队：“不要硬攻，寻机智取。”

21团2营4连在冯副营长带领下，化装成蒋军朝着内七郎山摸去，他们连闯数道防线，一直摸到山顶，等到敌人指挥所发现情况不妙时，手榴弹已经扔了进来……

内七郎山得手了，与此同时，第3纵队也攻入城内。

冯副营长居高远眺，只见凤翅山蒋军阵地上的火力点疯狂地不停地扫射，压制着我军。他便对刚刚举手投降的敌炮兵下达命令：“目标凤翅山，装弹！”

这些连青天白日帽花还没有摘掉的国民党炮兵，立刻进行计算、瞄准、装弹，然后在冯副营长的口令声中，炮弹出膛，准确地在凤翅山上爆炸。

内七郎山和凤翅山的陷落，使敌24旅旅长张汉初陷入困境。本来，胡宗南要他坚持一星期，可到了3月1日，又让他突围。张汉初想突围为时已晚，解放军已经完成围城部署。部队带不出去，他就想个人逃脱。他让勤务兵用绳子把他从城头上放下来，不料由于天气冷，勤务兵的手冻麻木了，绳子放到中途脱手，他一下跌到地上，腰摔坏了。勤务兵跳下城墙后，搀扶着他继续逃离。然而，他最终还是没逃掉，成为解放军的俘虏。

张汉初被带到了许光达面前，许光达见张浑身湿透，冻得直打哆嗦，让他坐到炭火前取暖。待他身子暖和过来，许光达才问：“你知不知道我们这种钓鱼式的打法？”

张汉初苦笑地回答：“我们明知这是你们布置的口袋，又不得不钻。”

许光达哈哈大笑：“你说了实话。你们胡长官也服从我们的调动！”

瓦子街——宜川战役，我军共歼灭国民党军一个军部、二个师部、五个旅，共约3万人，实现了预定作战计划，有力地策应了中原战场的作战，改变了西北地区的形势，打开了向渭北、关中进军的门户。

五、装甲兵之父

新中国成立后，人民解放军作为保卫国家的武装力量，仅靠“小米加步枪”已不适应现代军事的发展。从武器装备到兵种组成，人民解放军都急需发展，而机械化更是重要的发展方向。二战结束后，世界各国更加重视装甲兵的建设，认为装甲兵是一个最重要的兵种，它既能单独执行任务，又能在合成军队编成内执行任务，它具有高速的运动力、猛烈的火力和坚强的装甲防护力，成为现代战争中机动性最大、突击力最强的一支地面战斗力量。

新中国成立了，在新中国的国防力量之中，装甲兵是不可缺少、又是迫不及待需要建设的。

选谁来组建新中国的装甲兵部队呢？毛泽东把目光移到了许光达的身上。

八路军时期的许光达

早在延安时期，毛泽东对许光达就有良好的印象：上过黄埔军校，学的专业是炮兵；到苏联啃过洋面包，进修的也是炮兵和坦克兵，这样的“出身”在中国人民解放军将领中可不多见。此外，许光达生平勤奋好学，这也是毛泽东颇为喜欢的。

一天，彭德怀邀请许光达一家共进午餐，并同游北海。游览中，彭德怀对许光达说：“战争结束了，军队要成为国防军，要变单一兵种为多兵种，海军、空军要建立起来。陆军里要建立装甲兵、工程兵、防化兵，还要加强炮兵，这些都需要人去搞。你是不是去搞装甲兵？为军队现代化出点力。”

彭德怀的建议正合许光达的心愿，他对彭德怀说：“军委让我搞装甲兵，我后半辈子一定把心血用在装甲兵的建设上。”

1950年6月，中央军委正式任命许光达为装甲兵司令员。

万事开头难。许光达受命组建新中国的装甲兵总部机关时，手下只有十多个人，没有办公地点，住在北京前门外的一家小旅馆里。这时，解放军部队里坦克数量很少，并且都是从国民党军队手中缴获来的，技术人员也大都是国民党军队的留用人员。在这种情况下，如何把装甲兵部队迅速搞起来呢？这是摆在许光达面前的一项艰巨工作。

他没有畏难，他把各军区的坦克部队的领导找来，彻夜长谈，反复研究，从中找出两个亟待解决的关键性问题：一是整编现有的坦克部队，实行全军统一编制；二是立即着手培训干部。

许光达开始了他的创业历程。

经中央军委批准，许光达把原各军区的坦克大队集中起来，整编为三个战车师，并陆续新组建三个坦克团，许光达满怀信心地展开了工作。

1950年9月，在许光达的筹措和努力下，装甲兵司令部领导机关成立。10月，许光达在给中央军委代总参谋长聂荣臻的报告中，提出计划在三年内建立一支拥有1000辆坦克的摩托装甲部队，即组建11个坦克旅，每个军区建立坦克兵司令部，建立三个中心修理基地（工厂），三个中心仓库，一所坦克学校，一个坦克训练基地。

经过一段时间的努力，许光达把原有的坦克和从苏联新引进的部分坦克和自行火炮，重新编组了三个坦克师，二个机械化师和40多个步兵师属坦克自行火炮团，从而初步形成了装甲兵部队体系。

1950年10月中旬，中国人民志愿军赴朝参战。1951年1月，许光达亲自组织坦克部队加入到抗美援朝的战争行列中。他对作战部队的战场集结、作战使用以及技术保障等做了充分的考虑和周密的布署。

1951 年 4 月，为了解和研究装甲部队的作战使用及战场技术保障情况，许光达又亲自奔赴朝鲜战场，进行实地考察，使得新中国弱小的装甲兵部队在朝鲜战场上得到锻炼和考验。

1951 年 9 月 1 日，在许光达的努力下，第一战车学校正式成立，两年后这所学校改称为第一坦克学校，校址在天津。

1952 年 5 月，许光达又以步兵第 184 师师直机关、坦克第 521 团等部合编，在北京设立了第二战车学校。学校下辖四个学员大队，一个教练大队。全校共有工作人员 1000 多人。尔后，许光达又筹备组建了第三、第四、第五坦克学校。

1952 年 9 月 1 日，在第一战车学校成立一周年之际，许光达到校讲话，充分肯定了学校的成绩，同时特别指出培养出的学员要达到“思想意识健康，服从组织，遵守纪律，勇敢，顽强，艰苦朴素，有朝气，有学识，有技术，工作称职”。

1959 年 9 月，许光达又被任命为中华人民共和国国防部副部长，仍主管装甲兵部队的工作。装甲兵是一个技术性很强的兵种，而当时坦克军干部的技术知识和经验都很缺乏。许光达敏锐地意识到了这个问题，他向部队提出了一个重要的口号：“没有技术就没有装甲部队。”

这个口号抓住了我军装甲兵建设的核心。许光达不仅号召装甲兵的所有干部都要学习掌握坦克技术，同时抓紧筹建各种类型的坦克制造厂。正是由于许光达的远见卓识和积极努力，后来中苏关系恶化，苏联撤走专家并封锁了所有技术和原材料供应之后，中国很快自行设计和制造出了 59 式坦克、轻型坦克、水陆坦克、装甲输送车等以及配套车辆。

1958 年夏天，许光达到南方视察。随行人员告诉他，试制的国产坦克正在这里作高温条件下的破坏性试验。听到这个消息，许光达高兴极了，兴冲冲地赶到试验现场。看到自己国家生产的坦克，许光达极其高兴，想要登上坦克亲自驾驶，试验员和陪同人员都极力劝阻。

这时，南方的夏天，气温高达摄氏 38℃，人在车外都感到酷热难忍，许光达那么大年龄怎么能受得了坦克舱内的高温啊？更何况，这是试制坦克，性能不稳定，而且现在是做破坏性试验，具有很大的危险性。司令员出了事，谁负得起这个责？陪同人员极力劝许光达不要试，要试等以后新车定型后再试。

许光达却轻松地说："没关系，我这个司令员亲自摸一下国产新坦克的性能，取得第一手资料，对定型新车不是也有点帮助吗？没什么可担心的。一会儿，你们当中谁有兴趣，也可以试试。好不好？"

许光达钻进了坦克。

坦克发动了，发出震耳欲聋的轰鸣，随即隆隆朝前方冲去……

许光达驾驶着坦克，亲身体验了国产坦克的各种性能，掌握了第一手资料。当他脸色发白、挥汗如雨地钻出驾驶舱，兴奋地喊叫起来时，其他人那颗悬吊着的心，这才放了下来。

六、大将的风采

1955 年，中国人民解放军实行军衔制。毛泽东根据许光达在革命战争年代的贡献和建设现代化人民军队的需要，亲自提议说：许光达应评大将。同时，许光达被授予一级八一勋章、一级独立自由勋章、一级解放勋章。

许光达得知这一消息后，心里很不安。人家授将喜笑颜开，他却愁容满面，郁郁寡欢，整天唉声叹气的。经过几次思考，他终于想出了一个办法：给毛泽东和中央军委领导写了一份申请，要求"降衔"。

许光达要求降衔的申请书，全文是这样写的：

军委毛主席、各位副主席：

授我以大将衔的消息，我已获悉。我感谢主席和军委领导对我的高度器重。高兴之余，惶惶难安。我扪心自问：论德、才、资、功，我佩戴四星，心安神静吗？回顾自身历史，1925 年参加革命，战绩平平。1932—1937 年，在苏联疗伤学习，对中国革命毫无建树。而这一时期是中国革命最艰难困苦的时期，蒋匪军数次血腥的大"围剿"，三个方面军被迫作战略转移。战友们在敌军重重包围下，艰苦奋战，吃树皮草根，献出鲜血生命。我坐在窗明几净的房间里吃牛奶、面包。自苏联回国后，有几年是在后方。

我对中国革命的贡献，实事求是地说，是微不足道的。不要说同大将们比，心中有愧，与一些年资较深的上将比，也自愧不如。和我长期共事的王震同志功勋卓著：湘鄂赣竖旗，南泥湾垦荒；南下北返，威震敌胆；进军新疆，战果辉煌……

为了心安，为了公正，我曾向贺副主席面请降衔。现在诚恳、郑重地向主席、各位副主席申请：授我上将衔。另授功勋卓著者以大将。

许光达

1955年9月10日

拿着这份申请书，毛泽东在中央军委会议上对朱德、彭德怀等人激动地说：这是一面明镜，共产党人自身的明镜。并且说：许光达评为大将，我们是经过全面衡量考虑的，他的要求不再议了。

毛泽东没有同意许光达的申请，事后却高兴地送给了他一副对联：

五百年前，大将徐达，二度平西，智勇冠中州；

五百年后，大将许光达，几番让衔，英明天下扬。

中央军委和毛泽东没有接受许光达的请求，眼看授衔、授勋的日子一天一天临近，许光达闷闷不乐。一天，他对妻子邹靖华说："中央和军委决定授予我大将军衔。可我受之有愧，上书毛主席，可是，被驳了回来。"

"我有个办法，不知行不行？"

"什么办法？"许光达连忙问。

邹靖华想了想说："军衔降不下来，那你就要求降低工资呗！"

"对！这样就同别的大将有所区别了！"许光达为之一振，马上又写申请书。

最后，许光达要求降薪的报告被军委批准了，在人民解放军高级将领中，元帅是行政三级，大将是行政四级，上将是行政五级，因为许光达一再诚恳的请求，他的行政级别改定为行政五级，这就是共和国十名大将中，其他九位大将都是行政四级，唯独许光达是行政五级的原因。

在史无前例的十年内乱中，贺龙元帅惨遭迫害，作为贺龙的老部下，许光达也进入了某些人的黑名单。

1966年7月，康生诬陷贺龙搞所谓的"二月兵变"。

8月，26军政委程世清向林彪写信，诬告说许光达对林彪“最不满、最仇恨”，“有里通外国之嫌疑”，“一旦有事，就是修正主义的旗手，一个大危险人物”。

9月8日，林彪在军委常委会议上，诬陷贺龙“要夺取政权”，并说：“贺想利用许光达控制总参。”

1967年1月，许光达被带到了装甲兵大院俱乐部，他看到很多人坐在那里，有来自装甲兵所属各院校的红卫兵代表，还有三总部的群众代表，装甲兵机关院里的人也来了不少。俱乐部的气氛相当严肃，谁也不敢高声说话，静静的，却是十分沉闷。

一排红卫兵坐在主席台上，他们手里都拿着红宝书。

“许光达，你知道我们要你回答的问题吗?”

许光达没有吭声。在装甲兵机关这么多年来，在主席台上的许光达还从来没被人这样气势汹汹地直呼其名。

“一、你要交代‘二月兵变’的阴谋、篡夺总参谋长的罪行；二、你鼓吹‘没有技术就没有装甲兵’，是反对突出政治，是资产阶级的军事观点；三、听说你有三个老婆，除了北京的一个，老家还有两个，这是犯重婚罪。”

许光达平静地扫视了全场，说：“好吧，我现在来回答第一个问题。”许光达平静的声音里，包含着他为共和国的新生、建设奋斗的情感，也包含着他对党、对革命事业、对人民的忠诚。

礼堂的人，个个屏住呼吸，目光都集中到许光达的身上。很多人心里都很清楚，这个问题是非常敏感的。

“你们说的‘二月兵变’，我不清楚。”许光达以军人特有的坚定，回答着他们。造反派也没料到许光达会这样回答，失望之后，造反派就呼口号“打倒许光达!”“许光达不投降就叫他灭亡!”霎时，紧张、沉闷的礼堂混乱起来。

主持会议的人见大家的呼声太乱，没法听许光达说话，就指挥大家静一静。

“谁都知道，如果搞‘兵变’，那是要掉脑袋的，我跟贺龙搞‘兵变’，我把脑袋挂在裤带上去抢个总参谋长当，而我现在就是国防部副部长、大将，这个买卖太不划算，亏本的买卖我不干。”许光达没有正面回答，而是用了一个有趣的比较，回击了他们的提问。

会场上有人笑了，也有人觉得不满，大声地说什么。会场吵吵闹闹，主持会议的人无法让全场再安静，尤其是无法使许光达就范，反而让许光达问得张口结舌，只好命令休会。

至此，身为中央委员的许光达就这样不明不白地给关押起来了。在和妻子分别的那一刻，许光达平静地说：“现在看来，很明显，他们不是要我检查，而是要我的命，你要准备再过十年这样的生活。”他转过身对儿子和儿媳说：“好好学习，努力工作，跟着毛主席干革命，爸爸的一生交给了党，你们也应该把自己的一生交给党。”说到这里，许光达已做好了最坏的打算。

5 月 11 日，装甲兵机关向全军“文革”报告：“请示审批将许光达、张文舟作为重点批判斗争对象。”

1968 年 2 月 22 日，“贺龙专案组”派朱铁铮等五人到“许光达专案组”直接参加迫害活动。朱铁铮宣称：许光达是“贺龙案中的二号人物”。他们无中生有，编造假材料，诬陷许光达“参与贺龙篡军夺权”，“里通苏修”，“是混入我党的假党员”，是“三反分子”。他们把许光达硬打成“假党员”、“三反分子”，剥夺了许光达出席党的九大的权利。

在一年多的批斗、审讯中，经常罚站、弯腰、请罪，多次搞“车轮战”，其中一次长达三天三夜。专案人员在审讯中还往许光达的脸上、腰上打，打得他口流鲜血，他们还多次把许光达搞到外单位去游斗。每次许光达被整得昏厥过去，经医生抢救后继续审讯。

许光达大将

1969年6月3日，因为长时间的审讯、殴打与迫害，许光达在北京不幸逝世，享年61岁。

6月9日，贺龙元帅也在许光达罹难的同一病区死去了。

七、千里来相聚

1921年，年仅13岁的许德华考入长沙师范学校。这所学校是徐特立创办的。许光达的同乡前辈邹希鲁也应聘来校任国文教员。贫苦出身的许德华很爱学习，天资聪明，在同学中品学兼优，出类拔萃。邹希鲁非常喜爱这个学生。

谁知第二年邹家就出了一件大事。邹父族权思想很重，硬把40多口人的衰败家族捏在一起，维持“四世同堂”的家族门面。1920年，湖南大旱，家族40多口人面临断炊的威胁，老父病死了，掌族权的大哥一筹莫展，悬梁自尽。按顺序，应由邹希鲁执掌族权，但他生性懦弱，又醉心于教育，不肯掌权柄，于是改由堂弟当家。

邹希鲁的薪水不丰，在族里便更没有地位。堂弟信奉“盗不入五女之家”的歪论，意思是女孩多了，吃闲饭的多，必穷，强盗都不愿光顾。现在族里吃饭成了问题，他便以当家人的身份逼邹妻卖掉两个女儿，其中包括邹靖华。这时邹靖华小名叫桃妹子。

妻子悲痛欲绝，把邹希鲁叫回来，但是，邹希鲁生性懦弱，无计可施，只是呆坐流泪。第二天人贩子就要来领人了，绝望的妻子上吊而死。

妻子上吊而亡，邹希鲁哀痛万分，愤怒得几乎发疯，于是，宁死也不卖女儿，堂弟怕再出人命，让步了。

但是，家里无饭吃，邹希鲁只好把桃妹子送到已出嫁长沙的大女儿家，然后打算尽早给桃妹子找个人家，以免再出意外。此时他想到了许德华，于是，他央求人去许家提亲，许子贵一提便允。

这一年，许德华 14 岁，桃妹子九岁，一个少年，一个童年，还不懂得情爱为何物，婚姻大事就这样由父辈决定了。亲事订下以后，邹靖华随父亲去了长沙，进女子职业学校学绣花。

1926 年，许德华秘密来到广州考入黄埔军官学校，入第五期炮兵科。许家和邹家都不知道此事。邹靖华也 13 岁了，苦难中的女孩儿成熟早，已对许德华有了一层朦胧的爱。大家正疑惑间，许德华寄信来了，还随信附了张照片，身着戎装，腰佩战刀，威风凛凛，英俊潇洒。邹希鲁欣慰地点头，他晓得黄埔军校是孙中山办的，跟孙中山走不会错。邹靖华更是如获至宝，一直珍藏着这张照片。

1927 年夏，许德华从黄埔军校毕业，分配到国民革命军第 2 方面军第 25 师直属炮兵营当见习排长，去部队报到前，回长沙看望了亲人。回部队不久，汪精卫集团叛变革命，许德华随部队参加南昌起义。

1928 年 9 月，许德华回到长沙东乡，在父亲的主持下，与桃妹子完婚。婚后，许德华为扩大党在军队里的力量，几乎天天去长沙城联络人。就在许德华结婚后的第十天，由于叛徒出卖，他暴露了共产党员的身份，在长沙警备司令部供职的亲戚托人带消息给许德华，让他赶快逃跑。

新婚仅十天，许德华就被迫逃走，多年音信皆无，邹靖华日夜思念丈夫。在许德华离去后，邹希鲁把女儿送进明宪女子中学读书，后因家境艰难，辍学进了一家纺纱厂。1932 年许子贵收到一封令人费解的信，信封上写“长沙县东山乡萝卜冲许子贵收”。其实，这是许光达借别人名字写来的信，以免暴露自己和给家人带来麻烦。信是从上海寄来的。当时许光达在战斗中负伤，贺龙送他到上海治疗。

许子贵不解信中意，便来找亲家翁和邹靖华参详，邹希鲁看笔迹很像许德华，便断定是借他人之名投石问路，便按信上的地址写了回信。许光达见信，心里一块石头落了地。苦苦思念丈夫的邹靖华，也得到莫大安慰。她日夜盼望丈夫的回信。

当许光达的第二封信到了桃妹子的手中时，她再也控制不住感情的波澜，呜呜痛哭了。她打定主意，如果丈夫再回信，她就到上海去照顾他。信被邮差带走了，桃妹子的心也飞到了上海。

几个月过去了，正当桃妹子为没收到丈夫的回信而焦虑时，她收到了许光达从苏联写来的信。同时，许光达寄来 100 块银元。按照丈夫的嘱咐，邹靖华进入师范学校继续读书。

1937 年全面抗战爆发了，举国上下，群情激昂，抗日活动风起云涌。邹靖华也从师范毕业了，她跃跃欲试，可她毕竟是受多年封建影响的弱女子，一时无法抉择自己该走哪条路。一天，家里来了一位客人，是父亲的老朋友徐特立先生。现在国共再次合作了，徐老先生来长沙公干，顺便来探望分别多年的老朋友。

徐老早年做过毛泽东的先生，在湖南教育界是德高望重的前辈。他见邹希鲁让一个二十四五岁的知识女性在家赋闲，就不客气地批评他了。徐老问桃妹子："想不想去上大学？"

"想呀。什么学校？"

"抗日军政大学。怎么样？"

桃妹子说："这个大学又能学习，又能抗日，我愿意去。"

于是，她和许光达的妹妹许启亮一块儿投奔延安。几天后，她们到了延安，远道奔波，十分疲劳，正想痛痛快快睡一觉的时候，一位小战士来到了她们的住处，说："谁叫邹靖华？"

"我是，谁找我？"邹靖华带着浓重的长沙口音回答。

"我们教育长。"

"你们教育长是谁？"

"许光达！"

话音一落，一位高大的军人走了进来，借着微弱的麻油灯，邹靖华一眼就看出眼前的人正是自己日夜思念的丈夫。原来，许光达是从林伯渠那里得知邹靖华来延安的。

邹靖华在来延安途中经过西安，她曾向林伯渠打听许光达的下落。林老认识许光达又同情邹靖华。但是，当时有些人参加革命后就解除了父母包办的婚姻而另组家庭。林老不知许光达心里是如何看父母包办的婚姻。心细的他先打了一个电报到延安告诉许光达，邹靖华要去延安。

许光达接到电报后，又惊又喜。他立即给林伯渠拍了回电，欢迎邹靖华到延安。可惜，邹靖华没收到电报就已坐车离开西安来延安了。

在延安，许光达的婚事是人们私下里经常议论的一个话题。许光达 1938 年年初由苏联回到延安后，先任抗大总校训练部长，后来又任抗大教育长。这位风华正茂，且又吃过洋面包的将军一出现在延安，立即引起了人们的注意，自然也是姑娘们瞩目的对象。

抗大是人才集中的地方，有端庄娴淑的大家闺秀，才华横溢的作家、记者，能歌善舞、俊俏艳丽的演员，还有风度翩翩的女军官……其中也不乏勇敢者向许光达求爱，但都被他婉言谢绝了。因此，有些女同志私下议论："教育长这个人太清高，难接近，不懂得感情。"

其实，许光达是最懂得感情、也最珍重感情的，他心里始终装着自己的结发妻子。

许光达夫妻重逢，恩爱非常，不久又顺利诞下一子，他们夫妇虽然是包办婚姻，但两人一生相濡以沫，家庭幸福，一时被传为佳话。

历史评说

许光达是那种目光深远、善于思考的人，1939年，第二次世界大战爆发，德军以闪电战术横扫西欧14国，并对苏联发动突然袭击，一举攻占了苏联的大片领土，世界为之震惊。一些人认为闪电战所向披靡，是最新的作战方法。而许光达在1939年7月31日的《新华日报》上发表《闪电战的历史命运》一文，运用唯物主义的观点，对苏德双方政治、经济、军事等方面的对比进行了科学的分析，认为希特勒的闪电战在苏德战争中必然覆灭。五个月后，苏联红军就对德军发起了反攻，取得了莫斯科保卫战的胜利，德军元气大伤，直至步步败退、垮台。苏德战争的进程完全印证了许光达的预见。

1955年，许光达得知自己将要被授予大将军衔的消息，心中深感不安，他先向老上级贺龙当面请辞，后又给毛泽东和中央军委领导写了一份“降衔申请书”，情真意切地请求降衔。拿着这份申请书，毛泽东对朱德、彭德怀等人说：“这是一面明镜，共产党人自身的明镜。”毛泽东没有同意许光达的申请，却高兴地送给了他一副对联：

“五百年前，大将徐达，二度平西，智勇冠中州；

五百年后，大将许光达，几番让衔，英明天下扬。”

铁甲骑士——周士第

在人民军队的高级将领中，周士第有好几个“第一”：黄埔第一期学员，孙中山铁甲卫队的第一批成员，中国共产党直接掌握的第一支革命武装力量的指挥官。在大革命初期，他是叶挺独立团的先锋营营长、独立团参谋长、独立团代理团长。毫无疑问，在那个年代，周士第的每一次出现都是威风凛凛的，号称“北伐先锋的先锋”。

小档案

姓名字号：周士第，又名周力行、周平、周士悌、周士弟

籍　　贯：海南省琼海县

生卒年月：1900.9.9—1979.6.30　卒年79岁

毕业院校：黄埔军校

军　　衔：上将

最高军职：中国人民解放军防空部队司令员，中国人民解放军训练总监部副部长兼外军训练部部长

一、铁甲车队

1924年，国共合作正式形成，时任黄埔军校政治部主任的周恩来与孙中山商议，决定组建“铁甲车队”。这时，正值黄埔军校第一期学生将要毕业之时，周恩来便从军校中挑选了已是中共党员又有实际军事工作经验的徐成章任队长，又从毕业生中挑选了周士第、赵自选任见习官，中共党员廖乾吾任党代表，曹汝谦任政治教官。这五个人一同负责筹建铁甲车队的具体工作。

铁甲车队名义上在大元帅府属下，实际上是一支由中国共产党直接领导的革命武装。铁甲车队所有人员的配备和调动，都是由中共广东区委决定，其工作与生活诸事，都直接请示广东区委陈延年和周恩来。

铁甲车队的装备有铁甲列车及其他车辆。其中，火车头加了铁甲，拖挂着四五辆铁甲车，有一辆顶端还装有旋转炮塔，炮塔上装有机关枪。车厢都装有铁甲，车厢两侧厢壁上都开有长条形射击窗孔，在车厢内可用不同姿势射击以及向外观察等，车内有板凳可以乘坐。平时，铁甲车停放在大沙头火车站，外出时，用装甲火

叶挺独立团的『铁军牌』

车头牵引。班长、队员一律配备长枪，排长以上干部都配有驳壳枪，每排还有一挺手提机关枪，枪械都是苏联援助的，其装备在当时十分先进。

铁甲车队官兵统一着装，战士戴黄色大沿帽，着黄色斜纹布中山装军服，打绑腿；军官穿黑皮鞋或黑色长筒马靴。

1925 年 2 月，孙中山北上离开了广州，这时，对广东革命政府威胁最大的就是占据东江惠州、潮汕一带的军阀陈炯明。他乘孙中山在北京病危之机，自封为“救粤军总司令”，号称指挥 10 万兵，倚仗英、美、法等及段祺瑞政府的支持，策划大举进攻广州，妄图推翻广东革命政府。

正当革命军出发东征讨伐陈炯明时，英、美帝国主义又收买了军阀杨希闵、刘震寰，唆使他们进行反革命叛变，颠覆广东革命政府。

5 月，杨、刘公开叛乱，占据了广东北江、西江一带。6 月初，杨、刘军队占领广州省长公署、财政部、电报局、火车站和部分政府机关，广州危急。6 月 7 日，胡汉民以代理大元帅名义通电宣布杨、刘罪状，免去其滇、桂军总司令职务。12 日东征军回师讨伐杨、刘。

中共广东区委指示铁甲车队和飞机掩护队，统一归徐成章、廖乾吾、周士第指挥，配合东征军、黄埔军校学生军和市区工人、农民军作战。当东征军回师广州时，铁甲车队与飞机掩护队从顺德附近渡河，迅速插入敌人纵深，向敌人背后攻击，切断了石牌、瘦狗岭、龙眼洞方面之敌与广州的联系，有力地配合了东征军作战。

6 月 20 日下午，革命军重新占领广州。敌一个师趁革命军疏于戒备，忽然从广州北面袭来，企图重新夺取广州。这支叛军一直打到了北校场附近。广州市内的部队及人民群众一时措手不及，有些惊慌。此时，铁甲车队和飞机掩护队正由瘦狗岭方面返回广州途中，发现这一紧急情况，立即在广州东北方面投入战斗，吸引了大批敌人，掩护革命军争取时间，集中兵力，向敌人反击，最后消灭了敌人这个师。

1925 年 6 月，徐成章调离，周士第担任了铁甲车队队长。

平定杨、刘叛乱后，广州革命政府大元帅府改组为国民政府；大元帅府铁甲车队也随之改为国民政府铁甲车队。

1925 年 10 月，国民革命军第二次东征陈炯明，铁甲车队再次担当重任。他们由广州出发，沿途修复了被敌人破坏了的铁路，迅速进攻石龙。得手后，又迅速攻占深圳车站，并配合主力解决了敌司徒非旅。

1925 年 11 月，中国共产党决定建立叶挺独立团，铁甲车队作为一支久经战火

黄埔军校大门

锤炼的骨干力量编入叶挺独立团。除党代表廖乾吾调第4军任政治部主任外，铁甲车队绝大部分成员都并入叶挺独立团。铁甲车队队长周士第进了叶挺独立团后，即被任命为第1营营长。

1926年5月1日，叶挺独立团作为北伐先遣团，向广州进发。在广州，独立团第1营营长周士第升任团参谋长。曹渊接任第1营营长。然后，叶挺独立团向湖南进攻。

5月31日晚上，叶挺独立团进到湖南水兴县城，接到刚被国民政府任命的国民革命军第8军军长唐生智的告急电报："综合各方面的报告，判断敌即日必行总攻。安仁兵力单薄，贵团务速赴援。"

叶挺独立团接到唐生智求援电报后，立即于6月1日冒雨强行军，黄昏到达安仁的梁城。第二日上午赶到安仁城。此时，解送国民政府给唐生智弹药的独立团第1营，在湖南郴州交点后，也于3日赶到了安仁县城。

3日下午17时，唐生智派参谋詹筠松来慰劳叶挺独立团。叶挺、周士第和团直属队以及刚到达安仁的第1营连以上干部。詹参谋、张团长正在宴会上碰杯，菜肴未及端上一半，突然接到独立团第2营营长贺声洋的报告："敌2000余人向渌田阵地进攻甚猛，2营已全部加入战斗。"

叶挺、周士第立即回到了团部，立即决定由团参谋长周士第率侦探队、担架队、第1营第3连为左翼队，到渌田方面去增援；叶挺率第1营、机枪连、通信队、特务队为右翼队，到龙家湾方面去增援。并预定4日拂晓攻击，中午12时以前，两队会合。

夜22时左右，叶挺到达龙家湾时，夜黑如漆，各高地上均有枪声，流弹四面飞来，分不清敌我所在，判断第3营必处于与敌混战状态。当即派第1连由当地农民带路去找第3营，幸亏农民熟悉道路，经过几番周折才找到第3营。叶挺了解了各方面情况后，决心以独立团主力于4日从渌田、黄茅铺之间敌人守备薄弱的结合部出击，消灭敌人。

4日4时，周士第指挥部队以一部分向渌田正面之敌进攻，主力从渌田以东插入到敌人侧后向铁丝坳进攻，激战数小时，渌田一带之敌遂全线溃退。叶挺指挥部队，也同时以一部向黄茅铺之敌攻击，主力从黄茅铺以西绕到敌人侧背攻击，黄茅铺方面之敌也全线溃退。

12时左右，叶挺和周士第率领两路部队汇合于桑田后，正在搬运敌人遗失的枪械子弹、清理俘虏的时候，周士第接到第一营第3连排长万献廷的报告，说他已率领全排追击敌人到攸县城南，洣水河浮桥已为我控制。万排长在没有得到命令的情况下主动追击敌人的战斗积极性受到叶、周的称赞。全团立即出发，乘胜追击，5日早上独立团占领安仁东北的攸县。此次战斗，叶挺独立团在湘东安仁击溃谢文炳、唐福山部六个团，俘敌200多人，既解救了第8军的危机，也稳定了湘东湘南的局势。

在叶挺独立团占领攸县之后，湘西的敌军不敢再前进了，敌人的总攻计划宣告破产。安仁渌田之战的胜利，是北伐先锋叶挺独立团的初战大捷，也是周士第个人军事生涯的新起点。

二、南昌起义

当北伐战争进入到高潮，大革命的洪流席卷大江南北之时，蒋介石逐渐露出其反革命的真面目。1927年4月12日，他首先在上海挥起屠刀，公开屠杀革命力量，随即在全国各地捕杀共产党人，轰轰烈烈的大革命运动遭到夭折。

大革命失败后，大批共产党员和革命群众倒在血泊之中，中国革命开始转入低潮。

为了挽救中国革命，7月下旬，中共中央决定集中共产党所掌握的部队首先筹划南昌起义，尔后南下广东，重建广东革命根据地。同时，组成以周恩来为书记，恽代英、李立三、彭湃等为委员的中共南昌起义前敌委员会，指挥这次起义。

这时，周士第已由叶挺独立团参谋长升任为第4军73团团长。73团和从该团抽调骨干组建的六个团，是中共在南昌起义依靠的骨干力量，为南昌起义的主力之一。在南昌起义前，周恩来指示聂荣臻设法把25师拉到南昌，并负责接应随后赶到九江的部队和零星人员。他们约定，南昌一发难，立刻开出一列火车到马回岭，火车一到，立即把辎重物资和部队运往南昌。

8月1日早上，周士第接到第25师师长李汉魂打来的电话，要周士第去师部，说是有要事商量。

李汉魂是第4军军长兼2方面军总指挥张发奎的亲信，这时刚从庐山参加张发奎反共会议回来，是否在布置反共事宜，尚不得知。接到电话后，周士第非常着急，因为第73团驻地马回岭离南昌100多公里，具体起义时间还没接到上级党的指示，去李汉魂那里，有一定的危险性；如果不去见李汉魂，就会使李汉魂产生疑窦。如何为好？一时拿不定主意。为此，周士第立即召开第73团党总支会议，讨论周士第去不去李汉魂那里的问题。

开始，多数同志怕周士第去师部之后被扣，不同意周去。第1营营长符克振提出，由他代周士第去。经过反复分析讨论，判断李汉魂还不敢扣留周士第。为了摸清李汉魂的意图，同时为了稳住敌人，最后大家同意，周士第还是以去见李汉魂为宜，并商讨了应急措施。

周士第准备妥当，带了一名骑兵通信员，乘马从驻地马回岭出发，到达北面相距六公里的黄老门。周士第到达师部，先找师参谋长、同乡、中共党员张云逸。张云逸刚同周士第说了句：“今天要注意……”话还没有说完，李汉魂就一步闯了进来。

周士第同李汉魂自1925年在广东广宁支援农民运动时起，共事近两年，可说是老相识了。见面寒暄之后，李汉魂故意放低声音，对周士第说：“总指挥很称赞你，要重用你，希望你跟他走，不要跟共产党走。”

谈话间，周士第听到有一列火车鸣笛从南边开来。周士第知道，这是起义的信号。这时起义部队没有电台，利用民用电话、电报又怕不可靠，为解决联络问题，聂荣臻曾预先通知周士第，约定南昌起义开始，立刻发一列火车北上，第 25 师参加起义的部队，先把辎重装上火车运走，随后部队开往南昌，参加起义。

周士第听到火车鸣叫声音，即借故走出师部，探听南昌方面的消息。正好在火车上遇到许继慎。许见到周大吃了一惊。周士第说明了在这里的情况后，许继慎暗地里对周士第说："南昌起义了，你赶快回部队去。"于是，周士第立刻下了火车，从通信员手中拉过马来，快马加鞭，奔向马回岭团部。

此时，周恩来已派聂荣臻同志来第 73 团布置起义的事。好在事先已给同志们打过招呼，做了准备。所以，一旦行动，忙而不乱。聂荣臻和周士第根据上级党的指示，共同商定了起义的具体行动计划，决定立刻将辎重装上火车运走，部队随后向马回岭以南的德安火车站开进。

下午 13 时，参加起义部队利用午休时间，均按计划行动：驻黄老门西南的第 75 团三个营先走，驻马回岭以南的第 74 团重机枪连跟进，驻马回岭的第 73 团全部断后。担当后卫任务的第 73 团，做了随时应急的战斗准备。

当第 73 团进到德安火车站以北时，张发奎、李汉魂等带着张发奎的卫队营乘火车追来。周士第立即指挥第 1 营对着火车猛烈射击。张发奎见情况不妙，他所属部队，第 10、第 24 师已于 25 日开去南昌，剩下的仅第 12、第 25 两个师。现在第 25 师的两个团又已发难，跟前只有一个卫队营的兵力，没办法，只好跳车逃跑。跟张跳车的还有李汉魂等几个人。

由于慌里慌张地跳车狼狈而逃，一些随身物件如张发奎的望远镜等也丢在火车上了，卫队营也顾不上带去，也丢在火车上了。

张发奎、李汉魂等跳下火车之后，列车并未停止，仍在继续前进。此时，周士第听到北面有枪声，判断可能是敌人追来，立即率第 73 团第 2、第 3 营，占领德安火车站西北端高地，准备迎击。那列火车开进德安火车站时，被第 75 团包围。火车上的张发奎卫队营，有五六百人，全是使用手提机关枪。

第 75 团要卫队营缴枪时，他们还不晓得他们的总指挥张发奎已跳车逃走，说他们是总指挥部的，没有上级命令，决不缴枪。聂荣臻找到周士第说："你赶快去解决这股敌人，你下命令要他们立刻缴枪。"

于是，周士第派了一个参谋，以周士第的名义，去向卫队营营长下命令："你们马上缴枪!"

敌营长反问:"谁的命令?"

参谋说:"周团长的命令,要你们马上下枪!"

卫队营遂全部缴了枪。经过宣传教育,大部分士兵和下级军官参加了起义军。

第 25 师经稍加补充,即编成一个完整的师,由周士第负责带领。

在南昌起义后,张发奎责备李汉魂说:"你的第 25 师呢?"

李汉魂反唇相讥,问张发奎:"你的卫队营呢?"

两人非常懊丧地在互相埋怨。张发奎捎信给周士第,要求把他的望远镜还给他。

这时起义军同张发奎还没有完全决裂,不仅还给他望远镜,就连他的卫队营愿意回去的,也都放了回去。

最后,起义部队到达德安后,火车不通了,改为步行。周士第带第 73 团,聂荣臻带第 75 团和第 74 团的重机枪连,急速连夜向南昌开进。抵达南昌城下,正是第二天拂晓,天刚刚亮,和起义大部队会师。由于中共党的领导,群众革命情绪高涨,人心所向,八一南昌起义成功了。

当周恩来见到聂荣臻、周士第率领有着很强战斗力的第 25 师 3000 多人到达南昌时,十分高兴,说:"你们的行动很成功!我们原来没想到这样顺利,把第 25 师大部分都拉出来了。"

三、身陷囹圄

南昌起义失败后,周士第于 1927 年底到达香港,几经周折,终于找到了当时在香港的中共广东省委书记李立三,聂荣臻也同李立三在一起。周士第向他们汇报了起义军情况,并请示下步行动。

在等待中共上级组织指示的期间,周士第患了虐疾,一阵冷,一阵热,热得要死，冷得要命，甚至连住处都没有，只能流落街头。

一个偶然机会，他遇到了海南岛校友、同事、中共党员、引导他走向革命的徐成章。徐成章在香港见到周士第后，立即把他请到家中居住。周士第睡在徐成章家中的地板上，暂时有了栖身之地，但仍无钱治病。病得实在忍受不住了，有一天，他找到中共党组织在香港的负责人，请示对部队下步行动计划未果，随即他要求住进医院治病，那位负责人没有同意，仅给了周士第十块钱。

周士第拿着这十块钱，走出了那位负责人的住处，忍不住流下了眼泪，钱太少，无法住进医院。几天后，他遇到了张云逸，向他借了 50 块钱，这才住进了医院。住进医院后，他又没钱治疗，心中着急，病情不但没有减轻，反而日益加重。

这时，同乡友人陈超鹏由南洋来香港，见到了张云逸。张云逸告诉陈超鹏说："周士第在此生病，已住进医院，你去看看他。"

陈超鹏听说后，立即到医院去看望周士第。

陈对周说："我们的族兄弟亲朋、同乡在南洋的很多，你病成这个样子，在这里治病又没钱，不如到南洋去。我们的同乡友人总不能不管你，会帮助你把病治好。"

此时，广州起义又告失败，许多同志流落香港街头无吃住处，风声鹤唳，不少人被巡捕抓去。而有的负责人吃的穿的住的都很阔，却不关心同志们的疾苦困难。周士第看在眼里，心中逐渐产生不满情绪。

这时，他请示部队下一步行动迟迟没有结果，加上自己又贫病交加，困居香港，实在无法再待下去，就这样，周士第未向中共党组织报告请示，于 1928 年 1 月即随陈超鹏去了南洋。

1929 年夏天，周士第在新加坡遇见了施卜。施卜是大革命时代中共广东省委委员，同徐成章一起共过事，与周士第早就相识。他乡遇故知，施卜见到周士第后，谈论时政较多。施向周介绍了国内有个由国民党左派宋庆龄、邓演达和谭平山等组织的"中国国民党临时行动委员会"。

1927 年宁汉分裂，蒋介石、汪精卫相继背叛革命后，6 月 29 日邓演达发表《辞职宣言》，决定抛弃国民党。11 月 1 日，邓演达、宋庆龄、陈友仁在莫斯科发表《对中国及世界革命民众宣言》，提出组织"中国国民党临时行动委员会"。宣布这是劳动平民阶级的政党，它继承孙中山先生 40 年来革命不屈的精神，为中国革命之唯一的新集团，负有领导工人农民以及中小资产阶级群众完成中国革命之使命。

在施卜的游说下，周士第的思想出现动摇，认为"中国国民党临时行动委员会”是适合时下国情的。

1929 年秋天，周士第回到香港后，即找到邓演达的亲戚叶粤秀，大体了解了“中国国民党临时行动委员会”和黄埔革命同学会的情况。

此时，周士第在香港又遇到聂荣臻。聂荣臻时任广东省委军委书记。他很诚恳地同周士第谈话，并要周将离开党以后的情况向党组织报告，对党有什么意见可以向党说清楚。周士第当即对聂荣臻说：“我对党的现行路线是不同意的。但我决不反党，我要尽可能地帮助党。此话你如不信，以后看事实证明。”

1928 年冬天，周士第到了上海，由余洒度介绍参加了中国国民党临时行动委员会黄埔革命同学会。

1930 年春，蒋介石、阎锡山、冯玉祥正酝酿中原大战。冯玉祥同黄埔革命同学会联系，谋划反蒋活动。黄埔革命同学会则想利用冯玉祥拿些钱出来作活动经费，于是，同意与冯玉祥一起做反蒋工作。

此时，周士第同许继慎也联系上了，于是积极进行反蒋活动，准备暗杀蒋介石。经常来往的有黄琪翔、谭平山等人。

中国国民党临时行动委员会的革命活动，引起国民党反动派的注意，并派出特务进行跟踪监视。

这年夏天，周士第被捕了，他被押解上了去南京的火车，火车到达南京后，上来几个人把周士第押送到了国民党中央党部。等了一会儿，打开一间客房，请周士第进去休息。又待了一会，又一个人进来，叫人给周士第打开脚镣，并且很客气地给周士第献茶，同周士第谈话。来人说：“邓演达先生已经来南京了。黄埔同学很多都在南京做事，希望你也出来在南京做事，校长不会亏待你的……”

周士第随即同那个来人数落起蒋介石。骂他变成了帝国主义在中国的走狗、新军阀、卖国贼。来人不等周士第把话语告一段落，就同周士第面对面地吵了起来，不欢而散。

那人走了之后，又来了几个人，把周士第押送到蒋介石总司令部军法司拘留所。这里已关押着“中国国民党临时行动委员会”的 20 多个人，还有共产党人和其他一些人，两间房子大约关着有 100 多人。

11 月 30 日早上，周士第在监中得到消息，说的是“中国国民党临时行动委员会”领袖邓演达昨天晚上在南京东外门被蒋介石秘密杀害了，还将有 11 个人就要枪决，其中之一就有周士第。为此，周士第就做好了慷慨赴义的准备，就连临刑时喊的口号都准备好了。

过了一两天，周士第得知了宋庆龄从上海到南京蒋介石家里去“大闹蒋府”，要见邓演达和营救中国国民党临时行动委员会在押人员的消息。由于国民党内部矛盾斗争的加剧，蒋介石不得不于1931年12月15日宣布下野。

蒋介石下野后，12月下旬，南京国民政府容纳了粤方中委。趁此时机，宋庆龄要求南京国民政府释放了中国国民党临时行动委员会被拘留的人员。当宋庆龄在上海了解到中国国民党临时行动委员会在南京被关押的人员大都获得释放，唯独周士第一个人仍在南京被关押着，还没有获得释放时，又第二次到南京去交涉。这样，周士第才得到释放。

四、倦鸟归巢

1933年夏天，中国国民党临时行动委员会派周士第去福建，帮助推动第19路军反蒋抗日，并与红军合作。周士第于是改名周力行，前往19路军。

11月上旬，第19路军由五个师十个旅扩编为五个军十个师，改称为人民革命第1方面军第19路军，蔡廷锴任总司令。第4军军长张炎，第49师师长阮宝洪，周士第任第49师第21团团长。

1933年11月20日，李济深、陈铭枢、蒋光鼐和第19路军将领蔡廷锴以及中国国民党临时行动委员会的黄琪翔等，因不满国民党蒋介石推行的“攘外必先安内”的卖国独裁政策，转变到与中国共产党合作的立场上来，响应中共关于“停止内战、一致对日”的号召，发动了反对蒋介石的政变。22日，发表通电，宣布“中华共和国人民革命政府”，即“福建人民政府”成立。

“福建人民政府”成立时，蔡廷锴委派周士第团负责保卫福建的南大门漳州。

12月，蒋介石自封为“讨逆军”总司令，调派15万军队向福建进攻，并派出飞机狂炸福州、漳州等地。同时请日本派军舰开往马江，协助蒋军占领厦门。蒋介

周士第（左）与贺龙、关向应（右）的合影

石还派人潜入福建，以金钱、地位收买第 19 路军将领，从内部进行破坏瓦解。

1934 年 1 月，“福建人民政府”解体以后，周士第计划将部队带去苏区。但是部队中排以上军官多是蔡廷锴、张炎的亲信，要将部队拉进苏区，必须换上自己信得过的人，才能把部队带走。于是，周士第借故先将通信连长调出，换上自己的祖侄周成德。

周士第正在不动声色地逐步撤换不可靠分子，准备行动时，部队突然奉命调动。当部队开到龙岩西南的坎市附近时，周士第从部队中抽出 50 支步枪，在夜晚秘密交给永定县一个姓张的“中国国民党临时行动委员会”党员，要他组织武装与红军取得联系，以接应他带部队回苏区去。

周士第将部队拉到坎市附近时，已引起黄任寰的注意。当部队开到永定县附近时，黄任寰将蔡廷锴送走后，即宣布凡第 19 路军的军官都到广州去原职任用。随即将周士第调到师部，将他的 21 团编散。周士第在师部与几个参议员住在一起。这几个参议员，都是土豪劣绅、亲国民党的政客，实际是暗中监视周士第行动的，把周士第软禁起来了。周士第准备带部队回苏区的计划付诸东流。

一天，黄任寰对周士第说：“陈济棠来电报要调你回广州工作。”周士第为了麻痹敌人，即假意表示愿意去广州，回广东老家（当时海南岛隶属广东省）去。

1934 年 1 月的一天早上，黄任寰派其特务连长带武装“护送”周士第和其他几个人去广州，并要周士第坐轿走。周士第暗想：坐轿，前后有人抬着，可就没法跑掉了。于是，周士第向特务连长提出，要求仍骑自己骑惯的那匹马走，他说：

“我过惯了军旅生涯，不习惯坐轿，一坐轿，头就发晕、头痛。”

特务连长经过请示后，允许周士第骑自己的那匹马去广州。

周士第等一行出了永定县城，周士第就和特务连长边走边交淡，拉近乎，并给特务连长100元钱，请他先行打前站，找宿营地，准备饭菜食宿，等等。过了永定城外的浮桥之后，周士第就请特务连长骑马，说是你打前站，需要骑马。特务连长有了那100元钱，说话也客气起来了，说：“不客气，还是请周团长骑马。”

说着，特务连长拿着周士第给他的100元钱，就先走了。周士第同他的勤务员磨蹭了一会，看看四周无人，抽个空子，突然上马，快马加鞭，直向苏区方向奔去。

周士第冒着生命危险，一股劲儿地向西北江西瑞金方向奔去。

周士第在乘马行进的途中，一连经过了黄任寰部队的三道封锁线。每次哨兵查问时，周士第借身上穿的这套军官服装，用命令的口气说：“有紧急公事。”就冲过去了。周士第冲出黄任寰部队的防线后，依靠预先准备好的地图和指北针，和他到过苏区边界的记忆，向西北瑞金方向前进。在登上一个高坡时，马失前蹄，连人带马滚到山坡下，幸好人、马没受重伤，周士第爬起身来，牵着马走了一段路，又继续前进。

一天下午，周士第到达一处地方。老百姓一看见周士第穿的那身军装，就都吓跑了。就在周士第努力寻人问路的时候，河沟那边小山岗上出现了一个青年，在向周喊话：“你是第19路军同志吗？快过这边来。”

黄昏时分，那个青年领着周士第到了小山背后当地苏维埃政府，领来一位负责人，询问了周士第的情况。

第二天一大早，苏维埃政府派武装护送周士第去瑞金。

周士第从1928年春离开党，到1934年2月回到中共中央苏区，经历了五年多的漂流、曲折的道路。

1934年2月底，周士第到达瑞金。周恩来、朱德接见了他。周士第当面汇报了这几年离开党的情况，并向中共中央写了书面报告，检讨自己离开党是极大的错误。并将随身携带的1000元钱交给了党组织。

周恩来同周士第谈话中，拿出了一封信，是以贺昌和聂荣臻名义写给周士第的。信中大意是，要周士第推动福建政府、第19路军蔡廷锴等人来苏区，如果蔡等不来，也要周士第回来。结果现在周士第已来苏区，此信已经不需要发出了。

周恩来说：“信虽未发出，但你所作所为的实际行动，同信上的意见是一致的，是符合中央的意图的，你回来了就好。”

周士第到达瑞金后，组织上经过考虑，分配他到红军大学训练部当军事教员。

1934 年 9 月间，红一方面军、中共中央和中革军委领导机关准备长征。“红大”改编为上级干部队，周士第被任命为上干队指挥科科长。

五、万里转战

1935 年 7 月 21 日，中央红军长征到达松潘以西的毛儿盖时，中革军委决定调上干队队长肖劲光去红 3 军团任参谋长，政委周桓调走另有任用。上干队队长由周士第升任，政委由董必武接任。

8 月 27 日，红军历尽千辛万苦，越过了鸟儿也绝难飞过的沼泽草地，到达了巴西、班佑、包座。

这时，蒋介石、胡宗南为了把工农红军消灭在荒无人烟的草地，在红军刚脱离

周士第在抗大

毛儿盖、向巴西进军时，就派第49师抢占了松潘县以北的包座七部落，企图堵死红军北去甘肃之路，与之决战。

8月29日，红军在毛泽东、彭德怀的指挥下，包座一战，全歼第49师两个整团，共歼敌1200多人，活捉敌一个团长、一个团副以下800多人，攻占了上下包座，打开了向甘南进军的门户。

为了迅速改造和处理这些战俘，中共中央派周士第、王盛荣、王观澜等到包座战俘营去工作。

第49师原是福建人民政府时蔡廷锴派张炎和周士第去改造过的部队。两年以前，周士第还在这个师当参谋处长。福建人民政府失败后，第19路军被整编，一部分第19路军原参加过一·二八淞沪抗战的人员又补充到第49师。所以周士第一到战俘营，几乎都是故知，熟人多得很。

这些俘虏大都是周士第原来的部下。19路军有淞沪抗日的光荣历史，向来反共消极，在蒋光鼐、蔡廷锴领导时期，向来视红军为友军。在淞沪抗战中，周士第曾代表宋庆龄、邓演达、陈友仁、黄琪翔的中国国民党临时行动委员会组织的支援第19路军淞沪抗战抗日义勇军的队长，与第19路军将士在上海战壕里并肩战斗过，周士第也是当时有知名度的风云人物。之后，淞沪抗战被蒋介石出卖，周士第又到福建第19路军工作。现在，被俘人员一见到了周士第就如见到亲人。

周士第等人在处理俘虏时贯彻红军优待俘虏的政策，同时又用第19路军淞沪抗战、反蒋抗日的光荣史教育他们。最后，愿留下当红军的，红军欢迎；愿回家或返回国民党部队的，发足路费。

几天之后，周士第等把白花花的银元摆在桌上，俘虏站队表示自己的去向，如果回家发给雪花银。谁知在站队时，竟然有百分之九十的人站到留下参加红军的一边。许多人还说："我早就想参加红军了！"

周士第笑盈盈地对大家说："你们的师长伍诚仁是我的老同学，他如果不在战场逃走，我还要争取他和你们一块当红军哩！"

1935年11月初，中央红军在陕西甘泉附近地区同早先到达陕北的红15军团会合。11月3日，中华苏维埃共和国中央政府决定成立中国工农红军西北革命军事委员会，毛泽东为主席，周恩来、彭德怀为副主席。

同日，西北革命军事委员会发布第一号命令，宣布恢复红一方面军，彭德怀任司令员，毛泽东任政治委员，参谋长叶剑英、政治部主任王稼祥，辖第1军团和第15军

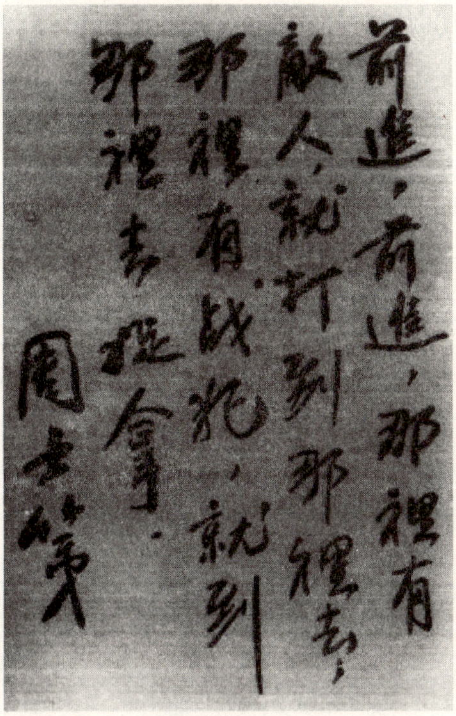

周士第进军西北前夕的题词

团。第 1 军团，军团长林彪，政治委员聂荣臻，参谋长左权，政治部主任朱瑞；第 15 军团，军团长徐海东，政治委员程子华，参谋长周士第，政治部主任郭述申。

中央红军胜利到达陕北，对蒋介石震动很大，于是他重新调整对陕甘苏区的“围剿”部署，成立“西北剿总”，蒋介石自兼总司令，张学良为副总司令，指挥陕甘宁青的兵力 30 余万人（与在同一地区的红军是十比一），妄图一举消灭红军于葫芦河、洛河西北地区。

11 月 19 日，敌先头部队第 109 师到达了黑水寺、安家川地区。毛泽东和红一方面军领导马上决定，诱敌深入，首先歼灭该敌于直罗镇地区。

直罗镇东距陕西鄜县（今富县）、西离甘肃合水各大约 50 公里，是甘肃合水通往陕西富县大道上的一个较大的集镇。这里有 200 多户居民，在葫芦河中段南岸，南北群山连绵对峙，中间是一条狭长的谷地。葫芦河最宽不到 200 米，窄处只有二三十米，犹如沟通东西交通之锁钥。大部队在此很难展开，只能摆开一字长蛇阵，只要将敌人诱进“口袋”，即可关门打狗。

20 日下午 16 时，第 109 师师长牛元峰亲自带领一师人马在六架飞机的掩护下，开进了直罗镇。红一方面军当夜将他们包围。21 日拂晓四五点钟，红一方面军发起攻击，红 1 军团由北向南，红 15 军团由南向北，对立足没稳的敌军展开猛烈攻击。

徐海东、周士第率红 15 军团从药埠头由南向北拦击敌人，红 1 军团直插黑水寺，堵住了敌人的退路。上午 11 时，红 1 军团攻入直罗镇，红 15 军团将敌设在直罗镇南山上的阵地攻破。到中午时分，将牛元峰的第 109 师师直属队及其两个团全部歼灭。

开始战斗比较顺利，激战约半天，红军就攻占了直罗镇，来敌大部被歼灭。只是东山上那座石砌寨墙的小寨子，没有攻下。牛元峰利用这座石砌寨墙的残址，固守待援，接连向军长董英斌发电求救。下午四五点钟，一架敌机在直罗镇上空盘旋，想来援救，但是无能为力，只能遥望一下，然后无可奈何地沿原路飞去。

此时，红军想打下飞机入寨子，但是由于没有重武器，压不住敌人的火力，不能接近它；敌人想逃，由于被红军包围得紧紧的，无缝可钻，也逃不脱。渐渐地，太阳已经西下，敌我双方仍然在进行冷枪战。遵照周恩来的指示，因为寨墙坚固，敌人不少，白天攻击必然伤亡大，先围起来，等到晚上再发动进攻。

待到夜幕降临，红 15 军团即由周士第带领第 78 师向东山那个寨子攻击。周士第意识到这是中央红军到达陕北的第一仗，必须打胜，他抱着不惜牺牲、攻敌必胜的信念，指挥第 78 师向敌人冲去。敌人果然支持不住，牛元峰弃寨突围西逃，又被红第 75 师追击，在直罗镇西一座山上，天将拂晓时，敌师长牛元峰被红军击毙。到 24 日，直罗镇地区的敌人被红军全部歼灭。

直罗镇战役共歼敌一个师又一个团，毙敌师长牛元峰以下 1000 多人，俘敌团长高福源以下 5300 多人，缴获长短枪 3500 多支，轻机枪 176 挺，追击炮八门，无线电台两架，子弹 22 万发；迫使敌第 108、第 111 师退回甘肃，第 117 师退出富县。敌分路增援直罗镇的三个师，被红军打援部队歼灭十个团之后，也乖乖地撤离了。

然而，周士第在指挥直罗镇东山战斗中，头部中弹负伤。

直罗镇战役，在中共中央的直接领导下，取得了伟大的胜利。红 1 和红 15 军团团结一致，协同作战，打得干脆、利落。直罗镇战役的胜利，打破了蒋介石对陕甘苏区的“围剿”，巩固了陕甘苏区。毛泽东高兴地说：直罗镇大捷，“给党中央把全国革命大本营放在西北的任务，举行了一个奠基礼”。

六、防空司令

1950年10月18日黄昏，志愿军跨过鸭绿江，抗美援朝战争开始。第二天，中共中央军委主席毛泽东任命周士第为中国人民解放军防空部队司令员。23日，毛泽东主席正式发布命令：建立军委防空领导机关。

中国人民防空部队，是由炮兵、探照灯兵、雷达兵、通信兵等专业兵种组成，其基本任务是与空军共同消灭敌空袭兵器，保障国家政治中心、经济中心、军事集团和其他重要目标的安全。

人民军队过去在红军时期、抗日战争时期和解放战争时期，主要活动在农村，没有建立统一的防空机构。

1934年10月，由于国民党反动派经常派飞机轰炸中共中央所在地瑞金，曾在红军总司令部设立防空科，进行部队防空训练，指导部队防空作战，担负保卫苏

新中国成立后的周士第

区、反击敌机空袭。

后来，随着人民解放战争的节节胜利，革命形势发展壮大，解放军由农村包围城市到夺取大城市的增加，城市要地防空问题日益突出，中共中央军委于1948年8月9日决定设立城市要地的地区性防空机构。在陆军的基础上，逐步建立起防空部队及其领导机关，以抗击国民党空军和美国飞机。

在1950年9月军委防空领导机关成立之前，华北军区平津卫戍区防空司令部、南京防空司令部、上海淞沪警备司令部防空处、华东军区防空司令部、天津防空司令部、上海防空司令部、东北军区防空司令部已相继成立。同时，组建了二个高射炮兵师师部、16个高射炮兵团、一个探照灯团、二个雷达营、一个对空监视哨营，总人数6.8万人，担负着城市要地的防空任务。

1950年6月25日，朝鲜内战爆发，美国派其第7舰队侵占台湾，将其远东作战飞机500余架投入侵朝战争，并不断由美国本土增调兵力参战，乘机纠集“联合国军”，扩大侵朝战争，很快在朝鲜的陆地上向北推进，战争眼看就要燃烧到中国的领土、领空。

中央军委为了防止美军对我国进行空中袭击，加强中国国土防空建设，准备参加抗美援朝，于1950年9月决定成立统一国土防空的领导机关：中国人民解放军防空司令部（以下简称“军委防司”）。

周士第上任后，经过筹备，12月16日，军委防空司令部机构成立，暂设一室（办公室）、五处（作战、情报、通信、军务、管理）、一科（机要）和干部训练队。共编制352人，其中干部172人。谭家述被任命为防空副司令员兼任参谋长。军委防空司令部在北京东城区棉花胡同六号一处小四合院里开始办公。

1951年7月及以后，军委防空司令部又增设了炮兵处、军训处、军校处、空军处（后改为驱逐机处、歼击机处）、探照灯处、工兵室、防化学兵室、对空勤务处、财务处、后勤检查处、军械处、装备计划处、机要处、气象主任，等等。1952年9月29日，军委防空领导机关又迁入北京鼓楼东大街北锣鼓巷新址办公。

经中共中央军委及总政治部批准，于1951年1月11日，由周士第、钟赤兵、谭家述三人组成中国共产党人民解放军防空部队临时委员会，周士第任书记，隶属中央军委和军委直属总党委领导。临时党委明确分工：周士第负责防空计划的制定和建设工作，钟赤兵负责党的工作、政治工作和干部工作，谭家述负责教育训练和财经工作。

周士第上将

周士第等报请中央军委批准，1952 年 11 月又成立防空部队干部部，黎映霖为第一副部长，任学耀为第二副部长，下设任免、军衔、奖励、组织统计三个科。1953 年 6 月将科扩编为处，并增设办公室，负责管理全国防空部队的干部工作。

1952 年 8 月，钟赤兵免职。1953 年 1 月，由唐天际接任中国人民解放军防空部队政治委员。

1953 年 2 月，防空部队党委正式成立。由周士第、唐天际、成钧、谭家述、梁军、樊哲祥、黎映霖、高鹏、周彪、刘秉彦、陈华堂、龙福才、张西三、曹传赞、孙超群、李赤然、王智涛、潘寿才 18 人组成。周士第任书记，唐天际任第二书记。25 日在北京召开了中共防空部党委第一次全体会议，党委书记周士第向全会报告了《防空部队党委 1952 年工作总结及 1953 年工作计划》。会议突出地强调了有关防空部队建设的一些重要问题。26 日，全会选举周士第、唐天际、成钧、谭家述、梁军、樊哲祥、黎映霖七人为中共防空部队党委常委。3 月 16 日上报毛泽东圈阅同意。

1953 年 6 月 13 日，防空部队后勤部与政治部又同时成立。

周士第在抓紧防空领导机关组建的同时，还抓紧防空部队的建设。东北、华东防空司令部在原有基础上进行扩建、充实和调整，又先后新组建了中南军区防空司令部、安东防空区司令部（东北、安东、华北、华东、中南为五个一级防空区）、小丰满防空司令部（为三级防空区）、广东军区防空司令部（后改为中南军区防空司令部)、西南军区、浙江和福建三个防空处，南京、天津、武汉三个防空指挥所，基本上建立健全了各级领导指挥机关。

周士第还组建了高射炮第101、第102两个师部，高射炮33个团又八个独立营，探照灯四个团，雷达一个团又八个独立营，对空监视17个团，通信四个团、一个指挥营，高射炮兵学校、防空学校、速成中学各一所，高级防空学校及防空部队预备学校各一所。防空部队总人数由原先的6.8万人，很快发展到10.4万人。

1955年3月8日，中共中央军委第二十五次会议决定，自即日起，防空部队改称防空军，任命周士第为防空军司令员。

1958年后，周士第逐渐离开一线岗位，积极参加人大、政协活动。

1979年6月30日20时20分，周士第因癌症医治无效，与世长辞。

七、婚姻之路

周士第在乌皮上小学时就是个高材生，学习成绩突出，表现又好，是个品学兼优的双优学生。校长翁子开特别喜欢他，托人说媒，愿把自己的女儿翁祚昆许他为妻。结果，1916年，周士第16岁时，同翁祚昆结了婚。

1923年，周士第夫妇生了一个女儿，名周竞权。这是周士第为女儿起的名字。周士第提倡解放妇女，争取女权，男女平等。为女儿起名竞权，就是要女儿奋起为竞争女权而斗争的意思。

1928年，周士第在南洋养病期间，翁祚昆带着年仅五岁的女儿，在亲朋好友的帮助下，曾远奔南洋去看望周士第，护理周士第的病体。因周士第在南洋生活困难，在其病情好转后，她又带着女儿回到了家乡。

1930年冬，周士第在广州、香港参加中国国民党临时行动委员会活动时，曾写信叫翁祚昆带女儿去香港。就在翁祚昆准备从家乡出走去香港的前一天晚上，据说有个姓李的地下党负责人派人偷去了周士第的来信，他看了信后怀疑周士第叛变了，就化装为蒙面人，到周士第家中将翁祚昆杀了。

周士第自从发妻被人杀死后，一直孑然一身，很多年也没有谈过恋爱。

1940 年 10 月 26 日，中共中央批准成立晋西北军区，并委任贺龙为司令员、关向应为政治委员，续范亭为副司令员、周士第为参谋长、甘泗淇为政治部主任。

1940 年 12 月 23 日，在贺龙和甘泗淇及其夫人李贞的介绍撮合下，周士第同张剑结婚。

张剑端庄秀丽、温文尔雅、敦厚忠诚。她原来姓石，是河北省深县西石村人。出生于 1922 年 1 月，家境贫寒，父是木匠，不幸早亡。她 11 岁时，又遭巨大的不幸，母亲病死，比她小两岁的弟弟也夭折。她与比她大六岁的姐姐，在奶奶的照料下相依为命。后来，姐姐出嫁，奶奶病逝后，只剩下张剑一个小女孩孤苦伶仃，无依无靠，最后由姑母收养，随姑夫改姓张。姑母没孩子，对她很好，并且送她上学，一直到高小毕业。但是，幼小的她总觉得去外村姑母家不好，不愿去姑家长住。上高小时，在离家 12 公里地的回龙庙住宿求学。

抗日战争全面爆发后，才十几岁的张剑参加了革命，在本县前磨头区妇救会工作，从此再未回过姑家。1939 年第 120 师到冀中，她即参军在独立第 5 支队任宣传员。1940 年她跟随第 120 师到晋西北兴县，一直留在师部甘泗淇的夫人李贞身边。尽管后来她几次要求回第 5 支队，但是李贞婉言相劝，不让她走。一天，李贞说师领导想吃饺子，但不会做，要她们几个女孩子去帮助包饺子。结果，贺龙和周士第等人全来了，张剑同周士第由此相识。

以后，贺老总经常打电话约她去玩，开始时，张剑不好意思，不愿意去。有人说她架子大，师长都请不动，这样她就常去了。她一去，周士第每一次都在场，一来二往，接触中，她感到周士第人挺好，挺文明。经过贺老总、甘主任，主要是李贞的撮合，并经过组织批准，周士第和她结了婚。

战争年月结婚简单，房子是老乡的，家具也是老乡的，把两个人的被子合在一起，宣布一下就结婚了。

婚后第二天，周士第就上前线指挥部队反击日军冬季的大“扫荡”去了，留下张剑一人和贺龙他们在一起。张剑后来回忆说：“贺老总对我很关心。现在还记得，周士第去了前线后，敌人飞机来轰炸，贺老总总是叫上我一起躲飞机。开始我不好意思，一天，我跑到老乡家去，用被子蒙上头，认为看不到、听不到飞机，就是防空了，留下了不少笑话。”

历史评说

从资历上来说，周士第是黄埔一期，1924 年入党，叶挺麾下的悍将，参加了南昌起义，就算授个大将也不为过。可这位资格老、战功大的开国上将，无疑是极为低调、谦逊的，1959 年以后他就离开了工作岗位，也不大为人所知。

沙场铁壁——宋时轮

战争年代的将军都有自己的个性，宋时轮尤甚，他喜光头，喜敞怀，性如炸雷，动辄挥拳怒吼，部属皆畏之，其人尤豪于饮，自喻“酒将军”。初见他的人，都不敢置信这是一位正牌黄埔生。可就是这位将军指挥的徐东阻击战，成为了解放军军史上的防御战经典战例，更赢得了国民党军队“排炮不动，必是10纵”的美誉。

小档案

姓名字号：宋时轮，原名宋际尧，别名宋之光

籍　　贯：湖南省醴陵县

生卒年月：1907.9.10—1991.9.17　卒年84岁

毕业院校：黄埔军校

军　　衔：上将

最高军职：中国人民志愿军副司令员，中国人民解放军军事科学院院长，中央军委教育训练委员会主任

一、投身革命

1921 年，14 岁的宋时轮考入县立渌江中学。在轰轰烈烈的大革命时期，该校曾是全县革命的摇篮。一些共产党人或来校宣传革命思想，或以学校为中心在全县开展革命活动。

1922 年，宋时轮在进步教师的帮助下，与同学左权、陈恭、蔡升熙、陈觉、王亚文、肖石棚等人发起成立“社会问题研究社”，经常研讨一些同学们当时最关心的问题，如：青年为什么要求学、怎样求学？有为青年应立什么志、怎样立志？在国弱民困之时，有志青年应该怎么办？等等。

1923 年冬，宋时轮和左权等同学摇着一条小船，登上状元洲，议论一个最秘密的消息：广州大元帅府的军政部长程潜派柳漱风来醴陵，为大本营陆军讲武学校招生。国家正值多事之秋，这或许是一条救国救民的道路。宋时轮遂与左权、蔡升熙、邓文仪、张际春、左纪棠、何元淮等 20 多人秘密前往报名。

从湖南去广州的路程并不很远。但由于军阀连连混战，湘、粤边境战事频繁，铁路早已中断，他们只得从长沙，经汉口，绕道上海，乘船去广州。到汉口时，多数人身上的盘缠已所剩无几，若靠边打工边走路，定会延误到校日期。宋时轮提议，把每个人剩下的钱集中起来，由专人管理，负责安排生活，大家继续上路，他一人回家乡筹款，尔后再去广州。

他的建议得到了大家赞成。于是，由左权、蔡升熙带着其他同学继续南行。身无分文的宋时轮，一路上过着近乎乞讨的生活，历尽艰辛，终于在 1924 年春天回到醴陵。过度疲劳的宋时轮染上了痢疾，他只得一边治病，一边设法筹款。他的病时好时坏，一直拖到 1925 年冬，身体复原后，才与沈仲文等同学风尘仆仆地赶到广州。

1926 年 4 月，在同乡李香岭的荐举下，宋时轮考入黄埔军校，编入第五期入伍生队。在黄埔军校期间，宋时轮努力学习军事、政治，亲身感受到革命风暴的激流，1927年1月，在部队驻防太平圩期间，由张庆孚（黄埔军校政治教官）介绍，宋时轮正式成为中国共产党党员，开始了一名革命者艰苦奋斗的生涯。

1927年4月12日，蒋介石在上海发动了反革命政变，紧接着，各地反革命政变迭起，白色恐怖迅速笼罩了祖国大地。

宋时轮于4月20日在广州国民党反动派的“清党”运动中，被当作共产党嫌疑犯，关进广州河南（珠江南岸）南石头惩戒场。1929年4月，宋时轮经党组织找保释放出狱。

出狱后，宋时轮先后到香港、上海、长沙寻找党组织，但始终未能取得联系，便决定回家乡拉队伍打游击。回到家乡后，由于还乡团仍在到处追捕共产党人，白天不得不躲在山上，晚上才敢下山来宣传、发动群众。有时饿了，就采一些野果子充饥。一次，他又饥又渴又累，摇摇晃晃地来到山脚下一块红薯地里。他实在支持不住了，就拔了几个生红薯充饥。

正当他狼吞虎咽吃着的时候，突然从树林里钻出一个手持猎枪的中年人。原来，这个中年人，以前就住在山坳下，大革命时期曾担任过农协委员，工作积极，斗争坚决，打土豪，分田地，事事走在前面。“四一二”以后，为躲避还乡团的搜捕，只身跑到山上来靠种地为生。

宋时轮上将

宋时轮吃罢红薯，在草棚里坐下来，和他亲切地拉家常，像一对多年不见的兄弟。没谈几句话，这个中年人就急不可待地问："时轮，这天还能翻过来吗?"宋时轮听了这句发自心底的问话，深深感到，大革命中的农协积极分子，他们的心里始终是铭记着革命、盼望着解放的，但在白色恐怖下，一时失去了党的领导，难免产生困惑。

于是，宋时轮亲切、坚定地对他说："革命的低潮只是暂时的，农民协会还会兴起来，土豪劣绅一定要铲除，国民党反动派的统治长不了，工人农民一定会有翻身解放的一天。"几句话说得中年人心里亮堂堂的。他立即恳切地向宋时轮要求："你就领着我们和他们斗吧!"后来，这个中年人第一个参加宋时轮组建的游击队，并成了宋时轮在家乡发展的第一名共产党员。

1929 年底，宋石轮领导的游击队编入了中国工农红军第 6 军。1931 年春，宋石轮由红军总司令部教导总队队长调任红 35 军参谋长，并参加了三次反"围剿"作战。

1933 年秋，在中华苏维埃政府所在地——江西省瑞金县西郊的一个山沟名叫大树下的地方成立了红军大学。教员都是具有丰富作战经验的红军中高级指挥员。在第五次反"围剿"作战中受伤、年仅 26 岁的军参谋长宋时轮，在红大成立第二年春被选调到该校当军事教员。

宋时轮讲起课来深入浅出，幽默诙谐，并善于结合我军作战实际，用生动的战例引导和帮助大家学习。因此，他讲课的时候，常常是座无虚席，有时就连门口和窗外也挤满了旁听的人。有一次，宋时轮结合中央苏区第三次反"围剿"的实战经过，讲"诱敌深入"的具体作战，大家听得十分入迷，连司号员在窗外也听得入了神，竟忘了吹下课号。等过了开饭时间，气急败坏的炊事员跑来找他，他才恍然大悟，赶紧吹号。

1934 年 10 月，红军大学改编为干部团上级干部队，在队长肖劲光率领下转移至九堡村，开始长征。当红军进到大渡河的安顺场渡口时，国民党飞机从天上撒下传单来，说毛泽东要成为"石达开第二"。宋时轮立即把学员们召集到一起，给大家讲述太平天国舆王石达开率部进到今四川石棉县安顺场南、为大渡河所阻、陷于绝境的情况。

然后，他对学员们说："今天，中央红军来到这里，前有敌人扼守渡口，后有几十万国民党的追兵，西面是人烟稀少的少数民族地区，处境也是十分险峻的。但是，石达开的悲剧绝不可能在红军身上重演，我们的士气不应该低落。因为红军是中国共产党领导的革命队伍，不同于石达开的农民起义军；红军是工农子弟兵，与农民兄弟有着密不可分的血肉联系，不像石达开的队伍那样脱离群众；红军有铁的纪律，石达开的队伍纪律涣散……"

正讲到这里，天气陡然变化，狂风夹着暴雨，把路边一些树木连根刮倒。宋时轮立即问大家："同样是树，为什么大风一刮，有的倒了，有的就没倒?"

一些同志回答："因为有的树长得结实，有的树长得不结实。"

宋时轮听后说，"这主要看树根在土里扎得深不深。我们红军的队伍也有根，它的根深深扎在人民群众之中。所以说，红军队伍肯定经得住狂风暴雨的袭击。大渡河是阻挡不了我们的。我们最终一定会战胜困难，从胜利走向胜利。"

几十年后，当时红军大学的学员提到宋时轮教员讲课，仍是赞不绝口，难以忘怀。

二、纪律如铁

在宋时轮任红 28 军军长期间，发生了震惊中外的西安事变。部队指战员欢呼雀跃，一连几天不休止地议论。军司令部、政治部几个同志正在一起谈论捉到蒋介石后应当怎么办的问题。

有一天，宋时轮来了，他先问当时任特派员的裴周玉："你拥护捉蒋介石吗?"

裴周玉说："我一千一万个拥护，而且拥护把蒋介石交延安苏区人民进行审判。"

宋时轮又问："蒋介石是杀了好呢？还是不杀好呢?"

大家都异口同声地说：我们同蒋介石打了十来年的仗，死了那么多人，都是为了打倒蒋家王朝。现在把老蒋捉到了，还不该杀掉吗?

宋时轮听后微微一笑说："恐怕没有这样简单吧！"

第二天，他便同干部们谈话，告诉大家：西安事变是大事，捉了蒋介石大家都高兴，但如何处理蒋介石，一定要听党中央的话，听毛主席的话，党中央、毛主席一定会有好的办法。

半个月后，忽然传来了释放蒋介石的消息，部队听到后反映非常强烈，认为这是"放虎归山"。有的同志当场就哭了，说放了蒋介石，亲人被杀害的深仇何时才能报。

针对部队的反映，宋时轮又带领机关人员，积极对部队进行教育、解释工作。他对大家说；我们是党的武装，一定要听党的话。蒋介石同意停止内战，联共抗日，对国家和人民都有好处。如果杀了他，让亲日派夺取了统治权力，对日妥协、投降，国家就会灭亡，人民就要遭殃。

宋时轮在对部队进行教育、解释以后，又组织部队讨论，让大家谈看法、放怨气，最后终于使指战员们统一了思想认识，衷心拥护党中央和毛主席的英明决定。

七七事变后，党中央为了全民族的利益同国民党合作，将红军主力部队改编为八路军、新四军，红 28 军改编为八路军第 120 师第 358 旅第 716 团。

对于这次大整编，红 28 军的指战员们心不甘情不愿，由一个军改编成一个团本来就够窝火了，还要摘下心爱的红五星，穿上国民党的军装，戴上青天白日帽徽，甭提有多别扭了。宋时轮从军长变成了团长，他不仅个人坚决服从命令，还对部队做工作说："凭良心讲，我也不愿红军改名。但为了全民族的利益，实现国共两党合作，使中国人民不当亡国奴，红军就得改名。红军名改心不变。这是党中央的决策，我们要顾全大局。"

1937 年 9 月，日本侵略者的铁蹄踏进了雁北地区。值此危难之际，宋时轮率领以八路军第 120 师第 716 团第 2 营为骨干编成的"雁北支队"，从晋西北来到了洪涛山区。

由于国民党的反共宣传，侵华日军的"三光政策"和地方上的土匪抢劫，群众一见部队到来，立即外出躲避。面对这种情况，宋时轮首先在支队中进行动员、教育，他指出：做群众工作是人民军队的三大任务之一。只有使广大群众把我军看成是自己的子弟兵，从人力、物力、财力等各个方面支援我军对敌作战，才能形成陷敌于人民战争的汪洋大海。

接着，他又在支队中强调，要严格执行"三大纪律八项注意"。对违反纪律的现象，一经发现，立即追查，严肃处理。他还指示部队，要积极开展群众工作，帮助老乡担水、扫院、秋收、打场。驻地群众缺粮缺衣，他亲自主持召开富户、乡绅座谈会，动员他们捐粮、捐布、捐钱。此外，他还指挥部队大力开展剿匪斗争。

通过这些活动和工作，当地群众对“雁北支队”有了正确的认识。乡亲们都把这支部队看成是自己的子弟兵，打心眼里拥护他们、支持他们，把他们亲切地称为“宋支队”。

随后，宋时轮又着手进行组织和武装群众的工作。他从部队抽调了一批又一批有经验的干部、战士组成武装工作团队，到地方积极开展工作，在不少地方组织了青救会、妇救会、抗联会和武装自卫队等一大批抗日救国组织和武装。

同时，他积极领导建立地方党的组织，通过他们发动和组织群众，为部队传送消息，制作军衣、军鞋，运输粮食、煤炭，抬担架送伤员，配合部队作战，并掀起有钱出钱、有力出力和父送子、妻送郎报名参军的热潮。在短短几个月的时间，就使方圆数百平方公里的洪涛山区变成了一块生气勃勃、坚不可摧的敌后抗日根据地。

1938 年 5 月，宋时轮领导下的雁北支队与 115 师邓华领导的抗日武装合编为八路军第 4 纵队。宋时轮任纵队司令员兼第 12 支队司令员。6 月，为创建新的抗日根据地，支援冀东人民大暴动，宋时轮又马不停蹄的率部挺进冀东。

部队在进入伪满热河境内时，正值盛夏，阴雨连绵，加之部队持续冒雨行军，不断淌水过河，指战员们整天衣服不干，不少同志腿脚都泡烂了，而且敌人大肆进行欺骗宣传，群众不敢接近八路军，部队食宿异常困难。

在这种情况下，宋时轮一面以身作则，和指战员们同甘共苦，带领部队坚持在雨中行军，饿了吃一把自带的炒米，渴了喝一碗路边的雨水；一面和邓华政委一起，教育要求部队，严格执行群众纪律，切实做到对群众秋毫无犯。

指战员们在他的模范行动影响和严格管理要求下，克服困难，执行命令，行军中主动开展思想、体力互助，入村后不动群众的一草一木，夜间露宿街头，下雨时就在屋檐下避雨。看到这种情况，许多群众感动得流泪，拉着战士们的手说：“天下哪有你们这样好的军队啊！”此后，不少群众主动要求为部队带路，尽力为部队掩护照顾伤员。日伪军多年来的歪曲宣传和欺骗蒙蔽，也都不攻自破了。

群众对第 4 纵队的深情拥戴，给敌人很大震动，也使敌人感到莫大的威胁。侵华日军驻承德的宪兵队长在给上级的报告中说：

“共产军侵入后，在各部落分配宿营，部落民众供应共产军粮秣需要，该部全支付其代价。”

由于他们“对居民不加任何危害”，民众“宁可欢迎共产军的侵入。”

“当共产军袭来时，无丝毫逃避的样子，遇到满军讨伐队时，几乎全都避难去了。”

“使用驻屯地居民侦察敌情之事是困难的，想利用他们做侦探者，都被共产军所运用。不得已，使上兵穿上便衣去侦察敌情，这也由于当地居民的密告，有被绑架之虞。可见他们主义宣传的巧妙。”

敌人的惊惧和哀叹，从另一方面反映了宋时轮卓越的领导才能和对部队铁一般严格的纪律约束。

三、义正辞严

抗战胜利后，为监督国共两党《停战协定》的贯彻执行，1946 年，在北平成立了由共产党、国民党政府和美国三方面组成的军事调处执行部。

在军调处工作期间，宋时轮曾两次严辞反击美方代表的诬蔑。

第一次是在宋时轮刚刚到达军调处的时候。

成立军调处，三方协定，参加军事调处执行部工作的人员，必须在规定的十日时限内到齐。

当时，美国方面有在华机构可以利用，人员到位是很快的。国民党有美国的支持，加上特工调动的经验，人员到位也不慢。我方则由于交通不便，通讯困难和选人很严，中共方面执行处处长宋时轮于 1 月底到达时，人员仍未到齐。美方和国民党方面就利用这一点大造舆论，指责我方对停战调处不积极。

面对有意刁难，宋时轮根据叶剑英的指示，认真研究对策，组织反击。在一次三方执行处处长会议上，宋时轮抓住美方诬蔑我方的机会，郑重指出：为了完成好监督停战协定执行的任务，我方选调的工作人员都是各地区、各部队的领导干部，如委员叶剑英是我军的副总参谋长，顾问饶漱石是华东军区政委，参谋长罗瑞卿是晋察冀军区副政委，临汾小组中共代表陈赓是八路军和北伐军的名将……这充分说明，我方是诚心诚意希望和平，对停战调处工作持积极和负责态度的。

而国民党方面的人员绝大多数都是军统和军令部二厅的特务，如委员郑介民就是军统局副局长和军令部二厅厅长，是搞特务活动的老手。顾问郭子明是军统局中共研究科科长。其他代表邹陆夫、黄长新、黄维勤等均来自军统。选调这样的人来工作，目的何在？说明什么？难道还不清楚吗！美方用选调人员和到位时间来指责我们，是很不公正、别有用心的。

宋时轮的一番话，有理有据，掷地有声，美方和国民党方面听得面红耳赤、哑口无言，觉得共产党方面的情报工作真是厉害。马歇尔也不得不承认，蒋介石派大批特工人员来军调部工作是非常愚蠢的。

第二次是在一次会议上。

当勤务人员送上咖啡，宋时轮在放糖时，美国代表伊利上校突然用极不礼貌的态度嘲弄宋时轮说："将军，你放那么多糖块，不怕把你的牙齿沾掉了吗?"当时，美、蒋方面的与会人员都哄堂大笑。

我方代表见状非常气愤，觉得对美方这样的侮辱、嘲弄，必须狠狠给予反击，以维护中华民族和中国人民的尊严。就在这时，只见宋时轮拍案而起，把盛满咖啡的杯子猛推到伊利面前，指着伊利的鼻子大声说："上校，你的态度是对中国人民的侮辱。咖啡我愿喝就喝，糖愿放就放，喝多少咖啡，放多少糖，完全是我的自由和权利，你有什么权力嘲弄我？你要知道，这些咖啡和糖不是你们美国人恩施的，而是用庚子赔款的钱，也就是用中国人民的血汗买来的（当时协议军事调处执行部的费用由庚子赔款中支付）。现在，我不愿喝，就请你喝好了。但是，我要提醒你，中国人是有骨气的，你们现在还想用八国联军侵略中国时的态度来对待我们，那是绝对不行的……"

宋时轮这一义正辞严的反击，使美蒋人员大吃一惊，惶惶然不知所措。伊利更是震惊不已，狼狈不堪，马上装出笑脸赔礼道："将军，我是开玩笑的，绝无恶意。请你原谅，原凉!"

宋时轮这一大义凛然的反击，反得有力，击得痛快，立即成了军事调处执行部轰动一时的美谈。我方人员个个兴高采烈，扬眉吐气。美方人员反映："中共代表不好惹，厉害，厉害。”宋时轮在谈判斗争中为捍卫民族尊严所进行的有力反击，显示了中国共产党人在外交战场上的英雄气概。

1946年4月3日凌晨3时，北平反动当局以查户口为名，将中共新华社北平分社代社长兼《解放》报总编辑钱俊瑞等44人强行带走，然后分别扣押于梁家园警察外二分局和西城警察内四分局两个拘留所。

3日上午，叶剑英领导下的北平军事调处执行部中共代表团召开紧急会议，并派宋时轮到西城警察内四分局递交我方的抗议书和进行交涉。

宋时轮受命乘车赶到西城警察内四分局后，与被捕同志一一握手，说明他是受叶剑英委员的委托来慰问大家的，接着就宣读了中共代表团给被捕同志的慰问信。他慷慨激昂地说：“同志们，你们哪里都不要去，就待在这里等待解决问题。我们要和摧残人权和言论自由的法西斯分子斗争到底，不达目的，绝不罢休。”

这时，站在旁边的一位警察嗫嚅地说：“请先生讲话客气些。”

宋时轮听到后立即转过身来，义愤地斥责这个警察：“你们违反军调部三方达成的新闻协议，无故把我们的人抓来，戴上手铐，这叫什么客气?”

那警察无言以对，只好灰溜溜地走开了，站在后面的一名警官也不敢吭声。宋时轮大义凛然的气势，压倒了气焰嚣张的敌人，鼓舞了我被捕人员的斗志。

4日下午，罗瑞卿和宋时轮又到警察总局进行交涉。身着黑色警服的警察总局局长陈焯看到面前站着两位将军，立即向罗瑞卿和宋时轮敬了个礼，说：“卑职是陈焯。”

罗瑞卿当即提出责问：“你们为什么非法逮捕我们的人?”

陈焯耍无赖，以检查户口和维护治安为名进行辩解。

宋时轮不等陈焯讲完，便指着他的脸说：“我问你，我们的人在北平违犯过治安法规吗?”

“没有。”

“那为什么要抓他们呢?”

陈焯沉默不语。接着，宋时轮又说：“你们随便抓人，违背了你们政府在政协开幕会上宣布‘四项诺言’，现在军事调处执行部正在调处国共军事冲突，为实现和平、民主、团结而努力，你们不要做破坏和平、民主、团结的罪人。”

陈焯听了连连点头说：“是，我们不做这样的罪人。”

正在这时，叶剑英、滕代远与北平市长熊斌会谈结束，一起到警察局来了。在陈焯向我被捕人员当面赔礼道歉后，被关押的同志于4日下午6时乘车离开警察总局，沿途燃放鞭炮，高呼口号，胜利返回了翠明庄住地。

四、威震中原

宋时轮从北平军调处回到山东部队后，担任了华东野战军第10纵队司令员，打了许多漂亮仗，使国民党部队中都流传了“排炮不动，必是10纵”的说法。

1948年6月15日，中央军委指示中原野战军主力钳制胡琏兵团，配合华东野战军夺取开封。

6月16日，宋时轮接到命令：迅速率10纵东进，务于17日上午赶至平汉路东、上蔡以北布防，把国民党军胡琏部阻于洪河以南。宋时轮马上指示纵队的第28、第29师即刻行动，不得有误。

第28、第29师接到命令已经是中午14时，驻地距上蔡180华里，按次日上午9时到达阻击位置计算，剩的时间不足20小时。任务来得这样急切，没有时间组织战前动员，需要做的各项工作全部在行军途中进行。宋时轮随第29师行动。夜半时分，侦察分队赶来报告：胡琏兵团已占领上蔡，指挥部设在上蔡城里，整编第11师大部已北渡洪河，向开封方向急进。

情况万分危急，能不能完成阻击任务？如何完成阻击任务？已是千钧系于一发，必须当机立断。

在这关键时刻，宋时轮决定采取“攻其必救，调动敌人，再打援兵”的战法，猛攻上蔡敌军指挥部，迫敌主力回师救援，粉碎敌人北援开封的企图，并可在运动中歼灭敌人。

应当说，宋时轮这一刀扎准了要害。但是，如果胡琏识破了宋时轮的计谋，不加理睬，那么就会直接影响到我军陈唐兵团攻取开封的胜利。胡琏会不会“不听指挥”呢？

宋时轮脑子急速地思索着，作出各种判断后他坚信胡琏会上套，其一，胡琏部队先我一步越过上蔡，直奔开封，但胡琏的指挥部设在上蔡，我选择上蔡猛虎掏心，端胡琏的窝，要胡链的命，他不能不顾，不能不救；其二，胡琏援助别人时总是有条件的，他从不会舍生忘死，他用兵的基点就是自保。宋时轮对指挥部里的人说："胡琏这个人，志大才疏，优柔寡断，生性多疑，只要受到一点惊吓，必然求生自保！"

宋时轮果断命令第29师加快行军速度，直奔上蔡县城；第28师紧紧跟上，做好攻打上蔡县城胡琏兵团指挥部的各种准备。

17日上午9时，宋时轮随第29师到达上蔡城郊。他指示部队稍作休息，准备攻城。而后，他对第29师的领导同志说："进攻上蔡城只许佯攻，不准真攻，但又必须狠打！"

29师师长肖锋和政委李曼村对"狠打"二字心领神会，但对"不准真攻"的"狠打"，打到什么程度心里还是没有底，就问道："司令员，狠打打到什么程度?"

宋时轮给了他们回答："就是要打到使胡琏感到危在旦夕，指挥部有被打掉的危险。只有打到这种程度，胡琏才会命令他北援开封的主力部队回师救援上蔡指挥部。"

果然不出宋时轮所料，经过我军猛攻，胡琏上钩了。

胡琏是黄埔军校第四期毕业生，比宋时轮早一期。他长期与我军作战，积累了相当的经验。这次，他亲自坐镇上蔡县城兵团指挥部，并且已经摸清进攻上蔡的是华东野战军宋时轮纵队。对于宋时轮，胡琏早有耳闻，这个黄埔五期的小兄弟，战场上让邱清泉也畏其三分，但这一次胡琏很自信，他要让宋时轮栽在他手里。于是他于17日夜命令北上的三个旅立刻掉头南回，渡洪河，直奔上蔡，吃掉宋时轮纵队。

18日早晨，回援的敌人向第10纵队第29师发起了攻击。宋时轮指挥第28、第29师协同作战，打垮了胡琏部署的步兵、炮兵、坦克相互配合下的集团连续冲击。第10纵队经过半天一夜的急行军和白天的紧张战斗，每个人都没能吃上一口饭、喝上一口水，随身带的弹药也消耗得所剩无几，但阻击部队仍然以团、营为单位浴血奋战，英勇杀敌。经过八小时激战，重创了整编第11师。

这时，宋时轮又命令部队放弃第一线阻击阵地，向第二线阵地转移，从而进一步调动了敌人，使胡琏的部队在我军预设阵地上再度遭到重创。经过一个昼夜的激烈战斗，整编第11师死伤已达5000多人。胡琏胆怯了，他深感这样打下去损失更加惨重，急忙命令部队停止进攻，于19日率部撤逃汝南。

上蔡一仗，充分展示了宋时轮高超的指挥艺术，他率领10纵用一天的时间完成了预定十天的阻击任务，使胡琏北援开封的企图化为泡影，为我军顺利攻克开封赢得了宝贵的时间。

1948年9月，济南战役开始了，第10纵队司令员宋时轮积极贯彻华东野战军和山东兵团首长的意图，提出了“先打济南西部，控制飞机场，断敌内外联系，使济南由孤城变为死城”的战役思想。接着，他指挥攻城西集团以迅雷不及掩耳之势向敌人发起猛烈攻击，打乱了敌人的阵脚。在突破敌外围防御地带后，他立即周密部署，集中所属兵力，对机场实施钳形突击，并用强大的炮火严密封锁机场，中断济南的空运联系，使王耀武回师西援无策。

指挥国民党济南西守备区的吴化文已经表示要起义，却迟迟没有动作。这让宋时轮有些焦虑。吴化文继续拖延或反悔，将会给我军进攻带来伤亡。宋时轮打电话给第10纵队参谋长赵俊，问：和吴化文联系上了没有?

赵俊回答：“电台联络不通。”

“那就派人去联系。”

很快，10纵就派出联络干部，此人名叫李如刚。宋时轮把李如刚叫到指挥所，亲自向他交代任务：“现在电台不通，你必须想尽一切办法，在明天拂晓前，把我的命令传给吴化文，让他在24小时内，把他的部队转移到黄河以北地域集结，让开我军直捣商埠的通道。”

此时的吴化文，仍在犹豫、动摇。他见宋时轮派人来催问，就对解放军敌工干部李昌言说：“你再派人火速去见宋时轮司令，转告他：现在让我调动部队渡河实在有困难，我请贵军避开我的阵地，绕道向商埠攻击。”

吴化文随后让他的妻弟林世勋作为他的代表，与李如刚同时去见宋时轮。

宋时轮一听他们的话就火了，大声说道：“吴化文跟我玩老鼠戏猫呢！倘我绕过机场，直扑商埠，吴化文一则可以利用他的部队与城内守敌东西夹击我西线兵团，迟滞进攻，固守待援；二则即使济南失守，吴化文也可以金蝉脱壳，说不是机场失守，而是王耀武无能，在蒋介石面前也算有个交代。吴化文算盘打得挺精，战场起义说说而已，并非真心。”

18日夜11时，宋时轮命令位于机场周围的第10、第3纵队向吴化文部队的前沿阵地实施猛烈攻击，仅 20 分钟，即全歼其一个营。

吴化文接到报告后，大惊失色，他心中感到唯一的出路是率部起义，投靠共产党。终于，吴化文下令举行战场起义。

9 月 19 日黄昏，吴化文的部队撤出防区，向宋时轮攻城西集团部队移交阵地。20 时，吴化文率起义部队向黄河以北集结。守敌西部防线出现了缺口，宋时轮部顺利占领机场，打开了向商埠进攻的通道。

五、渡江战役

当淮海战役刚刚结束，全国人民沉浸在欢庆胜利的喜悦之中，毛泽东发出了"将革命进行到底"、"打过长江去解放全中国"的伟大号召。1949 年 2 月，华东野战军根据中央军委关于实行统一编制的指示，对部队进行了整编。宋时轮升任第三野战军第 9 兵团司令员，辖第 20、第 27、第 30、第 33 四个军。同年 3 月，他

宋时轮

率部南下至无为、和县地区，与第7兵团组成渡江战役的中突击集团，待命渡江。

1949年4月20日傍晚，中突击集团决定按预定计划发起了渡江战役。这一天，第9兵团第一梯队军各部队的晚饭都开得特别早。各连炊事班都多做了几个菜，还备了酒。团领导也都下到连队，和指战员及参战的船工一起共饮“齐心酒”，并再次对连队作了简短的战前动员，传达了宋司令员和兵团及军、师首长对大家的希望与要求，激励指战员们发扬光荣传统，争取在渡江战役中再立新功。

夜幕降临。从19时20分开始，各连迅速按照预先规定的位置，把各种船只从隐蔽的河汊里，顺着新开挖的渠道，开往或拖进长江。霎时间，成百上千艘各种船只在长江北岸一字摆开，恰似已经开弓的利箭，随时准备射向长江南岸。炮兵阵地上，所有的大炮也都卸去伪装，脱掉炮衣，黑洞洞的炮口直指前方，随时准备将复仇的炮弹倾向南岸的敌军阵地。

20时20分，先头部队接到了震撼人心的渡江命令：“调好船头，开船!”第9兵团第27军第79师第235团一马当先。战士们先是积极协助船工静悄悄地将船向江心划去，接着便在敌人的炮火下用身体护卫着船工奋力将船划向对岸。

船工倒下了，战士们立刻接上去划；前面的船被打沉了，后面的船迅速冲上去；登岸时遇到陡壁，就架起梯子、搭上人梯往上爬；遇到铁丝网挡道，立即冲上去剪开它；敌依托地堡对我阻击，就送上炸药包将它炸掉。指战员们一边奋勇冲击，一边还击敌人，不断向前推进。至21时15分，第235团已全部登上了长江南岸，为第9兵团争得了首批渡江成功的荣誉。

4月22日晨，第9兵团参战部队全部渡过长江，第一梯队军占领了繁昌等地。宋时轮立即向野司通报：“长江天堑已被我征服!”并指示部队：目前任务是断敌退路，配合兄弟兵团歼灭逃敌。

当天下午，国民党军开始由南京等江防一线向浙赣路及杭州、上海撤退。17时，第三野战军代司令员粟裕、参谋长张震命令：宋、郭即率第25、第27两军全部以急行军经青弋江、宣城向郎溪、溧阳之线挺进，与东突击集团第10兵团第28军打通联系，完成截断敌向南之退路。

接电后，宋时轮、郭化若立即命令第27军由繁昌出发，第27军受命后行动坚决，指战员们不顾连日作战的劳累，克服阴雨连绵、道路泥泞带来的困难，昼夜兼程，疾速东进，先后占领了南陵城、宣城、广德城和界牌镇，并歼敌一部。第25军也于23日在湾沚歼灭国民党军第20军主力1.3万余人，而后继续向东急进。

4月27日1时40分，宋时轮命令第20、第25、第33和第24军由现地分别向长兴合击，并与第27军取得联系。同日，第27军与第10兵团之第28军在吴兴会师，将由芜湖、南京、镇江地区南撤之敌第4、第28、第45、第51、第66五个军包围于郎溪、广德地区。这时，国民党军已成兵败如山倒之势，被围敌军更是军心涣散，不堪重击。

宋时轮洞察形势，立即命令部队：不要片刻休息，迅速发起攻击，发扬勇猛战斗作风，注意保持相互协同，迅速歼灭被围之敌。经两日激战，至29日，全部歼灭了敌五个军、共8万余人。至此，第9兵团圆满完成了上级赋予的渡江作战任务。

宋时轮对此役感触颇深，他深为“百万雄师过大江”、“横扫千军如卷席”的恢宏气势和英雄壮举所激动，而后他常说：“渡江之战才是我军的战略进攻！”

渡江战役第一阶段——突破江防，占领南京；第二阶段——围歼芜湖、南京、镇江逃敌，占领浙赣铁路的任务完成以后，立即转入第三阶段——攻占上海，歼灭国民党军主力汤恩伯集团。

上海，不仅是国民党重兵防守和有坚固设防的城市，而且是中国当时的工商业中心，同时还驻有许多国家的领事馆和侨民。夺取上海，是一场十分艰巨、极为特殊的战斗。

1949年5月9日，第9兵团接到了解放上海的作战命令。针对上海敌军的防御部署，第三野战军决定夺占上海的总体计划是：以第9、第10两兵团首先采取钳形攻势，从浦东、浦西两翼迂回，进逼吴淞口，先断敌海上退路，尔后围攻市区，分割歼敌。

5月12日，我军向上海外围之敌发起进攻。至14日，第9兵团部队先后攻占了平湖、奉贤、南汇和松江、青浦等地，进逼川沙，威胁上海守敌侧背。敌被迫由市区增调第51军至白龙港、林家码头加强防御。

第10兵团也相继攻占了昆山、太仓、嘉定、浏河等地，继续向月浦、杨行、刘行之敌发起猛攻。此时，国民党汤恩伯守军，利用钢筋水泥碉堡群，在海、空军支援下，拼死顽抗，并在坦克、装甲车掩护下连续实施反击，我军进攻暂时受阻。

根据宋时轮的指示，部队迅速调整了战法，采取二路突破，形成钳击，分割围歼，并以小分队为主，实行火力、爆破、突击紧密结合的攻击战术，逐个夺取敌军地堡，很快便打破了僵局，加快了战斗进程。19日，攻占川沙，并在白龙港地区全歼敌第51军，进而将敌第12军压缩于高桥地区。此时，第9兵团与第10兵团形成了夹击吴淞之势。

24日，第9兵团进入市区作战，残敌继续凭借高楼大厦进行顽抗，以猛烈火力阻止我军前进，一些部队遭到较大伤亡，攻击一度受挫，部队干部战士产生了急躁情绪，要求使用重火器对敌死守的楼房进行轰击。

宋时轮得知后，亲自重申兵团决定：在市区作战不得使用重武器，要尽量减少对城市的破坏。他指示部队：在万不得已时，可绕过敌人的火力点，继续发展进攻。

这时，敌京沪杭警备总司令汤恩伯已逃离上海，其残部也已军心大乱。宋时轮抓住这一有利时机，指示部队在大力加强军事攻势的同时，开展强有力的政治攻势，瓦解敌军斗志，促使敌军起义、投诚。

在强大的军政攻势并用下，很快便促使大批敌军放下了武器。至26日，第9兵团攻入上海市区时，在上海地下党组织的配合下，争取了国民党军官兵约4万人投诚、起义。

27日，上海宣告解放，从此回到了人民的手中。

六、征战朝鲜

1950年6月，美军悍然发动侵略朝鲜的战争，同时派第七舰队侵入台湾海峡。11月，根据毛泽东的命令，宋时轮率领第9兵团入朝参加抗美援朝战争。11月7日，部队开始跨过鸭绿江，向朝鲜东北部山区开进，担任长津方向作战。

27日黄昏，宋时轮命令第20军、第27军向长津湖地区发起进攻。当晚，第27军由东北、东南、西、西南四个方向对柳潭里美陆战第1师第5、第7两个团完成包围，第20军控制了死鹰岭，割裂了柳潭里与下碣隅里敌人的联系。

次日拂晓，第27军完成了对新兴里地区美第七师的合围。至此，长津湖地区的柳潭里、下碣隅里、新兴里、社仓里被围之敌有美陆战第1师、美第7师、美第3师部队，共计五个团、一个坦克营、三个炮兵营，比预计敌人数量多一倍。且敌以坦克组成防护圈，在火力掩护下，夜间死守，白天依靠飞机、大炮掩护，用火力杀伤志愿军。

彭德怀、毛泽东先后致电宋时轮，要求采用围点打援的战法，先歼运动增援之敌，后歼被围之敌。宋时轮从当时实际情况出发，果断决定一部分一部分地歼灭敌人。他迅即定下决心，首先歼灭新兴里美第7师第31团和第32团第1营及师属炮兵第57营，对柳潭里、下碣隅里之敌采取钳制性攻击、对社仓里美3师暂取守势。

作战部署调整后，他命令第27军第80、第81两个师担任围歼新兴里地区敌人的主攻任务。第20军第59师暂归第27军指挥，主要担负阻击美陆战第1师第5、第7两个团突围南逃的任务。

战斗打响后，第27军的任务最为艰巨，一方面要合围柳潭里美陆战第1师主力。围而不打是不可能的，你不打它，它要突围打你，自然要有一场突围与反突围的殊死搏斗。二是围歼新兴里美7师第31团。毛泽东打仗的原则中有一条是“先弱后强”，陆战第1师是美军中的强中之强，第7师则相对较弱，先打第7师之一部，能使部队练练手，熟悉一下美军作战特点，而后再集中全力打强敌。

自27日夜24时发起攻击时至28日晨，长津湖东岸第27军第80、81师全力围歼新兴里之敌，毙、伤、俘敌400余，捣毁第31团指挥所和炮兵第57营指挥所。因侦报新兴里地区美军为一个营（实为一个加强团）的信息不准确，至使突入新兴里的第80师遭到较大伤亡。美陆战第1师骄狂得很，扬言去为第31团解围，均被阻于被围地域未果。

战役初始一夜，担任主攻新兴里美7师31团的第27军80师减员1/3；担任包围陆战第1师并阻其突围、增援新兴里的第79师减员近1/2，其中冻伤占两个师全部减员数量的1/3。这个数字使宋时轮痛心疾首。主力部队的主力师仅十余小时损兵折将近半，有朝一日回国见到陈毅司令员如何向这位几十年的老领导交代？

28日，被围之敌在大量飞机、火炮和坦克的密切配合下，向第9兵团反扑，妄图夺回已经失守的部分阵地。第27军、第20军各师在寒冷、饥饿、疲劳和低劣装备的极端不利条件下，坚守既得阵地，未让敌人前进一步。敌攻我攻，宋时轮依然坚定原部署，首歼美7师31团。第80师开始了第二次进攻新兴里的战斗。

内洞峙，位于新兴里以西不远，美7师部署的兵力是第32团一个整营，隶属第 31 团指挥，并配备炮兵、坦克各一部。该营在第 80 师勇猛穿插、积极歼敌的打击下，至 29 日拂晓，营指挥所被摧毁，残部逃往新兴里。

激烈的战斗，使第 80 师再度严重减员。29 日晨，据不完全统计，全师战斗和非战斗减员已达 2/3。1 万余人的师在不到两天时间损失 6000 多人。宋时轮得到这项报告的时候，震惊了。

如果损失速度继续按这个指数上升，全兵团能支持多久？面对强敌还敢不敢打？能不能打？在严重的局面困扰面前，宋时轮想起毛泽东亲自交代的“战略”二字，不能退缩，退则全盘皆输，退则死！他指示参谋人员通知第 80 师并告第 27 军，各团调整建制、调整战斗组织继续作战，消灭当面之敌任务不变。

作战刚刚开始，条件异常恶劣，荆棘丛生，大雪皑皑，十数万将士与险恶的大自然、与武装到牙齿的现代化装备的“联合国军”作殊死搏斗，死神从四面八方无时无刻都在伸出罪恶的黑手拉扯他们，部队随时都要从死神的手中争夺生命，每前进一步，都在用鲜血和肉体与死神作无情的抗争。

第 27 军打得太艰难了，不是官兵不努力，而是对当面之敌的确切数量未弄清楚。经两昼夜连续作战，从俘虏口中得知，新兴里之敌为美军一个加强团，共计四个营的兵力。柳潭里被围之敌为美陆战第 1 师第 5 团全部、第 7 团两个营和第 11 炮兵团两个营。两处敌人的数量远远超出战前估计数量的三倍以上。宋时轮得到报告之后，再次定下决心，集中兵力，先打弱敌，首歼新兴里第 31 团，尔后转兵歼柳潭里美陆战第 1 师。

遵照兵团首长的决心，29 日，第 27 军调整部署，调整 81 师主力协同第 80 师聚歼新兴里地区之敌，两个师组成联合指挥所部署新兴里战斗，第 81 师一部保障主攻部队左翼安全；第 79 师继续围困和积极牵制美陆战第 1 师于长津湖以西地区。

正当 9 兵团展开歼灭战的时候，一场严寒袭击东线战场，气温骤降，战场积雪过膝，对部队指挥、联络、作战行动造成极大困难，冻伤减员也大幅度增加。宋时轮要到新兴里亲自指挥，陶勇副司令员认为，司令员统筹全局，不能离开指挥位置，于是他代替宋时轮来到了第一线。

30 日 23 时，第 80 师、第 81 师主力从东、西、南、北四个方向同时向新兴里之敌猛攻，长津湖东岸顿时被战火硝烟笼罩。奇迹即将出现。激战至 12 月 1 日凌晨，敌人被压缩至狭小地域，陶副司令员根据兵团首歼新兴里之敌的作战方案，指示第 80 和第 81 两师：务求将敌全歼。

战至 11 时许，敌伤亡惨重，待援无望，遂于 13 时在 40 余架飞机掩护下，以

10余辆坦克为先导，沿公路向南突围，第80、81两个师在敌机猛烈轰炸下迅速追击。敌人在南逃途中被歼过半，另一半大部企图乘汽车越过封冻的长津湖与湖西美陆战第1师会合，结果冰冻的湖面难以承受压力，全部塌落水中冻饿而死。小部残敌窜到后浦里、泗水里地区，被第81师阻击部队全歼。至此，“联合国军”美第7师第31团（加强团）全部被歼。

新兴里战斗胜利结束了，这也是我军历史上唯一一次消灭美军建制团的新纪录。

七、将军去矣

1952年秋，宋时轮被中央军委任命为南京总高级步兵学校校长。从那以后，宋时轮在中国人民解放军军事院校系统中辛勤耕耘近40年，直至逝世。

宋时轮担任总高级步兵学校校长后，有一天，把战术教授会副主任田长华请到办公室，很细致地询问了许多问题。当田长华谈到有的教员甚至有的教员骨干思想不太稳定，不安心做教学工作，总觉得在学校不如在战斗部队提拔快，有当教员吃亏的思想时，宋时轮十分严肃地说：“毛主席说过，要忠诚党的教育事业。干革命就要准备吃亏，要铁心干教育，要准备一辈子吃亏。这个问题很重要，应马上解决。”

第二天，他就抽出时间到战术教授会给大家讲话，他说：“我军现代化建设需要培养大批优秀的指挥员，我们学校就是担负这一重要任务的。要完成这一艰巨任务，首先需要有一支好的教员队伍。现在，组织上调你们来当教员，是党的需要，是你们的光荣。要学习淮海战役中的‘人桥’精神，个人吃点亏，让别人冲上去。这叫胸怀全局，服从需要。”

讲到这里时，他十分激动，高声对大家说：“当教员就应铁心干教育，要干在孝陵卫（总高级步兵学校所在地），死葬紫金山。”

1954年年底，宋时轮的一位老部下在军事学院高级速成系结业。领导决定他留校，在战役教授会当教员。而他本人不想当教员，想回部队工作。为了能达此目

宋时轮（中）与叶剑英（右）、粟裕合影

的，他就去找老上级宋时轮，想请老首长帮助说说情。他这可是找错人了，宋时轮听完他的陈述，劈头第一句话就是："干革命不是摆花瓶！"

宋时轮严肃地说："战争结束了，不打仗了，搞搞训练，学习学习，有什么不好？再说，学校是个好地方，作教学工作，研究学问，总结作战经验，你也是有这个条件的。服从组织分配，不要回部队了。"

听了宋时轮这番话，那人心里不是个滋味，心想早知道是这样，又何必来找宋老头子呢？回去以后，他想了好久，反反复复地考虑"干革命不是摆花瓶"这句话到底是什么意思。

后来，他才终于明白了：老司令员是一贯反对计较个人名利的。他反对把自己当成花瓶一样，总想摆在突出的地方、显眼的位置上，好让别人看得见。干革命、特别是搞教学，更需要有甘为孺子牛、默默作奉献的精神。想通这个道理以后，他愉快地接受了留校任教的决定，后来他经常用"干革命不是摆花瓶"这句话自教自勉，一直在学校勤奋地工作了30多个年头。

林彪反革命集团被粉碎后，1972年，宋时轮恢复工作，后又接替叶剑英元帅任军事科学院院长。

1973年11月28日，宋时轮去看望廖汉生。"文化大革命"期间，廖汉生受到"四人帮"迫害，整整七年没有工作。见面后，宋时轮关切地问廖汉生今后的打算，建议他到军事科学院去工作。宋时轮说，如果同意的话，他立即向中央军委写报告。廖汉生表示同意。时隔不久，果真中央军委正式发了文件，任命廖汉生为军事科学院政治委员。

当时，虽然已是“文革”后期，但“四人帮”还在台上。他们利用手中的权力，千方百计阻挠老干部解放和工作。“四人帮”不让老干部出来工作的主要借口是：没有人要他们，没有位置安排他们。因此，在这种情况下，向上级写报告，要一个在“文革”中被打倒的老同志出来工作，这显然是在同“四人帮”对着干，其中的困难和风险也就可想而知了。

为了安置更多的老干部，在廖汉生之后，宋时轮还百般努力，把其他几位老同志要到军事科学院工作，其中包括曾和他有过矛盾的同志。到军事科学院工作的这些老干部，大多是过渡一下，然后，又被安排到了新的重要岗位任职。

宋时轮一个一个地把他们要来，又一个一个地把他们送走，包括廖汉生在内，光政委就先后送走了四位。宋时轮是军事科学院的院长，可是老朋友相聚时，大家都心怀感激地戏称他为“宋（送）政委”，赞扬他敢于与“四人帮”斗争、诚挚关怀同志、不计个人得失恩怨的精神和胸怀。

1985年，宋时轮再次向中央军委请求退出领导岗位的要求，得到了军委的同意。对于退出领导岗位，宋时轮有自己的想法。

他认为，尽管自己身体没有大的毛病，但毕竟年事已高，体力精力都不如从前了，再不退下来，难免要影响工作，特别是如果因此而压抑了年轻同志的成长，影响了新老交替的进程，那可就误了大事了！他还一再强调：“退下来的是个人，前进的是党的事业！”

宋时轮（右）与陈丕显

1989年夏季的一天，宋时轮前往八宝山参加一位老同志的遗体告别仪式。在返回途中，他对工作人员说："我是中央顾问委员会常委，组织上通知我一名委员去世后的告别时间，我不去不好。可是，这并不是一个追悼逝者的最好方式啊！"

"等我到了这一天，千万不要让大家都来走一圈儿。人死了，烧了就是。只要组织上说我是一名忠诚的共产党员，孩子也知道爸爸、爷爷是一名忠诚的中国共产党党员就行了。"

宋时轮曾多次谈道：丧事应简化，要移风易俗，用更适当的方式来缅怀逝者；年纪大了，不能继续为党工作，怎么还忍心再去增加劳动者的负担呢，一次告别仪式，来那么多人，光汽油要消耗多少；对于晚辈应该让他们懂得中国今天的现代化建设事业来之不易，应该像老一辈革命者那样，永远不忘艰苦奋斗。

宋时轮的想法也反映了许多老同志的愿望。1990年10月，中央转发了中央顾问委员会20多位老同志的建议信，建议"取消向遗体告别仪式"。

1991年6月，党中央要求党和国家高级干部带头实行丧事改革，后事简办，推动社会风气的进步。

看到中央根据他的建议做出的决定，1991年9月17日下午17时10分，宋时轮终于欣慰地闭上了双眼。

历史评说

黯淡了刀光剑影，远去了鼓角铮鸣，眼前飞扬着一个个鲜活的面容……

一个个的老将军渐渐远去，却赢得了生前身后名。宋任穷、廖汉生、张震三位将军曾撰文如此评价宋时轮："他既是一位功勋卓著的战将，又是一位军事教育训练专家、军事科技研究工作的卓越领导者和造诣颇深的军事理论学者，对革命战争和我军建设做出了重要贡献。"

从黄埔军校走出来的 CONGHUANGPUJUNXIAOZOUCHULAIDE

GUOGONGLIANGDANGGAOJIJIANGLING 国共两党高级将领 二

性如烈火——郭天民

在开国上将中，郭天民是一位性格刚烈、能打硬仗、具有传奇色彩的高级将领，也是红安籍开国将领中唯一个上过黄埔军校的将军。在著名的怀来阻击战中，他被国民党军将领不无敬畏地称为“郭铜墙”。也正因为郭天民性情耿直，喜欢仗义执言，在他的军事生涯里，曾多次受到上级表彰，也曾多次被解职批评。

小档案

姓名字号： 郭天民，原名郭基逵

籍　　贯： 湖北省黄安（今红安）县

生卒年月： 1905.8—1970.5.26　卒年 65 岁

毕业院校： 黄埔军校

军　　衔： 上将

最高军职： 中国人民解放军训练总监部副部长兼军事出版部部长、院校部部长

一、刚烈“郭铁匠”

郭天民是贫苦人家出身的孩子，小时候，父亲对他要求很严，希望郭天民长大成人后能报效国家，便把他送入学堂读书。可少年时期的郭天民对古板传统的私塾式学习兴趣不大，成绩也不好。

望子成龙心切的父亲知道后，火冒三丈，动辄对郭天民报以拳脚。也许是受父亲的影响，郭天民打小养成了倔强刚烈的性格，火暴子脾气。对那些以势欺人的人，他天生憎恶。县里有一个恶霸，倚势压人，竟然在郭氏宗祠公共田产上营造私宅。老百姓敢怒不敢言。郭天民不怕，房子刚竣工，他抢先一步，据为教室。气得那恶霸无奈，只好吃哑巴亏。还有一次，一恶霸竟把自己的堂侄打死。郭天民知道后，率百姓与他对簿公堂，使得那恶霸不得不拿出巨资和田产赔偿。

自此，郭天民在乡里名气越来越大，成了有名的孩子头。循规蹈矩的长者们说：“郭天民完了！”有眼光的长者们说：“郭天民，这娃子，将来有出息。”

果然，渐渐懂事的郭天民，似乎也悟出了点人生真谛，学习成绩有很大提高。因为郭天民系村里郭氏的长子长孙，所以得到家族的厚爱，家族集资，送郭天民上县里上学。郭天民于是成为家族同辈人中唯一一位到县里学堂上学的人。

郭天民发奋学习，随后又考入武昌中华大学附中。如果这样上下去，凭郭天民的天资上大学是不成问题，说不好还能留洋深造。无奈郭天民家境贫穷，家族似乎也再拿不出更多的钱资助他上学，郭天民没有读完便辍学回乡，当了教书先生。

1925 年，郭天民读完初中后，从武汉市辍学回到家乡教书；当时的社会现实，特别是 1923 年在武汉发生的二七惨案，使他对中国社会有了深刻的认识，痛感必须变革社会制度。这时黄安县已经有了共产党的组织，董必武及胞弟董贤珏作为革命先导已在农村开展了工作。郭天民回乡后即利用教书先生的合法地位协同开展农民运动。

1926年夏季，董贤珏介绍郭天民去广州报考黄埔军校。郭天民被编入黄埔第六期，受到极为严格的训练。

这时的黄埔军校内，国共两党的斗争日趋明显激烈。郭天民以自己的刚烈性格，在与孙文主义学会的斗争中每每打头阵，惹得右派分子非常恨他。大队长李亚芬是个正直的国民党人，私下多次劝郭天民“收敛”一些，免遭毒手。

就在蒋介石发动反革命政变的前夕——1927年3月，郭天民加入了中国共产党。上海四一二反革命政变之后，李亚芬找郭天民谈话，告诉他上海发生的事，并说：“你看看学校四周，机枪都架好了！你要是共产党，就赶快走。晚了，我也救不了你。”

没有组织的命令，一个共产党员怎么能擅离岗位呢！郭天民机智地回答：“谢谢大队长关心，我不是共产党。你知道的，我不过是脾气暴，嗓门大。要不是孙文主义学会那些人太霸道了，我不会和他们吵架。”在李亚芬的保护下，郭天民得以逃脱“清党”的屠刀。

1927年12月，郭天民随黄埔军校特务营参加了广州暴动，随队伍撤退到海丰县打游击。红2师和红4师既无给养又无弹药，且多数人不会讲广东话，无法在当地坚持斗争，只好“化兵为农”，分散到进步群众家里。

郭天民被安排由海丰县高塘区赤卫队长王发掩护，王发把他藏在山上，只半个月就被敌人搜捕去。郭天民说自己是国民革命军第20军的士兵，打败仗流落到海丰县来的。在狱中受尽折磨，但他始终作愚鲁状，不改口供。

敌人见他一脸憨直的样子，加上此时狱中已经人满为患，便将他放出去。出狱后，郭天民找到区委恢复了组织关系，并要求回广州重新分配工作。他被分配到工农革命军第4师任排长。1928年初随部队到海丰与工农革命第2师会合，在该师任排长、副连长。

郭天民从父亲那里继承了一副火暴脾气，参加革命后，开始并不以为意。红军初创时期，军内还有旧军阀作风的残余，打骂士兵的情况时有发生。郭天民自然也就成了这方面的典型。他当大队长时，曾打跑了一个班长。这位班长留下一封信，说：“我不想投靠敌人，只是不愿挨打。”

1929 年在古田会议上，毛泽东不点名地批评了一个大队长，说打人打到战士们称他为“铁匠”。这个大队长正是郭天民，郭天民由此而得名“郭铁匠”。直到几十年后，还有人因这个绰号认为他是铁匠出身呢！

1929 年，郭天民随部队到了中央苏区，先后任学兵大队教员、红 4 军 3 纵队 8 支队长。1931 年以后，又调任独立第 6 师师长、红 21 军 62 师师长、江西军区独立第 4 师师长，参加了中央苏区反“围剿”斗争。1932 年秋，他被任命为江西军区参谋长。

1933 年，临时中央从上海迁到瑞金，继续搞王明那一套，反对毛泽东的正确主张，打击邓毛谢古，批判所谓“罗明路线”。

时任江西军区参谋长的郭天民，他不畏王明的“残酷斗争，无情打击”，站出来说：“江西苏区的巩固和发展，红军在四次反‘围剿’中的胜利，都证明毛泽东代表的主张是正确的。我们不应该反对正确的东西。”

为此，郭天民被指责为江西军区执行罗明路线的代表，被撤掉江西军区参谋长的职务，送到红军大学去做“学员”反省。但他一不“揭发”别人，二不检查自己，被认为态度恶劣。记载着郭天民“坚持错误，拒绝检查”的文件至今存在军委档案馆中。

多年后有人问他：“王明路线杀了不少人，你当时就不怕？”他说：“生就的脾气，只管事情对不对，没想过杀头不杀头。” 郭天民一生都是这样，只问对错，不问涉及何人更不计个人得失。这一点多次使他遭受厄运但也使他赢得了尊敬。

红一方面军总前委曾于 1930 年冬决定在内部搞肃反，抓“AB 团”，许多同志受到打击，郭天民认为不可能每个连都有“AB 团”，他一方面向陈毅反映意见，一方面尽可能保护自己的下级。他说：“哪里有那么多‘AB 团’？不能这样盲目地乱搞，这是搞垮自己的做法。如果每个连队都能找出‘AB 团’来，那红军不是成了‘AB 团’军了？”

二、征战长征路

1934年10月，红一面方军开始长征。红9军团担任全军左侧后掩护任务。此时，郭天民任红9军团参谋长。

中央红军长征初期，共有五个军团，红1军团和红3军团为左右开路先锋，红8军团和红9军团一左一右担负侧卫，红5军团为后卫。

红军主力进入贵州后，敌军从两翼包围上来，将红9军团和少共国际师与主力本队分割开来。形势甚危，关键时刻，郭天民主动请缨指挥一个团充当前卫，硬是将敌军击溃，杀出一条血路，掩护军团主力进抵贵州。

1935年3月，红军主力四渡赤水后，乘胜渡过乌江。

郭天民后来回忆道："当方面军主力越过赤水向乌江前进之际，我红9军团正在打鼓场（金沙）一带活动。3月下旬的一天，突然接到军委电令：方面军主力拟立即南渡乌江。为了保证顺利南渡，决定9军团暂时留在乌江北岸，以积极的行动来迷惑、引诱敌人，牵制敌人。"

9军团在整个方面军中是一个新的军团，从它建成军团时起，便开赴福建前线，投入了反"围剿"斗争。这个军团人数较少，短小精悍，宜于机动作战。特别是遵义会议以后，部队进行了整编，将原有的两个师缩编成三个团，机关和后勤也作了精简，组织精干、连队充实，更加强了机动能力。所以，这次它又担起单独行动、掩护主力的任务。

受领任务后，9军团在金沙的马鬃岭开始战斗行动，故意造成声势，折转向东，在湄潭一带展开活动，以吸引敌人，转移敌军对红军主力的注意。军委及主力1、3军团乃乘机疾进，胜利渡过了乌江。

军委交给的牵制任务完成了，但9军团尾随主力渡过乌江的行动未获成功。郭

郭天民上将

天民后来回忆道：3 月 31 日，我们接到军委来电，说主力将渡江完毕，发现吴（奇伟）周（浑元）纵队已由西南沿鸭池河北上，向我渡河点追近。命令我军团星夜兼程，于第三天 8 时赶至沙土，尾随主力过江。这天，正下着毛毛雨，夜漆黑，山道湿滑难走，我军穿过敌人的空隙，冒雨趱行。终因山路崎岖，赶到沙土已超过限期六小时。此时得到侦察员报告：敌吴、周纵队正迎面赶来，先头部队已距沙土不远。同时，派往渡口联系的人员也告诉我们：由于限期已过，加上敌情紧张，看守浮桥的部队已将桥破坏了。

渡江不成，敌军尾追而至，形势危机。

军团决定，沿来路向东北返回 20 多里，然后再转向西北，以便摆脱敌人。部队随即向沙土东北方向前进。

在战场上，歼敌最多的不一定是最漂亮的仗，歼敌多，损失小，战法运用灵活的仗，才是漂亮仗。长征中，红 9 军团打的老木孔地区伏击战正是这样的战斗。

4 月 3 日下午 5 时许，部队进至打鼓场的一个百十户人家的小镇——老木孔。正在这时部队碰到了黔军犹国才部。侦察员报告敌军是三个团。这时部队已十分疲劳，如不打让敌人追着跑，情况更糟，敌军虽众，但战斗力不强，打还可以间接配合主力行动，军团决定打一仗。

于是郭天民开始了作战部署，9 团在正面，7 团在右，8 团在左伏击敌人。为防止敌包围，又派出 7 团 8 连向敌吴、周纵队的来路警戒。具体战法是：不打头，不打尾，集中兵力伏击敌人的指挥机关，击溃敌人，战斗时机选在中午前后，因为这时敌军官兵鸦片瘾正发作，战斗力最弱。

郭天民后来回忆道："从拂晓一直等到上午 8 点多钟，才把敌人等到。敌人沿着大道，以常备行军队列，一坨坨、一队队，拥拥挤挤地向西南方向走去。看来敌人急于追击我们，行军比较匆忙；他们没有估计到我们会出现在这里，连搜索一下也没有。我们屏住气观察着、计算着，一个团过去了，又一个团过去了，眼看过去了三个多团，却仍然不见敌人的指挥机关。这种情况使我们不免有些焦急：原来侦察是三个团，现在过来了这么多仍不见指挥部到来，敌人的兵力是大大超过原来的估计了，但是战斗又非打不行，只有盼着敌指挥机关早些到来。"

"等到 1 点多钟，大路上渐渐热闹起来了。敌人的行军序列越来越杂乱，有骑马的，有乘滑竿的，还有骡马驮子、担架、挑子……大概是烟瘾发作了吧，一个个脚步蹒跚，懒洋洋的，这便是我们预定的攻击对象，也正是我们预定的攻击时间。"

军团一声令下，部队向敌军发起攻击，战斗完全达成了突然性。至黄昏时，战斗全部结束，共缴枪 1000 余支，俘敌 1800 余人，其中有两个副团长，残敌被击溃。战后才知道，敌军是七个团，由旅长白辉章率领，本想与吴、周纵队合击乌江，结果中了红军的埋伏。

郭天民后来说："这次战斗胜利的事实，使我们又一次体会到部队的战斗素质是多么可贵，正是他们'以一当十'的奋勇战斗，才使战斗获得胜利的。"

郭天民没有提军团首长指挥的有度，当敌军逼近时，军团首长果断定下打一仗，这是需要勇气的，此外又采取了非常有效的伏击法。

关于此次战斗的意义，郭天民后来说："老木孔战斗，是 9 军团单独行动中转危为安的一次战斗，这一仗打乱了敌人追歼、堵截、夹击我军的计划，使得全军团得以摆脱敌人，脱离困境。这一仗缴获甚多，但军团无用，因为要长期转战，无法携带太多的物资，缴来的枪全部烧毁，俘虏的敌军士兵，也无用，因为全是鸦片鬼，只好每人花三块大洋遣散。"

三、战略轻骑兵

1935年4月13日、15日，中央军委两次电令红9军团南下攻占水城、盘县，牵制敌人，掩护红军主力转移。郭天民辅佐罗炳辉、新任政委何长工率部四昼夜强行军，于4月13日进至织金县猫场。

猫场是一个较大的市镇，作为一个宿营地，食宿问题都容易解决，但是地形不利，整个镇子都在一条深深的狭谷里，背后仅有的通道，名叫梯子崖，又名鸡飞崖，是从笔陡的石壁上硬凿出来的，有100多级的阶梯，窄得只能容下并排行走的两个人。

这正是古兵法所说的绝地。

郭天民后来回忆道："在看过地形后，我们曾经犹豫过，同时也想到，头一天越过大（定）黔（西）公路的时候，曾发现一部敌军正由大定向黔西开进。这里距黔西并不太远，大量敌人集中在黔西，对我军也是很大的威胁。当时本想再转移一个地方宿营，但考虑到部队连续行军疲劳，更主要的是因为接二连三的胜利，产生了麻痹情绪，觉得宿营一夜，第二天早一点行动，大约不致有什么问题，便决定宿营。为了安全起见，又布置后卫队八团注意警戒来路，并令该团特地设了一个连哨。此外又布置部队次晨4点半起床出发，脱离这里。"

准备不可谓不充分，理由很充足，但问题恰恰发生在这里。

事情偏偏凑巧，当夜黔军王家烈部的第6团也到达猫场北山后边的村庄里宿营。

尽管红9军团行动隐蔽，仍被敌军发现，国民党黔军第6团和当地民团，查明红9军团进抵猫场后，为不惊动红军，狡猾的黔军指挥官命令将火把熄灭，摸黑向红军营地扑来。

红9军团担任后卫的红8团担负后方警戒，哨兵们发现北方远方位有大量火光，当即向团长报告。困乏之极的团长，打着哈欠说："贵州潮湿，容易出鬼火，你们观察就是了。"

不久，哨兵再次报告，火光正向猫场一线运动。

团长睡得正香，被叫醒，十分不快，哼了一句："你们继续观察就是了。"

火光没有了，但不远处的村子里传来狗吠声。显然，是有什么人进村子才惊动了狗。警惕性颇高的哨兵再次报告团长。

鬼使神差，团长表现得出奇的固执，不耐烦地说："这可能是老百姓在跑荒。"跑荒是当地方言，意为老百姓怕部队在这里打仗，匆匆逃离的意思。

大敌当前，团长的错误处置将红9军团置于非常危险的境地。

第二天早晨，部队正在用餐，突然四面枪声大作。

郭天民与罗炳辉在十分困难的情况下指挥部队一边收拢，一边战斗。危急关头，郭天民临危不乱，他先是派人将走路不便的政委何长工送走，随后急令军团侦察连实施出击，将敌军压回，掩护主力撤退。

这时敌军已占领有利地形。战斗异常激烈。双方展开白刃战。整个山谷笼罩在硝烟之中。炮火、枪声交织，战烟四起，遮云蔽日。

偌大个军团，几千人，要通过狭窄的梯子崖谈何容易。郭天民命令警卫员和通信员用肩膀顶着军团长罗炳辉爬过梯子崖。在郭天民的指挥下，主力有秩序地爬过梯子崖。正在这时，敌军一支小分队占领了附近的要点，用火力控制住梯子崖。后有追师，前有堵兵，红9军团堪危。

当此危急之时，郭天民率教导大队同敌军展开激战，打开通路，将堵截的敌军驱散，杀出一条血路。

至下午3时，红9军团主力通过梯子崖，摆脱掉敌军。红9军团伤亡三四百人。

郭天民后来说："这是我军团离开主力后最大的一次损失。它给了9军团一次严重的考验，也给我们上了十分有益的一课。"

此后，红9军团奉命继续西进，谋求与主力会师。不料当部队到达江边时，桥梁已被敌占，渡门为敌控制，敌军在四面摆下了重兵。红9军团又一次面临严峻的考验。为尽快渡江，郭天民亲自找到一位老农，了解渡江方法。并把自己心爱的一个象牙烟嘴送给老乡，老乡颇受感动，自告奋勇带部队走山路，来到一个称之为“虎跳石”的地方。原来，这里河道较窄，搭上一条长木板即能过河。

在老乡的帮助下，郭天民与罗炳辉率部渡过北盘江，进入云南。接着占宣威，取东川，强渡金沙江，于5月中旬在西昌与中央红军主力合会。

周恩来听说后，亲自前往迎接红9军团，并称赞红9军团机动灵活，不愧为红军大部队的战略轻骑兵，为红军立了大功。红9军团战略轻骑兵的美誉自此传遍红军。

在离开主力单独活动的两个月时间里，红9军团以2500人之众牵制敌军六个师，胜利地完成了中央军委交给的战略任务。

在此过程中，部队连日行军打仗，郭天民把自己的组织指挥才能发挥到极致。他不仅出谋划策，而且每当危急时，都亲临战场指挥，表现出了他杰出的军事指挥才能。

四、粗中也有细

抗日战争全面爆发后，时任中央军委一局局长的郭天民，以极大的热情关注抗战前线。1938年8月，郭天民出任晋察冀军区副参谋长。几个月后，改任晋察冀军区第二分区司令员。

二分区所在地位于正太路以北的河北和山西交界处，是晋察冀军区的西大门。军事地位十分重要。正因为如此，日伪军“扫荡”接连不断。在十分艰苦的环境下，郭天民没有退缩，他与政委赵尔陆一道率部队顽强地坚持下来了，抗日根据地不仅没有缩小，反到扩大了。

在二分区，郭天民指挥了大小数百次战斗，参加了驰名中外的百团大战。其中较为著名的有牛道岭战斗、上下鹤山战斗、高洪口战斗，和百团大战中第一阶段破袭正太路和攻克娘子关战斗。特别是牛道岭战斗和娘子关战斗，显示出郭天民的大智大勇。

1938年秋，日本帝国主义叫嚣要实现“南取广州，中攻武汉，北围五台”的作战计划。9月，敌集中了5万余兵，准备从平汉、平绥、同蒲、正太各线发动对五台和冀西山区的围攻。

9月20日起，日军开始进攻。敌独立第4混成旅团大队长清水率部从盂县出发，渡过滹沱河，在飞机掩护下，进攻五台东南的柏兰镇。

郭天民指挥二分区部队和军区学兵营掩护晋察冀军区领导机关从耿镇、石咀附近的一个山沟里撤退。部队占领有利地形，当敌军经过牛道岭时，一个伏击，给敌重大杀伤。9月29日早晨，二分区参谋长唐延杰率一个警卫连，对正在集合整装待发的敌军突然袭击，清水及其部下多人被当场击毙。

战前这位清水大队长很是嚣张，一再扬言要占领五台。结果刚到牛道岭，便丢了命。他死后，日军把他装进棺材，还拍了照片，题为“抬尸进五台”，进行宣传。1969年，周恩来还提起过这件事，称赞郭天民和赵尔陆的部队很能打仗。

两年后，郭天民又在百团大战中展现出过人的指挥才能。

1940年7月，八路军决定发起百团大战，晋察冀军区受领破袭正太路石家庄至平定段，袭击重点为娘子关到井陉煤矿段及其两侧地区。晋察冀军区抽调八个步兵团，一个骑兵团和两个骑兵营，三个炮兵连。组成三个纵队。郭天民和刘道生奉命指挥左右路纵队。

8月20日，战役开始，右纵队担负破袭乱柳至娘子关段，奏效后转向阳泉矿。天险娘子关是正太路上冀、晋两省交界的咽喉。抗战前，国民党军队就在这里构筑了不少工事。日军占领后又加修了四个大堡垒。另外，在关下的村子里还驻守了一部分伪军。

战斗开始的当夜，担负主攻任务的右纵队5团，潜入娘子关，歼灭了村里的伪军，然后依托村庄，向据险顽抗的日军进行强攻。

在陡峭的山坡上，战士们冒着密集的火网，前仆后继，向娘子关上敌堡垒仰攻，经过三小时的反复攻击，终于夺取了敌人的堡垒。天近黎明的时候，八路军胜利的旗帜已经插上了娘子关头。

在侵略军铁蹄下生活了近三年的娘子关地区的同胞，看到八路军的红旗高高地飘在关头上，兴奋得流出泪水。占领娘子关以后，八路军乘胜破坏了娘子关东面的铁路桥，收割了大批电线。

21日，得知日军增援部队赶来，破坏了堡垒工事后，郭天民主动撤离了娘子关。

郭天民指挥作战有个突出的特点，那就是思想开阔敏捷，判断情况准确，用兵巧妙果断。越是遇到紧急情况，他的头脑越是冷静，危急时刻总是牺牲自己保全首脑机关和其他领导同志。从红军时期开始，这种事情有过多次。

1941年日寇合击晋察冀军区机关。军区机关转移到二分区所在地平山后，日寇紧追过来，把军区机关和二分区死死围住。日寇在山上，八路军在山下，仅仅半山之隔，情况非常险恶，郭天民亲自派参谋和科长放哨。

部队刚刚宿营，分区作战科接到电话，问部队的方位，作战科长拿着电话，刚刚说了几个字："我们的方位是……"

没容他说出后面的话，郭天民劈手夺下耳机，问："向谁报告?"

"上级。"作战科长回答。

"对方是谁?"郭天民追问。

"……"科长答不上来了。

"经常往来的人，声音应该很熟悉，怎么听不出是谁呢?"郭天民感到情况不对，马上命令部队分南北两路转移。队伍在山下隐蔽行动，不时可以看到日伪军在山上行军的行列。脱险后，大家都说：好险哪，想想那个电话，真是后怕。

1942年春，正是抗战最艰苦的年月。晋察冀二分区4团驻在河北平山县境内整训。团长甘炎林是红军干部，很能打仗，但是作风有些散漫。如果只看见他平时的样子，很难想象他总是打胜仗。一天，郭天民带着警卫员来到了4团。甘团长问："司令员，有什么任务吗?"

郭天民回答："没有什么任务，只是看看。"就这样，郭天民在4团住下了。一连十几天，他每天同部队一起出操、训练，同干部战士谈天，伙房、营房到处看个遍，连四团驻地的老乡家也去了一大半。甘炎林团长实在憋不住了，又问："郭司令员，情况这么紧张，你一住十多天，到底有什么事情?"

"事情没有，就是来看看。"郭天民回答，接着又问甘团长整训中有什么问题没有？怎么解决？甘一一做了回答。这时郭天民才说出了这次到4团的初衷。

原来，分区检查组到4团检查工作，发现工作有些杂乱无章，甘团长不但不认为有什么不好，他自己就是一副不修边幅的散漫样子，这怎么能带好部队呢?

听了检查组的汇报，郭天民火上心来：甘炎林呀甘炎林，你是红军出身，面对这么多新干部，怎么就改不了游击习气呢?他拿起电话打算骂甘炎林一顿，可想了想又放下了，决定先去4团看看再说。

郭天民亲自到4团深入了解，感到整训搞得还是很有声有色的，问题也有一些，但远不像检查组说的那样差。他和甘炎林一直谈到半夜，指出成绩和问题，两人又研究了解决办法。最后，郭天民说："真是千听不如一看。光听汇报是靠不住的!"

1945年大反攻开始，郭天民指挥所部连克怀安、涞源、崇礼、万全、尚义等县。日本投降后，他率部日夜兼程，于8月22日抢在国民党军队之前占领了张家口，接收了日军大量物资。张家口是当时我军攻占最大的一座城市，后来成为了我军派兵进入东北和支援东北战场的枢纽站。聂荣臻曾致电说："中央对于你们解放张家口，保护了城市和物资完整，粉碎了敌人夺取张家口的阴谋很满意"。

五、挥师进中南

1947年8月，郭天民调晋冀鲁豫野战军任副参谋长，协助刘邓组织了千里跃进大别山的战略行动。刘邓主力撤离大别山时，郭天民受命留下坚持斗争，任鄂豫军区副司令员。刘伯承找他谈话说："老郭，你再去做一次无名英雄吧!"邓小平特派专人将他的夫人窦克和心爱的大女儿从后方接来与他告别。从刘邓首长关切的举措中，郭天民感到，此一去任务会非常艰巨。

果然，为了争夺鄂豫皖三省交界的这块战略要地，白崇禧调动了三个师，把大别山团团围住，进行了极为残酷的“清剿”、“驻剿”与“扫荡”。到处是敌人，走路就要打仗，连送封信都要派一个班的人，否则就送不出去。稍一疏忽，就可能覆灭。郭天民协助地方党组织了几十支游击队，在纵横几百里的大别山区展开广泛的游击战。

当时，敌人围困，群众尚未发动起来，部队没有粮食，没有盐巴，没有衣服和弹药，军心不安定，可以说，这是抗战以来郭天民经历过的最艰苦的局面。他全身浮肿，但仍保持了一个共产党人的高尚情操和坚强的组织纪律观念，刘邓野战军司令部埋藏在大别山的银元，他一块也不让动用。靠着艰苦细致的工作，勇敢地斗争，终于在大别山站稳了脚跟，为以后解放中原，横渡长江，解放南中国创造了极为有利的条件。

到了 1949 年 2 月，郭天民调任新组建的第 4 兵团，任副司令员兼参谋长。司令员是陈赓，黄埔一期有名的“三杰”，虽然郭天民入校时，陈赓已毕业，但仍在黄埔军校任职。两个人当时虽不熟，但郭天民对陈赓的为人很了解。来到 4 兵团后，郭天民非常敬重陈赓，陈赓也非常注意采纳郭天民的意见。两个人配合得非常好。

刚上任，郭天民便面临很大的难题，这就是如何迅速成功地实施渡江作战。

为加强第一梯队军的指挥，郭天民到 15 军。他与军长秦基伟指挥 15 军作为先遣部队从河南漯河，周口地区出发，于 3 月 27 日占领望江华阳镇和宿松以东的老洲头。

1949 年 4 月 20 日，在百万雄师渡江战役中，郭天民与秦基伟率 15 军首先跨过长江，一路猛冲猛打。之后，陈赓与郭天民率领 4 兵团，以迅雷不及掩耳之势，横扫中南大地，先是解放赣东北地区，抄到国民党所谓的浙赣铁路防线。之后兵分三路，连续作战一个月，打出 1500 里，解放了南昌等数十座城市。之后，第 4 兵团奉命参加湘赣和赣南战役，收复了曾是中央苏区红都的瑞金城，并为进军广东，直捣国民党政府所在地广州创造了条件。

对此，邓小平后来回忆说：二野渡江后，部队打得很快，陈赓打得最远，占领了江西全省。

1949 年 5 月 26 日，中央军委电令第 4 兵团划归第四野战军指挥，转而向中南进军。中央军委将 4 兵团转隶四野有着重要战略意义。当时四野正要打大仗，林彪的对手是白崇禧，此人号称“小诸葛”，狡猾得很。林彪雄心更大，他要打新的“辽沈战役”。

为此，林彪电令陈赓率部渡赣江，进入湖南衡阳、株洲一线。就是说，4兵团担负抄白崇禧后路的任务。陈赓与郭天民等人一合计，认为仗不能这样打。这是小迂回，应该来大的，4兵团应迂回广东。

林彪当然听不进陈赓和郭天民等人的意见。

7月20日，陈赓电告中央，详细地陈述了自己的理由。他特别强调，按上级的部署，4兵团担任侧击任务的企图一旦为白崇禧发觉，他很可能退向两广。届时，我军再前出广东，恐来不及。因此，他建议应采取大迂回的方法，部队速进广东，截断国民党军的退路。最后，陈赓亦表示，在未接到军委新的命令之前，他仍将执行四野首长的指示。

按惯例，4兵团在发电军委的同时，还同时电告林彪并刘伯承、邓小平。按建制，4兵团仍属刘伯承、邓小平指挥的第二野战军。

中央军委还未回电，林彪即电告4兵团：我决心已下，不能更改，立即执行。

不久，军委回电，同意4兵团的意见。林彪不敢怠慢，遂将毛泽东的电令转发陈赓。

此后，陈赓和郭天民等奉命率4兵团、15兵团和两广纵队执行进军广东的任务。

1949年8月1日，4兵团在江西吉安召开团以上，陈赓报告了形势与任务，郭天民作了军事报告，对进军两广，解放云南的战略意图和战役部署、后勤工作等做了详细阐述。随后分二路南下。

1949年10月2日，陈赓、郭天民等率领第4、第15兵团和两广纵队，突破了粤湘赣防线，日夜兼程，连克数十城，逼近广州。

10月14日，广州城解放。

在南进广州的作战中，郭天民不仅辅佐陈赓指挥作战，而且还负责组织繁重的后勤保障，部队连月征战，强行军，加之天气炎热，部队非战斗减员率高，后勤保障困难。在这种情况下，郭天民以极大的精力组织保障，确保了部队迅速夺取广州。

广州解放后，郭天民没有进城，便与陈赓率部马不停蹄向广东阳江、阳春地区追击，部队以日行140里至180里的速度，终于将国民党军白崇禧部队主力4万余人消灭于两阳地区。白崇禧的本钱所剩无几。

11月23日，林彪电令陈赓率主力三个军追击鲁道源兵团，留一个师，担负阻击白崇禧部退往雷州半岛。

陈赓与郭天民等研究后认为，鲁道源兵团是佯动，意在吸引我军，保证白崇禧主力退往雷州半岛。故他致电林彪，说明阻敌南撤雷州半岛，进而使其不能海运海南岛最为重要。

林彪回电：我意已决，不能更改。陈赓终归是陈赓，他再次致电毛泽东并报林彪和刘、邓，电文最后还是加上了一句，准备随时执行四野的命令。毛泽东再次支持4兵团的意见。

这一建议，使白崇禧假道雷州半岛逃往海南的希望彻底破灭。当白崇禧风风火火率部向雷州半岛开进时，陈赓与郭天民等率部像一扇铁门紧紧封住了白崇禧的退路。等待他的将是灭顶之灾。随后，郭天民与陈赓率部参加桂西南战役，再次歼灭白崇禧部队7万余人，彻底完成了向中南大进军的历史使命。

六、反教条主义

1955年，中央军委非常重视解放军在现代条件下的训练，研究决定，成立训练总监部。由叶剑英任部长，萧克、李达、郭天民、彭绍辉、周士第、张宗逊任副部长。

1956年夏季，郭天民兼任陆军训练部部长，负责组织指导全军陆军各兵种的训练工作。

这时，全军已经开始了在现代条件下的正规军事训练，并已制定出一套统一的合成军和各兵种的训练计划大纲。这套大纲分门别类，成龙配套，16开版面的大厚本整整38册。

郭天民到职后，把这38大本训练大纲放在自己的案头，一本一本地阅读，遇到问题就找业务参谋请教，一起研究。在执行军委通过的训练大纲的过程中，他要求区别不同类型部队的任务和环境条件因地制宜地制定自己的训练计划。如果机械地照搬大纲，形同消极怠工！

在每年召开的全军训练委员会议和全军训练工作会议上，郭天民都要根据部队在实施训练大纲中遇到的问题，提出解决办法或是对大纲的修改意见。在他看来，训练—发现问题—解决问题—修订大纲，不断完善大纲，这是很正常的工作程序，既不是经验主义的，也不是教条主义的。

在一次由郭天民组织的演习中，一位驻我军的苏联顾问提出意见，要求演习的某个环节按他的意见去做。郭天民通过翻译向苏军的顾问解释了为什么不能照他的意见做。

这位顾问态度有些强硬起来，说他是苏军派来帮助中国军队的，他有权要求指挥员按他的意见做。这涉及主权问题，空气一下子紧张起来，参谋们都放下手里的事，注视着这两位将军。

郭天民态度平静地向翻译说："跟他讲，他有权提出他的见解。但他只是中将军衔，请他服从本上将的指挥！"于是苏联中将顾问不再说话了，参谋们如释重负。

就这样，从红军时期就以"郭铁匠"闻名的郭天民冷静而又机智地化解了矛盾，坚持了独立自主。

为探索解放军在现代条件下的作战与训练问题，叶剑英元帅指示郭天民于1956年冬季在青岛地区组织了军、师两级首长司令部海岸防御实验性演习。

随后，叶帅在1957年春召集了全军主管训练的军以上干部专题研究原子条件下的作战训练问题，提出了部队训练要适应现代战争条件下及复杂情况下诸军种兵种合同作战的新任务。

为在全军贯彻落实，郭天民集中全军部队和院校主管训练的300多名领导干部，在新沂地区组织了部（分）队夜间攻防战斗实验性对抗演习，历时54天。在解放军以往夜战经验的基础上，研究现代战争中合成军夜间作战可能发生的各种问题，为全军全面开展新形势下夜间战斗训练积累了新的经验。

青岛和新沂的两次演习，都是根据解放军作战指导思想，结合现有装备，学习外军先进经验，摸索我军自己的新经验进行的。从制定计划、组织理论学习、拟制战斗文书、训练调理人员、实验通信手段，到实施演习，以及部队生活保障，郭大民一手领导并参加了全过程。他在野外和战士一样住帐篷，发现问题立即检查解决。演习后，他会和参谋们一起熬夜，写出有情况、有分析、有经验的总结报告，为全军探索新型势下开展海岸防御和夜间训练开了个好头。

1958 年，郭天民又兼任院校部长。一上任，他就带着工作组到部分院校了解情况，调查研究。

当时全国的政治热情很高，地方院校纷纷搞教学改革，涉及军队院校。面对这种情况，郭天民于 3 月召开了八个院校的教育长和训练部长汇报会议。

在会上，郭天民指出：训练工作的跃进，不能只靠一股干劲，主要还是依靠教员对训练计划、教学内容、教学制度、教学方法等方面作深刻研究之后，进行切实可行的改革。他要求院校首先要亲自授课，搞“试验田”，重视教学研究。他还提出院校要紧缩机构，减少行政人员，但一定要保存和加强教员队伍。他说“院校是部队的榜样，学院是部队的灯塔”，一定要起带头作用。

有的院校提出要“三结合”编教材，郭天民指出，教材应由有专业技术知识和有经验的教师来编，让青年学员参与编教材是一种不切实际的赶时髦的做法，不可提倡。这次会议及时地制止了一些院校受社会影响头脑发热的情绪和做法。会后，他又多次带人下到院校了解情况，指导工作。

1959 年，为了解决军队院校在反教条主义运动后出现的思想混乱，教学秩序被破坏的问题，郭天民召开了陆军中级学校座谈会，研究了中级军校的学制、训练计划、编制体制、考核制度等问题。然后组织业务部门重新制定了两级步校的训练计划，重新规范了全军院校的管理体制，重申了军事院校的职责，坚持贯彻教学工作上多年行之有效的规章制度，稳定了教学秩序，使我军院校建设实现了乱后之治，走上了健康发展之路。

在“文化大革命”中，他忠贞耿直的性格不变，敢于仗义执言，1969 年 10 月，虽然郭天民身患重病也被限令离京。到广州后，又得不到应有的治疗。1970 年 5 月 26 日，郭天民在广州逝世，享年 65 岁。

历史评说

郭天民在战争年代长期担任参谋长，主张“要大管全区，小管马夫、炊事员”。他表示：“我是诸葛亮的命，凡责打五军棍以上的事都要过问。”红9军团军团长罗炳辉亲切地称赞军团参谋长郭天民是“八府”参谋长（百事都管的意思）。朱德曾赞扬郭天民是一个“有功不居功的人”。毛泽东则风趣地批评郭天民说，你是铁匠出身，像打铁一样打人。

一代高参——郭化若

长期担任毛泽东军事高参的郭化若，因为坚决拥护毛泽东的正确军事路线而险些丧命。个人命运的坎坷，让他在很长一段时间内失去了党籍和施展才华的舞台。然而郭化若并未意志消沉，他为后人留下了诸多军事理论、军事教育著作，曾被毛泽东赞许："古有孙子，今有郭子。"他被誉为一代儒将乃是名副其实，一点儿也不为过的。

小档案

姓名字号： 郭化若，原名郭可彬，曾用名郭俊英、郭化玉、郭化羽

籍　　贯： 福建省福州市

生卒年月： 1904.8.10—1995.11.26　卒年 91 岁

毕业院校： 黄埔军校

军　　衔： 中将

最高军职： 南京军区第一副司令员，中国人民解放军军事科学院副院长

一、好学不倦

郭化若自小就天资聪颖，勤奋好学，可由于他家境贫寒，供养不起他读书，郭化若只读完高小就辍学了。此后，他凭着惊人的毅力和刻苦求学的精神，先后自学完了数学、物理、化学。

随着年岁的增长，郭化若读的书也就更多更广。中国共产党诞生后，他开始阅读《共产主义浅说》、《新宇宙观》、《新青年》等进步书刊，郭化若渐渐地认识到，国家要改变贫穷落后的面貌，就必须向黑暗的旧社会宣战，推翻旧的势力统治，彻底扭转整个社会制度。为此，他四处寻找共产党，希望加入党组织，可一直没能如愿。

1925 年秋，他考入黄埔军校第四期，不久，参加了第二次东征战役攻占惠州的战斗。这是他第一次出征。部队取得胜利后，他怀着年轻战士无比激动与喜悦的

郭化若中将

心情，即兴挥毫写下了一首《攻占惠州》：

袭取杨刘又出征，前锋匆报破紧城。
连年征战抛枯骨，鬼火随风散复生。

这是郭化若保存至今的最早的一首诗作。

随后，他与留守部队驻扎在惠州三个月。在这里，他结交了很多共产党人，阅读了一些马列主义理论书籍，进一步认识到只有共产主义才能救中国。

这一年冬，他在缪芸人、廖翰平介绍下，加入了中国共产党。

在黄埔军校近两年的学习、训练，郭化若各科成绩皆优，出类拔萃。毕业之时，在教官的推荐下，校长蒋介石点名要郭化若去当秘书。郭化若在黄埔军校的这些时间里，耳闻目睹身为校长的蒋介石的所作所为。知道他表面上赞同革命，实质上是个反苏反共的两面派和野心家。

1926年3月，蒋介石为夺取在国民党内的最高权力，一手制造了中山舰事件后，郭化若更清楚地看透了蒋介石的本来面目，他毅然退出国民党。随后，蒋介石对共产党在军校的活动采取了一系列提防、限制措施，但是蒋介石并不知道郭化若已经加入了共产党，当蒋介石以校长的身份，下令调他去当秘书时，郭化若以“军人应当战死在疆场”来回绝。

1926年春，他任炮兵大队第2队代理队长，参加了轰轰烈烈的北伐战争。

在这期间，郭化若又读到毛泽东发表的《中国社会各阶级的分析》、《湖南农民运动考察报告》等文章，更加领略到了毛泽东的远见卓识。

1927年轰轰烈烈的大革命失败后，蒋介石对革命者采取斩尽杀绝的屠杀政策，郭化若退出北伐军回到了福建老家。不久，中国共产党高举起革命的旗帜，进行武装抵抗。毛泽东领导秋收起义后，率领工农革命军到达井冈山的消息传来时，郭化若喜不可言。他确信毛泽东点燃革命的星星之火，一定能在中国大地上熊熊燃烧起来，于是急切地希望去井冈山。

但是，郭化若三番五次找地下交通向党中央请示，要求上井冈山，都没有允准，最后组织上安排他去了苏联。

郭化若来到苏联后，在莫斯科炮兵学校学习。

但是，一年之后，他变得心事重重了。原来，国内严峻的革命斗争形势，吸引他回国去参加那火热的斗争。

郭化若想起蒋介石和汪精卫屠杀工农武装的一幕幕、一件件揪心之事，心中充满无比凄凉与悲愤。堂堂七尺男儿，黄埔军校四期的毕业生，面对如此恶劣情形，身在异国他乡，心情一直无法平静。

此时此刻，郭化若认为自己重要的并不是在莫斯科炮兵学校学习，而是回国奔赴战场，同国内勇敢战斗的战友们肩并肩，与国民党反动派进行坚决斗争，用血肉之躯挽救中国革命。

为争取早日回国，郭化若跑去找炮校校长商量，校长一听他的请求，顿时火冒三丈，暴跳如雷。

“我还从未听说过，有不愿在这里学习的学生，绝对不允许。”校长丢下这句冷冰冰的话走开了。

他不甘心。他决定故意不上课，犯点行政上的小错误来达到目的。

于是，他利用星期日，找到同来苏联学习、并作为负责人的刘伯承，正巧，叶剑英也在场。他把这个想法告诉了刘伯承，请刘伯承替他作决断。刘伯承一听此法甚觉不妥，惊讶地望着他说：“我的老弟，这样做可不行呀！”

“可是，除此之外，能有什么好计策呢?”

“再想想其他办法嘛。”叶剑英劝说道。

“实无万全之策，这是逼上梁山啊！在这里，中山大学一帮拥戴王明的学生，自认为有王明这个后台老板，趾高气扬，有恃无恐，常来找我的麻烦。他们良莠不分，散发传单，胡说什么中国共产党理论水平低，连什么是革命高潮、低潮都搞不明白，还奢谈革命，真是滑天下之大稽。中国革命只有靠他们那些人去当中央领导，方能成功。王明他们得到了米夫等人的赏识与重用，目前正春风得意，目空一切。他们这帮人闹宗派，搞派别。我不愿与他们同流合污，他们就攻击我，这样还不如早日解脱，回国参加革命战争。再说，国内革命形势紧迫，正是需要用人的时候。我决定回国后，到井冈山革命根据地，寻找毛泽东，参加朱毛领导的红军。可是，我找过校长，要求回国，校长根本不理睬我。我是绞尽脑汁，冥思苦想了三天三夜才下此决心。”

郭化若一口气把憋在心里许久的话，如竹筒倒豆子——一个不留，全吐了出来。

“既然这样，回国跟着朱德、毛泽东干革命也好。”刘伯承听后，走到他的跟前，拍拍他的肩膀，点头表示赞同。

翌日，校长见他没有去上课，气势汹汹地跑来，用手指着他说：

“你再不去上课，我就关你的禁闭。”

郭化若铁了心要回国，见校长一副盛气凌人的样子，不悦地说：

“关禁闭就关禁闭，只要让我回国就行。”

校长本想吓唬他一下，出乎意料的是他竟然对处罚学生最严厉的关禁闭都不屑一顾。校长气不打一处来，转身回到办公室，拿起笔“沙沙沙”地开了一张条子，“唰”地撕下甩给他，叫他到禁闭室去报到。

郭化若坐了七天的禁闭后，校长终于拿这个刺儿头没办法了，大手一挥，让他离开了莫斯科。

为此事，王明等人还写信到国内，告郭化若的状，把他自愿去坐禁闭，说成是他在莫斯科闹“罢课”，搞“游行示威”，顶撞苏联老师，等等。

但是，无论如何，1929 年的初春，郭化若终于回到了祖国，回到了上海。

二、一战成名

1929 年 1 月初，蒋介石计划以六个旅约 3 万人的兵力，由永新、莲花等地，分五路向井冈山进攻，并对井冈山根据地实行经济封锁。为打破敌人的“会剿”，毛泽东与朱德率领部队及时离开井冈山，挥戈南下，转战于赣南闽西之间开辟根据地。

8 月 2 日，郭化若终于走到了龙岩，找到伍中豪率领的红 4 军第 3 纵队。

然后，在伍中豪的带领下，来到前委，见到了红 4 军军长朱德。

朱德说：“第 2 纵队组建时间不长，那里很缺干部，纵队几次来请求，要前委给他们派得力的参谋去，始终找不到合适的，今天你来了，这真是可遇不可求，你就先去 2 纵队当参谋吧！”

第二日上午，郭化若怀着忐忑不安的心情，经一夜半日的急行军，来到第2纵队。

下午，郭化若走马上任，随部队向白沙进军。

掌灯时分，2纵队来到白沙，与3纵队会合后，又黑灯瞎火地向宁洋开进，打算到闽中，过闽江后，去赣浙皖打游击。

这时，红军部队缺粮少药，行踪不定，整天转来转去，战士疲乏不堪。且德化一带的土匪窝多，炮楼到处可见，部队行动不便。时值酷暑，红军队伍中的病号日益增多，有的战士病得连拿枪械的力气都没有，以致火炮丢了，有的连步枪也丢了。

闽中一行，两个纵队损失300多人，丢掉100多支枪，两个纵队几乎到了山穷水尽的地步，于是只好放弃原先计划，无功返回闽西苏区。

8月下旬，红4军第2、3两纵队克服困难，由德化向西，一路风尘到达了溪南。

29日，部队对占领溪南之敌，发起进攻，消灭敌一个团，缴获一些物资。

随后，朱德命令2、3纵队稍作休息，准备再攻打漳平。

红4军曾经攻打过一次漳平，歼敌一部，并在那休整了八天，因此对漳平一带的地形大致了解。但是，部队撤离后，现在对敌人的兵力、装备、工事一无所知，为做好充分准备，部队派谭根生、蔡连苗两名侦察员，先前往漳平进行侦察。

溪南至漳平40余华里，谭根生、蔡连苗两人用了不到五个小时，就摸清漳平只有敌军一个连的兵力把守。

朱德认为这是歼敌的好机会，于是，就把这项任务交给2纵队。

2纵队的队长叫刘安恭，他受领任务后，召开支队以上干部会议，进行研究部署。刘安恭有些飘飘然地说："诸位，漳平只有区区敌军一个连的兵力，不经一打呀，这正是我们纵队立功表现的时候啊！"

"消灭一个连的敌人，没什么大不了。"4支队长耿恺应和道。

"好，那就由你去取了它。"刘安恭轻松地说："我决定打漳平由耿恺率第4支队去完成，其他各支队做好援助准备。"

会一开完，耿恺就率队出发了。然而，他们走后，一天都没有消息回来，到太阳下山了，他才得知是跑错了方向，战士们劳累一天，无功而返。

到了晚上，刘安恭把郭化若叫来，商量下一步行动。

刘安恭说："这个耿恺真是糊涂，连个漳平都找不到，虽然朱军长没有指责我，可是，这是在给我2纵队丢脸啊！"停了一会儿，又说："我考虑了一下，攻打漳平得由你郭参谋指挥才行。"

郭化若一听，就知刘安恭有意看看自己这个参谋的水平如何，于是很爽快地说："好吧。"

"有没有困难？"刘安恭问。

"我请求给我一门迫击炮。"

"没问题。"

8月31日晨，天空呈浅灰色，西北角上还挂着稀少的几颗失去光泽的星。郭化若带领四支队的战士们出发了。时至中午，部队就悄悄地赶到了漳平城郊的和平镇。

郭化若与耿恺站在一座小山头上，观察地形后，两人做了简单商量，准备趁敌人还未察觉前，以北门为突破口，打敌人一个措手不及。战斗发起后，敌人的火力凶猛异常，根本不像出发前侦察员所获知的只有一个连兵力的阵势。

善于观察的郭化若认为敌情有变，立即派人抓来俘虏审问，才得知原先谭根生、蔡连苗侦察的情况根本不准确。漳平守敌实际上是暂编第1旅的一个团带一个营，另加一个迫击炮连。按集中兵力的战术要求，应该组织有一个团的兵力攻城，取胜才有把握。

敌我兵力相差悬殊，是进还是撤？

在进退维谷之时，耿恺突然对郭化若说："郭参谋，我们是否请示纵队把部队撤下来。"

"不！战斗已经打响，同志们都冲上去一半了，现在敌人的火力很猛，在这种情况下，若是我们撤下来，就会牺牲更多的同志，情况也会糟糕。你尽快把这里的情况向纵队汇报，我去组织部队战斗。"郭化若果断地说完后，一转身继续指挥部队作战。

在敌强我弱的关键时刻，郭化若沉着冷静，忙而不乱。他意识到，要对付敌人的猛烈火力，只有发挥炮火的威力，以火力制火力。但炮弹有限，因此，必须打准目标。

郭化若把手枪往腰里一插，命令战士们把迫击炮拉到他身旁的制高点，他亲自瞄准敌城内的目标，随着一声"开炮"声响，"轰"的一声，一发炮弹不偏不倚，正好落在敌指挥所的门口，敌团长当场被炸死。敌人失去指挥，顿时成了一盘散沙。

郭化若马上指挥部队乘势杀入城内，结果，全歼守敌，缴获武器装备600余件，其中有四挺重机枪、六门迫击炮及一大批弹药。

朱德知道胜利的消息后，非常高兴，夸奖了郭化若一番。郭化若的名声也随之在部队中传开。

当晚，红4军前委决定，任命才到部队23天的郭化若为第2纵队参谋长。

漳平之战，以少胜多，也算是红军早期以少取胜的一个战例。特别是这一仗，是郭化若参加红4军后带队打的第一仗，更有其特殊的意义。

三、“九月来信”

早在郭化若到达红4军之前，红4军发生过一次内部之争。

9月下旬，朱德在上杭太忠庙主持召开红4军党的八大会议，对请毛泽东回来的问题进行讨论。有的主张请毛泽东回来，有的则反对。对毛泽东怀恨在心的刘安恭，在会上更是嚣张，大肆攻击毛泽东。朱德批评他，刘安恭还强词夺理。

如此争来争去，何时能解决问题。

郭化若心里焦急。他直了直腰，抬起头环视一下，与会人员的脸色都很压抑。这时郭化若还不认识林彪，就问坐在身旁的纵队长朱云卿：“哪位是林彪?”

朱云卿低着头，听见郭化若问林彪，头也没抬答了一句：“你问林彪?”

说罢，朱云卿摇了摇头，侧身对郭化若轻轻地说：“这样的会，林彪是从来不会参加的。”

郭化若见会议这样下去不是办法，就建议用折中的办法，由他和彭祜联名写信请毛泽东回来主持工作，大家听了他的意见后，一致表示赞同。

随后，彭祜先起草，尔后与郭化若等一起修改，两人写了一封请毛泽东回红4军的信，信的内容大意是：

我们代表中国工农红军第4军的基层干部战士，谨向你致以诚挚的问候。今年1月初，你和朱军长率领部队进攻赣南，相继开创了赣南和闽西革命根据地，出现了朝气蓬勃的局面。七大后，你离开红4军的官兵，我们广大的基层干部战士无时无刻不在思念你。红4军的工作离不开你的建军思想与一套做法。我们热忱地盼望你早日回来主持红4军的工作，率领我们继续革命，取得最后胜利。

信写好后，郭化若特意派了机智灵活的通信员谢捷胜，连夜把信送往蛟洋。这封信情真意切，代表了红4军中绝大多数人的心声。此时郭化若虽然还没见过毛泽东，但是，早就闻知他的大名。现在，他想毛泽东看到后，一定会对回红4军之事有所考虑。

他期待着毛泽东能早日回到红4军。

9月间，广西军俞作柏、李明瑞挑起“两广战争”。中共中央和中共福建省委在不详细了解和分析的情况下，就断定为两广军阀混战，广东势必空虚，是出击东江的大好机会。于是，10月13日，中共中央和福建省委草率做出红4军“全部即到东江游击，向潮、梅发展”的指示。

军令如山倒。14日，红4军前委开会决定：第4纵队继留闽西苏区，军部率

战争年代的郭化若（左一）

其他三个纵队转战广东东江地区。25日，朱德、陈毅率三个纵队占领梅县。

26日下午，正当前委与梅县县委召开会议，商讨成立东江革命委员会时，蒋光鼐率三个团由三河坝、松口向梅县反扑。战火突起，全城惊乱。一部分敌人冲入城内。朱德和陈毅沉着指挥，避敌锋芒，巧妙安全地转移到梅县东南的南坑、马图山区隐蔽待机。

五天后，红4军侦知梅县只有郭思演部一个教导团守城后，朱德和陈毅商量，杀他一个回马枪。于是马上部署由3纵队任主攻，1纵队迂回助攻，2纵队作为预备队，于31日拂晓开始进攻。战斗发起后，由于道路不熟，1纵队没有按计划完成迂回任务，致使3纵队孤军奋战，敌方凭借工事顽强据守，激战七小时，部队还是攻城不下，进展不大，而部队伤亡却不小，最后被迫撤出战斗。

二战梅县失利，前委判定敌方将向东江地区增兵，此时前委又获悉"两广战争"已结束，这样红军就不宜在东江地区作战了，朱德和陈毅决定撤回赣南苏区。

11月上旬，红军到达赣南的寻乌、安远地区，后撤至新泉、古田一带地区休整训练。

这一次红4军主力转战东江，牺牲减员三分之一，而且使闽西苏区遭到不同程度的损失。

陈毅返回红4军后，带来中央新的精神。原来，在上海期间，陈毅毫不隐瞒地向中央汇报了红4军党内的矛盾情况，当时主持中央军委工作的周恩来在听取陈毅的汇报后，认为毛泽东的意见是正确的，红4军七大对毛泽东的批评是错误的，应该让毛泽东回红4军前委主持工作。于是，9月28日，周恩来以中央的名义写了《给红军第四军前委的指示信》，即著名的中共中央"九月来信"，交陈毅带回。

1929年11月26日，在中央的支持和朱德、陈毅的一再邀请下，毛泽东从上杭苏家坡回到汀州，重新担任红4军前委书记。

毛泽东回来后，当天晚上问朱德说："有个叫郭化若的现在在何处?"

"郭化若目前在2纵，任参谋长。他的工作不错。"朱德表扬地说。

11月28日，按照中央九月来信的指示，毛泽东、朱德、陈毅等前委首长在汀州召开扩大会议，正式决定召开红4军第九次党代表会议，研究解决红军的建军原则问题。

郭化若接到开会的通知后，提前来到会场。

"哈哈，郭化若你来了。"朱德忙拉住郭化若的手，给毛泽东介绍说：

“这就是郭化若，黄埔毕业的，从苏联回来就急着要找你。”

毛泽东走过来，伸出双手紧紧握着郭化若的手说：“你就是给我写信的郭化若？好嘛，信写得不错啊，我们红 4 军又多了一位秀才呵。”

说完，毛泽东又接着说：“以往人们说，秀才遇到兵，有理说不清。你在 2 纵队干得很出色嘛，我看这两句话放在你郭化若身上讲，应该改成郭秀才带兵，又说清理、又打胜仗啊。”

古田会议开了两天，通过了《中国共产党红军第四军第九次代表大会决议案》（即《古田会议决议》），这个决议从理论上圆满地解决了建军的大政方针；会议选举毛泽东为前委书记，朱德、陈毅、李任予、黄益善、罗荣桓、林彪、伍中豪、谭震林、宋裕和、田桂祥为前委委员，杨岳彬、熊寿祺、李长寿为候补委员。

红 4 军九大后不久，前委开会研究人事安排及下一步的行动计划。

这时，红 4 军军部正好缺一个参谋处长，对这个人选问题，前委首长都十分重视。红军时期的指挥机关简单，人员精干，军长、政委、参谋长、政治部主任便是一个指挥班子。所以，选拔机关人员的要求必须要高，特别是参谋处长一职，不仅是司令部作战指挥的具体负责人，一些重要作战文书也要由参谋长拟制，而且他在首长身边工作，掌握着大量的核心机密，位置十分重要。

根据毛泽东的提议，前委首长讨论后一致同意，由郭化若出任红 4 军军部参谋处处长。从此，郭化若跟随在毛泽东身边，逐渐成长为最熟悉毛泽东军事思想的人之一。

四、人生中的坎坷

朱、毛红军三次粉碎蒋介石的“围剿”，其威望在共产党人和苏区中日益猛增，朱、毛红军也如同神话般被人们所传颂。

但是，为排斥毛泽东的领导，王明以中央名义写了一封指示信，指使“三人团”要百分之百地执行他的指示，大事小事没有他的同意，任何人不准擅自做主。“三人团”接受王明的指示后，认为只有撤销毛泽东的职务，才能执行王明的路线。

1931年11月1日，中央苏区第一次党代会在瑞金叶坪召开。上午8时整，由项英主持，宣布大会开幕。王明的支持者们在会上对毛泽东进行肆无忌惮的批评。

他们指出毛泽东有三大严重错误：一是制定的土地分配政策是“富农路线”。二是战略战术是狭隘经验论、游击主义。三是实行以党治国治政。

会议的最后一天，“三人团”提出取消红一方面军番号和撤销毛泽东的苏区中央局代理书记、总前委书记和总政委三个职务。

“党代会怎么开成了好人受气的会？我不同意撤销毛泽东的职务！”在古田会议前，朱德对毛泽东的军事指挥尚且没有疑问，此后多年的经验和教训更使他坚信了毛泽东的正确。朱德早已对会议有意见，忍不住站起来打破沉寂。

“我赞成总司令的意见！”朱德的话音一落，郭化若也大声说。

“朱、毛只能合，不可分！”朱德还气呼呼地补上一句。

朱德和郭化若俩人的建议立即遭到“三人团”反对。

其中有一人指着郭化若的鼻子警告他说：”不准你发言，当心你的思想不要极右了。”

朱德可不管这些人，他继续反驳说：“这是党代会，每个代表都有发言的权利。毛泽东赤胆忠心为革命，浴血奋战多年，功绩显著，有目共睹。就拿这次蒋介石发动的‘围剿’来说吧，30万国民党军进攻3万红军，如果按照王明的指示，去与敌硬拼，不要说取得胜利，说不好一天时间，红军就会被消灭，还会有你们在这里指手画脚，乱说一通吗？”

“朱总司令，你的路线很成问题！”有人责问他。

会议一直僵持到下午，但最终还是胳膊拧不过大腿。毛泽东被撤销苏区中央局代理书记职务，被安排任苏维埃共和国主席职务。这个职务有名无实，是个空架子。

党代会后，毛泽东不得不离开红军，到后方从事政府工作。郭化若也因为反对毛泽东撤职被调离参谋长之职，到军委二局任局长。

他在军委二局工作了半年多时间，上面又突然通知他到毛泽东身边当秘书。

他接到命令时，不由一愣，这是怎么回事？

原来，1932年6月下旬，红一方面军总部恢复，朱德为总司令，但不设总政委，毛泽东在军内仍然无职，郭化若被调至毛泽东身边，说是当秘书，实际上是“三人团”对他又一次降级。此时，毛泽东几乎无事可做，郭化若做了毛泽东的秘书更是无事可做。

一个月后，郭化若正在看书，王稼祥找他谈话，告诉他已被安排去瑞金红军军事学校任教员，并要他尽快去学校报到。至此，郭化若已被抹掉一切领导职务。

7月底的一天，他来到红军军事学校不久，学校通知他开会。

下午2时，主持人宣布开会，有一人宣读开除一批人的党籍，第一个名字就是郭化若。

原来，王明等人利用苏联在党内开展清洗托派的运动，在中国进行“残酷斗争，无情打击”，搞肃反扩大化。他们捕风捉影，无中生有，说郭化若是托派，其原因：一是3军团的李匿才师长与郭化若有较好的交情，他们把李匿才定为托派杀掉后，从他身上查出了一封郭化若写给他的信。但信的内容纯粹是郭化若和李匿才个人问候与一般交流，与政治问题毫不沾边；二是在红军学校审理“托派”时，有人诬陷郭化若说他也是“托派”。

郭化若才来红军学校几天时间，就在肃反扩大化的运动中，被开除了党籍，并且定为反革命。毛泽东闻讯找到有关部门，说：郭化若到红军三年，一直掌握核心机密，硬是一点儿问题没出，我看他对党很忠诚，不像反革命。因毛泽东这一句话，郭化若才没有被杀掉，侥幸存了一条性命。

但是，郭化若仍是军校的“重点照顾”对象，王明的代理人还指使红军学校俱乐部主任危拱之监视他的一言一行。

危拱之是个女同志，是一个有正义感的巾帼英雄。她早在莫斯科就与郭化若认识，她了解郭化若，更相信郭化若是负屈受冤。结果，她不但没有向“组织”报告郭化若的“情况”，相反，把王明的代理人迫害“托派”的内幕详细告诉他。王明的代理人知道后，随即对她进行迫害，开除她的党籍。后来，她恢复了党籍，可新中国成立后，她就一病不起，在病床上度过27个春秋，于1972年逝世。

郭化若被开除党籍后，思想一度斗争得很厉害，许多人不愿接触他，可是，红军学校的校长何长工爱才如命。他发现郭化若不仅有实战经验，更有军事理论的素养与文化底子，便顶着许多非议，把他当成教学骨干使用，发挥他的特长。

当初郭化若在23天内由参谋升为参谋长，被传为美谈，现在却在八个月内连降三级，连党籍都被取消，这不能不说是个大起大落的悲剧。

郭化若被开除党籍后，在红军中的地位一落千丈。

1934年10月初，国民党军推进到中央苏区腹地，红军反“围剿”失败，被迫转移和退却，进行长征。

红军大学和其他几所学校进行整编，组成干部团，团长为陈赓、政委为宋任穷。红军大学在划长征名单时，有人想把郭化若丢在苏区。刚从日本回来的红大训练部部长钟伟剑看到名单时，发现没有郭化若的名字，在会上说：

“红大教学力量薄弱，教员短缺，尤其是缺少军事理论方面的人才，而郭化若具备这方面的特长，我们不应把这样的同志留在苏区，而红大需要他们。”

“我同意。”宋任穷表示赞成。

陈赓接过宋任穷的话说：“化若同志对战役、战术很有研究，让他跟随大部队行动，更能发挥他的聪明才智，我看可以把他编在团部，担任参谋工作。”

这样郭化若又到了干部团，在团部做参谋工作。

五、毛泽东的“顾问”

对钟伟剑、陈赓、宋任穷等同志的信任，郭化若在心底充满感激之情。因为在那时，干部团的许多人，都是泥菩萨过河——自身难保，能敢于站出来为一个开除党籍的人说公道话，很是难能可贵。特别是陈赓同志，还时常关心他，与他交心、谈心。

一天夜晚，陈赓与他交谈时，看他脚上穿的是麻草鞋，麻草边上还沾了一片血渍，奇怪地问：“你的脚是怎么一回事？你发的布鞋呢？”

“我的脚后跟正患溃疡，流血水。他们发服装时把我给忘了，我请人做了一双麻草鞋。”

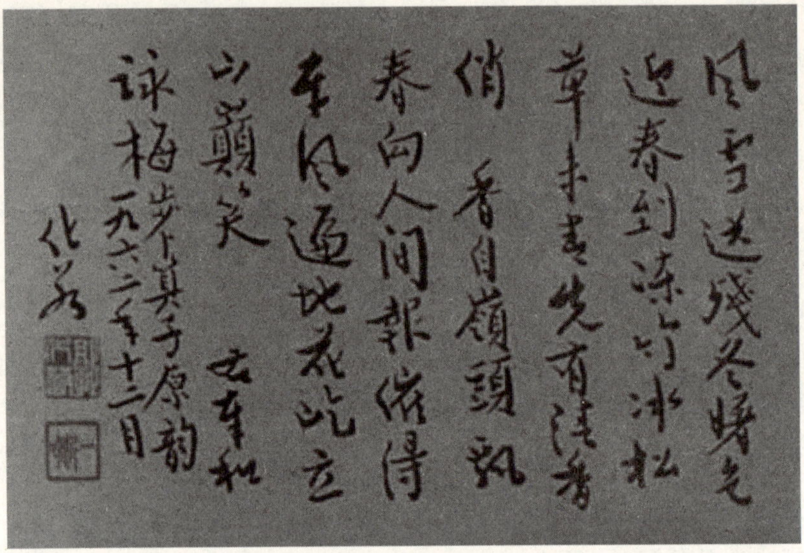

郭化若的咏梅诗

陈赓听后，一双浓眉锁得紧紧的，不满地说：“这些人真是太不像话，我去找他们给你补上。”

可是，服装早已发完，陈赓去找了个遍也没找到，最后，他愧疚地对郭化若说：“真是对不住你啊！”

这时，郭化若早已受尽了冷落，对陈赓心存感激，但是他不想再麻烦他了，赶紧说：“团长，我能顶得住！”

部队到达遵义休整时，同志们在总结会上说：“长征全靠两条腿。”可是，郭化若在长征出发的第一天，脚就化脓流血水，加上当时阴雨连绵，道路泥泞，郭化若迈着钻心痛的脚，一跛一拐，凭着惊人的毅力，咬紧牙关一跛一拐地前行，直到在遵义休整，陈赓好不容易搞点药才给他治好。

从瑞金到遵义8000里征途，郭化若就凭着一根拐杖和对党的忠诚，硬挺了过来。

四年后，郭化若到延安向毛泽东汇报自己的长征经历，毛泽东在一次干部会议上还谈起了这件事，意味深长地说：“郭化若那时悲惨呀！”

到达陕北后，郭化若仍还背着“托派”的历史包袱，但是，他以忠诚和勤奋工作赢得了人们的信任。

1936年11月29日，红二、红四方面军的两所随营学校与抗日大学第三科合并，成立抗日红军大学第二校。周昆任校长，袁国平任政委，郭化若被任命为了教育长。

1937年5月30日上午，郭化若在给学员上战术课做示范时，突然浑身冒汗，两眼发黑，晕倒在地，把学员们都吓坏了，一名略懂一点急救知识的学员赶紧跑过来，用大拇指压住他的人中穴，并与另一位学员把郭化若抬至树荫下，然后，边按摩边叫人向校长、政委汇报。

不一会儿，周昆和袁国平赶到，见郭化若脸色憔悴，身体很虚弱，十分难过地说："都是累的。"

原来，郭化若担任教育长，一个阶段以来，学校大量艰苦紧张的教学工作，都由他负责。他常常是深夜才睡，五更又起，有时通宵达旦，以致累倒了。

6月1日，两个年轻战士遵照周昆的指示，乔装打扮成山农，去寻找药品，为郭化若治病。

事后，虽然药品没找到，但郭化若知道后，对周昆和袁国平的关心很感激。由于缺医缺药，郭化若的病依旧如故，失眠、头晕、食欲不振，整个人像散了架似的。此时此刻，他想得最多的是毛泽东。他给毛泽东写了一封思想汇报信，并请求回延安治病。

数天后，毛泽东给他发来电报，内容是：

你的工作要求与身体情形已经知道了。你在长期苏维埃战争中，为革命奋斗到底的忠诚与劳绩，我们都是完全承认与一致赞扬的。你的身体情形如此，除同意你下期来延安外，正在替你买药，不久当可买来寄你。学习、工作应在不损伤身体的原则下，减少到适当程度。

郭化若读着这份情真意切、字字饱含深情的电报，不禁潸然泪下。

1937年7月7日，抗日战争全面爆发，遵照军委指示，庆阳步校撤销。郭化若负责善后工作，期间他又给中央党校的负责人张闻天写信反映自己的身体状况，暂不能回部队工作，想改行，进党校学习后，重新分配工作。几天后，他收到张闻天的来信，信上说：已向主席报告过，同意你入校学习，但不同意你改行，主席说红军还是需要你的。

7月8日，他又收到毛泽东的电报："步校结束后可来延安。"

7月底，郭化若完成步校撤销工作后，随即动身回延安，到中央党校学习。

8月，郭化若回到延安向组织报到的当天晚上，就开始秉烛夜战，原来去年他到学校任训练处长时，毛主席曾嘱咐他要注意总结军事教育经验。

他反复琢磨思索后，决定从这几年来自己在军事教育实践中经常思考的一些问题着手，全面、系统地进行分析、归纳和总结，力争向毛主席交一份合格的答卷。一连数天，郭化若把自己关在闷热的窑洞内，大汗淋漓，边思考边撰写，困了就在布凳上打个盹，累了站起来活动一下继续干。写的时间长了，手臂酸疼时，他就抓起放在笔记本旁边的一块石头，使劲地紧握几下，活络手指，使手得到松弛。几天后，材料写好了，他的眼眶充满血丝，人也瘦了一圈。然后，他以书信的方式呈送毛泽东。

毛泽东看后，对他的信很重视，连连对身边的同志说："这是万言意见书，化若同志写得好，有见地，很有价值!"

9月5日，毛泽东给郭化若来信说：

你暂一星期内勿去党校，帮助把红大教育工作改进一番。尔后你虽去党校学习，仍请你对军事教育作我的"顾问"，因为你懂得这项，而我是不懂得的。你暂去党校学习，不是解除军事，那天我已对你说了，军事需要你的地方是很多的……

最后，毛泽东在信中还说："你的意见书，已批给抗日军政大学负责人罗瑞卿、周子昆、莫文骅、刘亚楼、杨至诚等同志阅看，阅后讨论请你参加。"

从毛泽东给郭化若的信中，可以充分说明一点，毛泽东在军事教育方面对郭化若是很赏识的。这大概也就是毛泽东不同意他改行的原因。因此，郭化若只好终止了改行的想法。

六、红色儒将

1937年9月初，郭化若调到中央党校学习，同时，在毛泽东身边担任军事秘书。

在党校，他读到了总政印发的毛主席在抗大讲课的哲学记录稿。他如饥似渴地学完后向毛泽东谈体会，毛泽东高兴地说："大家都跟你这样学习、理解，我就不折本了。”

这时，郭化若在毛泽东身边，边学理论边做宣传抗日战争的工作，他得到了毛主席的很多教育。

早在土地革命战争时期，郭化若就是一个小有名气的珍惜时间学习的人，达到了“上马杀敌，下马草檄”的程度。他利用作战间隙，阅读了许多哲学著作和政治、军事理论著作，打下了厚实的理论基础。这一次进入中央党校系统学习马列著作，使他的理论水平得到进一步提高。

学得愈多，想得愈深，看得更远。他到毛主席身边从事军事理论研究后，并不自满于所学的东西，不断刻苦学习，虚心向毛主席请教。

1938年隆冬的一天，一阵阵西北风在“呜呜”直叫，天上不断飘着鹅毛大雪，但杨家岭的窑洞内温暖如春，暖意融融。郭化若去向毛泽东请教哲学上的问题。

“主席，我又有几个哲学问题搞不清楚。”

“化若，天气寒冷，仍不放松学习啊。来，过来坐下烤烤火。”

“主席，我越学习哲学越觉得自己的知识不够。”

“那是你钻进去了。好啊，学习就应该这样，天底下最愚蠢的问题就是不善于问的问题。只有勤思考、勤分析，把问题搞透彻，才能掌握它的精神实质。在哲学方面，艾思奇同志是个专家，你多去问问他。”说完，毛泽东转身从书桌上取过一本书，对郭化若说，“这是我请李达同志寄来的《社会学大纲》，你拿回去认真读两遍。”

“感谢主席的关心。”

“化若，我想找几个人开个哲学座谈会，你算一个。另外，你再替我去找几个，利用每周三的晚上在我这里，进行交流。”

“采用这个形式学习哲学好。”郭化若兴高采烈地拍手赞成，尔后跑出去找人了。

毛泽东用这种方式来组织大家学习哲学，旨在传播马列主义唯物辩证法，掀起了学习哲学的热潮。

郭化若在毛泽东的亲自指导下，不仅初步掌握了马克思主义哲学基本原理，对辩证法开始进行研究，而且逐步运用马列主义的基本原理来说明中国革命战争的一些实际问题。

全面抗战初期，郭化若发表了《抗日游击战争战术的基本方针》、《日本的速胜论为什么必将失败》等文章。1940年8月，他在延安新哲学会第一届年会上又发表了热情洋溢的“军事辩证法”讲演，这是继毛泽东之后，对军事辩证法理论作的进一步阐述。

郭化若在这篇讲演稿中，对战争的本质、战争与经济的关系、战争与政治的关系、战争发展的规律，对战略战术之差别性与同一性，战略的全局性与战术的局部性，战略战术之斗争形式与军队之物质内容的关系，战斗力中的多样矛盾及其利用，时间与空间，攻防之相互作用、相互渗透与相互推移，以及由战略防御到战略反攻是战略量变到战略质变的斗争过程，在判断情况中辩证方法的应用等问题作了探索。

之后，郭化若又继续对这次讲演进行修改、加工和整理，1949年，他又以《军事辩证法》为书名在上海新群出版社出版。这部论著是自毛主席提出军事辩证法的概念之后，最早的一部军事辩证法理论专著。它的出版对于人民军队的军事理论建设具有重要作用。毛泽东看到这部论著后，赞扬他说：“用唯物辩证法来说明军事问题，大有文章可做。”

郭化若的军事辩证法的研究，在理论上充实了军事辩证法的内容，使之更具有系统性。他运用马克思、恩格斯、列宁、毛泽东等人的理论和对比了资产阶级学者、专家的观点，对战争的本质、战争与经济的关系、战争与政治的关系以及战略战术的辩证法等问题，做了详细的分析与论述。

在延安的同志读了郭化若这本具有很高学术价值的书后，说：“郭化若是军队里第一个研究毛泽东军事辩证法的人。”

郭化若不仅在军事理论、军事教育方面才华出众，而且写得一手好书法与好诗。对此，毛泽东曾赞誉他为“军内一支笔”。郭化若之所以能获得毛主席、朱总司令等中央首长给予他的一个又一个的殊荣，与他孜孜不倦，酷爱学习和勤奋努力分不开。

幼时，郭化若家境贫困，没钱买纸和笔，他就用竹子代笔，以水代墨，在地上一笔一划地练；因此，从小就练得一手好书法，家乡的人们都称赞他为“神童”。上小学时，郭化若常常为交不起学费而整日愁眉苦脸，喜爱读书的他，就利用寒、暑假期间，在街头为附近的老百姓写春联或为他人代书，换一点微薄的收入用来交学费，买学习用品。

参加革命来到部队后，郭化若一如既往，从空隙中挤出时间，刻苦读书，勤于思考；同时，他挥毫泼墨，笔耕不止，写下大量的书法作品和诗篇，书法艺术和作诗水平也随之提高，日臻完美。

在毛泽东和朱德身边工作时，郭化若起草过大量作战文书，只可惜保存下来的不多。至今仍保存在中国人民革命军事博物馆内的一份《红军第一方面军命令》手抄件，就是由他于1930年8月起草、总司令朱德、政治委员毛泽东签署的，这份命令既是难得的墨宝，又是珍贵的文物。

郭化若还擅长诗文，在共和国诗坛上享有盛誉。无论是在硝烟弥漫的战场，还是在风尘仆仆的征程，郭化若常常触景生情，诗兴勃发，吟诗赋词，以抒发他的雄心壮志，并用这种独特的方式，来讴歌革命战争、讴歌革命先烈为中国人民解放事业前仆后继、英勇作战的可歌可泣的感人事迹。

1987年出版的《郭化若诗词墨迹选》，荟萃他从1925年以来的26篇佳作；1993年出版的《郭化若诗词选》，精选了郭化若创作的300首诗词，这也是这位红色儒将留给后人的精神遗产。

七、婚姻之路

郭化若的婚姻之路是坎坷的，转眼间，到了1938年，郭化若已过了34岁。

俗话说：男大当婚，女大当嫁。与他同期的战友，大多成家立业。按理说，郭化若到这个年龄也该成个家，有个身边人照顾生活，这于事业和个人都是相得益彰的事。可是谈了几次，非吹即崩，他仍然是孑然一身。

郭化若成婚难是为什么呢？是姑娘嫌他年龄大，长得丑，还是嫌他没文化？这都不是！

论年龄，他才三十过四，正是风华正茂，青春壮年；论长相，他眉清目秀，风度翩翩，一表人才；论水平，他是毛泽东的军事秘书。无论是他的学识才华，还是他的相貌，都是高水准的。为此，他也赢得过许多姑娘的芳心。

1937年底，时值寒冬腊月，西北风呼呼乱叫，让人心颤。为赶写一份材料，有一天，郭化若换上便服，带着干粮，早早赶到延安图书馆查找资料。可一连数天的寒风刮得图书馆冷冷清清，门可罗雀。因此，当他顶着刺骨的寒风来到图书馆时，见馆门是铁将军把门。他一直等了两个小时才见到姗姗来迟的朱春丽服务员。

小朱见到他时，面带歉意，不好意思地说："同志，让你久等了。"

"没关系。"

"天冷，我们不大开门，今天馆长特意叫我来看看，你还来巧了。"

"谢谢你们。"

"大冷的天来这里，是要找什么紧要资料吧！"

"是呀，找个紧要资料。"

"噢，不过，我们这里简陋，连个烤暖条件都不具备，馆里冷，你还要查吗?"

"这点冷算不了什么！"

"听口气你是位八路军吧。"

"是的。"

小朱仔细打量着眼前这位英俊的青年军人后，对他产生了好感。

接连数天，他早来晚走，蹲在馆内，翻阅、查找陈旧、发霉、气味难闻的书籍与报刊，冷得实在受不了，就在里面原地跑步、蹦跳，饿了就啃几口干粮。郭化若拼命工作的精神，深深地打动了朱春丽的心。于是，朱春丽还特地为他烧开水，送水，让他暖暖手，并托馆长为自己做红娘。

郭化若知道了甚是高兴。可是，他一想起自己身上还背着个历史包袱，并且自

郭化若夫妇合影

己也不符合“三五八团”规定，即男女双方必须有一方是八路军的团职干部；双方男女必须是党员，且有三年党龄；双方年龄之和为50岁。符合这些条件组织上才批准双方结婚。郭化若只好婉言谢绝了小朱姑娘的一片爱意。

1938年初夏的一天早晨，当他跑完步返回时，见对面迎来一个人，老远就冲着他“老郭、老郭”地喊着。他走近一看，是以前的好友钱勇。

原来，钱勇一周前刚调到延安工作。钱勇比他小两岁，长得人高马大，作战英勇顽强，是个有名的射击能手，说话嗓门特大，为人热情豪爽。两人是江西中央根据地时的战友。

一别四载，非常亲热，两人说着、谈着、聊着，自然谈到了家庭。当钱勇知道他仍是单身生活时，便半开玩笑地说：“化若兄，你咋当起苦行僧来了？共产主义者既要革命，也要爱情嘛。你看我都结婚两年了，去年咱还生了个儿子。”

“恭喜你呀。”郭化若向钱勇贺喜后，苦涩地说：“你说得不错，可是，我的情况与你不同啊！我……”

“怎么？……”钱勇看他欲言又止的样子，猜定有难言之隐，便不再往下问，暗自思忖着为他找个对象。

大约过了一星期，钱勇兴冲冲地跑来，进门便对他说：“化若兄，有喜了。”

“老弟，喜从何来呀，看把你乐成这个样子。”

“嗨，不是我乐，是为你高兴。”

“哦，这我倒要洗耳恭听。”

“暂时保密。明天是星期日，你请个假，跟我去见个人。”

“什么人?”

“一切都不要问，到时自然见分晓。”

翌日，他提前赶到约定地点，不一会儿，出现了钱勇的身影，身后还带了个女青年。

三人相见，钱勇当起了主角。他对郭化若滔滔不绝地说：“这位是我们的文化干事，叫李梅。四川人，女子师范毕业的女秀才，写得一手好字，做得一手好文章，而且长得十分俏丽。她来时间虽不长，可她的知名度却不小，我们的军官们见到她后，眼睛的视力都变成了一条水平线，拽都拽不回来哩。”

钱勇诙谐地说到这，故意停住，看看他，又转头瞧瞧李梅，笑笑说：“我没说错吧，你瞧，化若兄的眼睛早不听使唤啰。”

“去你的吧。”郭化若瞪了钱勇一眼。

随后，钱勇又在李梅面前夸了郭化若一番。

李梅听了钱勇的夸奖后，脸上泛起了阵阵红晕，低下了头，不好意思起来。钱勇见此，走到郭化若跟前，对他咬耳朵说：“事先没有和你商量，今天我为你当一回红娘，下面的节目就由你表演了。”

郭化若只好与李梅姑娘边走边谈。但是，当她得知郭化若不是党员时，她不相信，当郭化若把真相告诉她后，她就先离开了。这，郭化若早就料到了，因此，他并没责怪李梅，只可惜钱勇的一片苦心。

后来，钱勇见到他问他说：“怎么搞的嘛。一个多小时就谈崩啦。”

“这不能怨人家。”

“不要灰心，我们继续努力。”

“没有用的，我至今连个党员都不是，有什么条件谈情说爱呢？”

“怎么？你的问题还没解决啊！”

两人相对无语。当年莫须有的“托派”问题，不仅害得郭化若在仕途上一落千丈，而且害得他连个老婆都找不着了，郭化若有苦难言。丘比特的神箭朝郭化若频频射出，转而又与他匆匆擦肩飞过。爱情的挫折，使他感到沮丧、苦闷。

郭化若百思不得其解：自己究竟犯下什么滔天大罪，要被剥夺党员资格。而且这一剥夺就是六年。为此，他向毛泽东反映，要求对自己的历史问题进行调查。

于是毛泽东亲自给时任中央组织部长的陈云写信，指示陈云具体负责调查郭化若的历史问题，要从国内查到国外，搞个水落石出，清清楚楚。

1938 年 5 月 3 日，毛泽东又亲自给郭化若写信说：你的问题我同陈云说过，他也非常赞成应有一个明确的解决。

7 月 12 日，在毛泽东的关怀下，党中央组织部正式决定恢复他的党籍。陈云还专门写信告诉他说：

化若同志：

我代表中央组织部正式通知你，中央组织部于 7 月 12 日正式通过恢复你的党籍。党认为你六年来是坚持了为党的路线奋斗，并且证明当时有人供你为托派中委的供词是不可靠的。请持这一恢复你党籍之决定转告总支委及本支部，并写在党员登记表上，以作根据为盼。

此致

敬礼!

陈云

7月17日

身上捆绑六年之久的枷锁终于被砸开了。郭化若几乎到了欣喜若狂、不能自禁的地步，历史问题的“包袱”甩掉后不久，中央军委便研究决定，由郭化若担任军委一局即作战局局长。在组织的关心下，郭化若很快与一个叫夏邦华的女同志相识了。

夏邦华是武汉市人。抗日战争全面爆发后，她与中学同学一起，投笔从戎，奔赴延安。经过一段时间的了解，她与郭化若在翌年的春节前夕结为伴侣。婚后，夏邦华育有一男一女，一代儒将郭化若，终于拥有了一个幸福的家庭。

历史评说

作为毛泽东的军事高参，红军时期郭化若一直在毛泽东、朱德的直接领导下做参谋工作，成绩斐然。但由于坚决拥护毛泽东的正确军事路线，郭化若遭到了王明路线的迫害和打击，被开除党籍长达六年之久，这位红色儒将失去了很多指挥作战的机会。恢复党籍后，郭化若的成就主要在军事理论研究方面，留下了众多军事理论、军事教育、战史研究等著作，被誉为“军队里第一个研究毛泽东军事辩证法的人”。他更被毛泽东亲口评价为：在战略学上“不亚于我，这个不亚于，就是和我差不多甚至超过我”。身为一名将军，失去指挥作战的机会固然可惜，但能得到毛泽东的如此嘉许，想来也是郭化若的无上光荣吧！

昆仑之刃——杜聿明

从昆仑关下的民族英雄到国共内战中的战争罪犯，从统帅百万大军的一代名将到功德林监狱里的阶下之囚，杜聿明经历了人生中最艰难的大起大落。最后当他离开这个世界的时候，海峡两岸却不约而同地为他举行了隆重的悼念仪式，只因为，他是当之无愧的昆仑之刃。

小档案

姓名字号：杜聿明，字光亭

籍　　贯：陕西省米脂县

生卒年月：1904.11.28—1981.5.7　卒年77岁

毕业院校：黄埔军校

军　　衔：中将

最高军职：徐州“剿总”副总司令，东北“剿总”副总司令兼冀热辽边区司令官

一、铁马雄师

提起杜聿明，人们首先就会想起昆仑关大捷，想起大名鼎鼎的国民党第5军和200师。

在一·二八淞沪抗战和长城抗战之后，国民政府军事委员会和蒋介石均认识到了装甲部队的重要性，只是受限于技术和财力，无法大规模发展，只能采取逐步扩编的方法，来建立中国自己的装甲部队。

1937年3月，战车营与交通兵第2团装甲汽车队改编为装甲兵团（团长杜聿明），由军政部直接指挥。八一三淞沪抗日时，杜聿明率领装甲兵团第1营，在上海汇山码头协同步兵阻击企图登岸的日军。

1938年1月，装甲兵团撤至湖南湘潭整训，不久该团扩编为第200师（五团制，20000余人），这也是中国军队第一个机械化师，原团长杜聿明担任200师首任师长，仍归属军事委员会直接指挥。

杜聿明认为，对于一支军队来说，拥有优良装备只是条件之一，最重要的，还得有能够熟练使用这些装备的官兵，否则，再优良的装备也是一堆废铁。因此，他集中全部精力大举练兵，决心在短期内将第200师打造成一支能够驰骋疆场与日军打硬仗的劲旅。

杜聿明主张练兵首先练官，练官首先练自己。他自从任装甲兵团团长开始，就很注意这个问题；当师长后，对自己要求更加严格、为了掌握技术，他穿上工作服，刻苦学习驾驶和修理，常常钻到车底下修底盘；他还把新发现的问题，随时提出来和大家一起讨论。

如：战车和步兵联合战斗如何协同；单车与群车之间的配合；战车射击和伪装；战车与炮兵协同等问题。杜聿明善于学习，真正做到了不耻下问，深入探索，终于由外行变成内行，逐渐系统地掌握了机械化部队的作战指挥要领。在他的带领下，全师官兵钻研技术蔚然成风，形成了练兵高潮。

当时，国民党随军记者评论说：“他虽非机械专科出身而钻研机械知识，极有心得。治军之暇，仍手不释卷，将来学问之造诣，兴事之成功，无可限量矣。”

1938 年 12 月，第 200 师扩编成新编第 11 军，军长徐庭瑶，杜聿明为副军长，不久，番号又改为第 5 军，徐庭瑶升任集团军总司令，杜聿明升任第 5 军军长。

第 5 军成立后，国民党政府用精良的武器装备该军，使它成为国民党政府在抗日战争初期成立的唯一的一支机械化新军，是蒋介石嫡系中的第一王牌，号称“铁马雄师”、“天之骄子”。

杜聿明出任军长后，下辖第 200 师、新编第 22 师和荣誉第 1 师三个主力师，副军长兼荣誉第 1 师师长郑洞国、200 师师长戴安澜、新 22 师师长邱清泉，因邱清泉未及时到职，由副师长廖耀湘代理师长。

第 5 军的这些军、师长，都是蒋介石手下的得力干将，后来更是个个成为了国军著名将领，即使用今天的眼光来看，也足以堪称黄金阵容。

第 5 军是中国军事史上具有划时代意义的第一支机械化部队，杜聿明深知自己责任重大，他再三提出：“操场就是战场”，“平时多流汗，战时少流血”，要求全军将士具有“五除”（除骄、惰、伪、欲、恶）、“三习”（习精、诚、勤）的朝气。

这时，杜聿明把练兵的重点转移到步兵师的训练上来。他重视机械化兵种和装甲部队，但他又清楚的认识到，战场上决战的胜负，阵地攻防的得失，必须依靠步兵来完成，机械化兵种，主要作用在火力协同，用火力的优势来压倒敌人，而要达到攻必克，守必固，歼灭敌人于战场上，则需要机械化兵种火力支援下的步兵师来完成。

所以，杜聿明非常重视士兵体格，并注重射击、刺杀、投弹、夜战、近战等训练。他每到各团、营、连看士兵训练时，都一一做示范，同士兵用步枪、轻机枪射击比赛，提出谁打得满分，当场发奖金；发现在战术动作和战术经验上有发明创造的，当场讲评表扬，并传令各师派军官来观摩。

后来重庆军事委员会派员来校阅，军委会校阅组评定第 5 军的军事训练列为：“第 5 军为国军第一！新 22 师又为 5 军第一！”称赞该军“训练优良，军纪良好”“团结力固，战斗力强。”

1939 年秋，杜聿明在广西界首地区举行大规模的师级攻、防、迫、退演习，历时一个月之久。军训部部长白崇禧、训练总监徐庭瑶带参谋人员赶来参观演习。

演习结束后，徐庭瑶激动地说："现在我可以告知天下，国家创建这支机械化部队没有白花钱，我举荐了第5军军长，没有看错人。"

此时，杜聿明年仅34岁。

二、大战即起

1939年11月13日午夜。

看不到星星的夜空显得有些压抑，那一钩朦胧的上弦月，在薄厚不一的云层中若隐若现，仿佛在游动，又仿佛在挣扎，总摆脱不了连绵的云层对它的困扰。

在波涛起伏的海面上，两艘日本海军航空母舰和多艘舰艇组成的庞大舰队在百余架战斗轰炸机的护航下，冒着每秒27米的强风巨浪劈波前进，这支将给中国军民带来苦难和死亡的强大舰队，此刻正随着强有力的海浪上下不停起浮着，它们好像是一大片鲨鱼群，由海南岛的三亚湾向广西钦州湾方向埋头挺进。

海岸线上的中国人对此一无所知，尚在熟睡中露出甜甜的微笑

而在此时，日本舰队的旗舰作战室内灯火通明，舱壁上挂满了各种画有巨大箭头标志的军事地图。狭窄的会议桌前，日本华南派遣军总司令安藤利吉中将正在召开军事会议。成员是日军第5师团，第8师团，21旅团，21、42联队以及台湾混成旅团、第5舰队、海军第3联合航空队的日军陆海军将领们。

这些日本军官笔直的腰板没有因为舰体的晃动而弯曲，他们如同一座座雕像一般坐在那里，身体是凝固的，可他们的思绪像汹涌的海浪在翻滚。

安藤利吉双臂挺直地撑着桌子，面容严峻地说："帝国对支那的战争已进行了两年多，但进展并不乐观。目前支那已经与帝国进入了长期僵持的阶段，因此，切断支那和各国联系的补给线，成了帝国对华战略的首要问题。我皇军在长沙会战中屡遭挫折，在山西的中条山战役中又遇到了支那军队的顽强抗击，为了改变这种相

持不下的僵局，彻底打垮支那人的抵抗意志，提高我大日本帝国的国际声誉，并与欧洲战场上德意志帝国的军队互相声援，此次帝国集结了海陆空军十几万部队，要在南中国海的钦州湾奇袭登陆，占领南宁，控制桂南山地，其目的是要切断支那海上与陆地的国际交通线，堵死一切经过法属印度支那北部援助支那人的通道……”

安藤利吉的语音未落，第 5 师团师团长今村均中将便起身说道：“据我得到的情报，支那军只有少数军队在防城、钦县、合浦、廉江的海岸线布防，我皇军应在航空兵和舰队的掩护下，一举打垮南支那的海岸防线，然后迅速分兵包围攻占南宁，并占领南宁以北的昆仑关，掩护我主力部队完成登陆任务。”

安藤利吉对今村均点点头，对他的说法表示满意，然后安藤利吉走到地图旁，指着地图说：“南宁是华南军事重镇，交通四通八达，可通往广东、湖南、贵州、云南，还可以遥控越南、屏蔽岭西，历来为兵家必争之地。早在中国的唐朝，也就是我们日本的奈良时期，大唐就在这里设置了经略使。以后的元代、明代都在此建节。这是我皇军必须夺取与控制的主要战略要地，甚至可以说，只要占领南宁，我们就占领了广西半个省。”

今村均也站起来狂妄地说：“安藤司令是人人皆知的中国通。我也是中国通。”他摘去白手套，指着地图说：“诸位请看，南宁西南约 150 公里处是龙州，它可以控制越南，屏藩中原；南宁东北约百余公里处有宾阳，可以控制邕江的上游地区；南宁的南边是十万大山，这是桂南的天然屏障。”

今村均用手划了个圈子，随后握紧拳头在地图上砸了砸：“这里就是南宁东北的门户，著名要塞昆仑关，该地群山环抱，地势险要，昆仑关隘与高峰互为犄角之势。按支那人的说法，有一夫当关，万夫莫开之险。我皇军要夺取南宁，必夺此关，此关一失，南宁必失。因此，此次行动要不惜一切代价占领昆仑关。”

安藤利吉和今村均得意地对望了一眼，全然有一种英雄所见略同之感。他们二人对中国的历史、地理及战略上的分析，使得在座的日本军官佩服得五体投地。

台湾混成旅团旅团长盐田定七少将立即站起身说道：“请安藤总司令和今村中将放心，我们大日本帝国的军人，一定会夺下昆仑关的！”

盐田定七表示完决心之后，第 5 师团第 21 旅团长中村正雄少将也站了起来，他周身的血管里就像注入了酒精，沸腾的血液已使他无法控制自己，此刻，他俨然是一个所向无敌的武士，用声震屋瓦的吼声来表示他攻无不克战无不胜的信心与决心：“我们第 5 师团，在大日本皇军中有‘战刀’之美称，我们一定要让支那军队真正领教我们战刀的厉害。”

此刻，所有在作战室内笔直坐立的日军军官们，都觉得有一股火焰从胸中燃起，那种武士道必胜的欲望之火已烧得他们不得安宁。侵略本身的含义他们并不完全清楚，他们只知道世界上所有财富理所当然有他们大和民族一份儿，因为他们自认是最优秀的。

安藤利吉站在会议桌前，充满信心地说：“我宣布：一、此次作战目的，在于直接切断敌人沿南宁至龙州公路的联络补给线；二、陆军应协同海军在钦州以南地区强行敌前登陆，首先进入钦州及防城地区，然后攻占南宁、昆仑关附近要地；三、此次作战，陆军代号为‘和’号，海军代号为‘N’号……”

夜空上那轮残缺的上弦月渐渐消失了，云层越来越厚密，低低地压向海面。风越来越大，浪也越来越高，接着瓢泼大雨倾盆而下，雨水和海水连成一气儿，漆黑的海面上，日军舰只小心地保持着距离，每一艘战舰都处在高度戒备的状态之中。

旗舰作战室里，安藤利吉一刻也没有休息，他眉宇紧蹙，看着舰队所进入的方位。海面泛起淡淡的白灰色。清晨6点整，在恶劣的天气中，航空母舰上第一批攻击机却仍然起飞了。

在这个没有太阳的早晨，膏药旗显得十分刺眼。日军年轻的航空兵们排着队小跑向飞机，飞快地坐进驾驶舱内，飞机一架接一架沿着跑道滑向甲板尽头升空，它们不顾暴风雨的扑打，消失在清晨的风雨之中。

上午7点多钟，华南沿海的钦州、防城、合浦、小董、灵山等地的军事设施遭到了日机的空袭，一串接一串的炸弹投落下来，第一批日机刚走，第二批紧接着就到，地上腾起了冲天的火光。

15日8时，日军步兵第9旅团及川支队，在支队长及川源七少将的率领下，冒着海岸炮火，首先登陆。及川支队在强大的海军舰艇的炮火掩护下，刺刀上的太阳旗很快就越过了海岸前沿的壕沟。

其后，日军先头部队第5师团、第8师团、盐田旅团、中村支队在钦州的企河、蚊虫山、犁头嘴、横山等处不顾一切地强行登陆，与国军第四战区所属46军的新19师发生激战。与此同时，日军第5师团兵分三个纵队向北突进，势头凶猛，国军难以招架，只得节节败退。

日军旗舰上的安藤利吉，对自己设计的海陆空相配合立体进攻战术计划的初见成效相当满意。当日军先头部队已突破国民党46军新19师前沿阵地的消息传来时，他那紧绷的嘴唇和紧蹙的眉宇才稍微松弛了一些。

安藤利吉就那么静静地坐在作战室里，下属的参谋军官在舰队轰鸣的炮声中不断向他报告登陆部队的推进情况。对于下属的报告，他似乎在听，又似乎不在听，他的表情似乎在表明，一切均在他的意料之中。

安藤利吉的双眼紧紧地盯着舱壁上的军用地图，直到所有参战部队皆登陆完毕的消息传来，他才大声命令道："给我电令各师团，18 日之前一定要占领钦县和防城，不得有误。"

三、昆仑关下

11 月 24 日，日军强渡邕江，国民党军 135 师腹背受敌，被迫从南宁退出，南宁沦陷之后，日军迅速切断了桂越公路，并以南宁为航空兵基地，不断轰炸滇越铁路、滇缅公路上的各处险关要隘。

随后，日军以一部南下攻占龙州及镇南关；另一部北上进犯高峰隘、昆仑关。

昆仑关位于南宁东北 100 公里处，地形复杂，属于典型的喀斯特地形，山峰林立、制高点多、易守难攻，是大西南交通线邕宾公路上的重要关隘，战略位置十分重要。

如果日军攻占昆仑关，即可北上攻击广西重镇柳州、桂林，切断湘桂铁路，甚至可能进入中国腹地湖南，威胁到正在孤军奋战又事关全局的由薛岳指挥的长沙守军，形势将对中国军队坚持抗战大为不利。

鉴于几次作战失败的教训和对日军实力的客观评价，桂林行营主任、人称"小诸葛"的军委会副总参谋长白崇禧向蒋介石建议，应火速将国军第一王牌、机械化第 5 军杜聿明部从衡山调赴桂南战场，担任会战主力。

11 月 19 日，第 5 军军长杜聿明即命令 200 师为全军的先头部队，从衡阳乘火车赶到桂林下车，然后再用汽车输运至南宁。

第 5 军是当时国民党军队中唯一的机械化部队，全军有 7.1 万余人，足抵得上几个杂牌军的总人数。其中荣誉第 1 师的官兵都是由伤愈归队的老兵组成，经验丰富，战斗力尤强。除去三个主力师之外，第 5 军还配备了装甲兵团、汽车兵团、骑兵团、战车防御炮营、高射炮营、高射机枪连、工兵营、通信营、辎重营、消防连、野战医院、游动工程车队等。

讲到装备，第 5 军更是首屈一指，拥有苏制 T–26 坦克 80 余辆，德制“豪须”装甲车 100 辆，美制福特卡车 400 多辆，摩托车 40 多辆。军属重炮团拥有 150 毫米榴弹炮 24 门，各师也都有山炮、野炮。

桂南会战之前，第 5 军各部分驻湘、桂两省各地。徐庭瑶任北路军总指挥伊始，就急令杜聿明军长迅速把各部队向战区收拢集合待命，并首先派出部分兵力向南宁方向挺进，务必阻敌北犯，以掩护军主力集结南下。

然而，形势并非像白崇禧、杜聿明预计的那么乐观，就在日军友野几久治少佐率第 41 联队 2 大队突破 135 师阵地时，南宁以东地区日军警备司令官中村正雄少将，接到今村均中将的命令，从南宁出发，并加上骑兵第 5 联队和森本大队，于 3 日下午对八塘地区开始发起猛烈攻击。

该处守军 188 师因伤亡过重，实在顶不住日军的轮番进攻，不得不退守到八塘以北地区，188 师一后退，第 16 集团军总司令夏威因考虑到九塘方面部队的压力太大，硬拼下去会使部队大伤元气，因此命令九塘方面的部队向武鸣以北及清水河一线退却，部队撤退时，夏威下令将昆仑关至邹圩间公路和桥梁及电线杆彻底破坏，以阻止敌军继续往北推进。

第 16 集团军的撤退，使局势复杂被动起来，这意味着夏威把昆仑关放弃，拱手送给了敌人。

12 月 4 日，日军攻势如虎，昆仑关陷落，武鸣告急。

白崇禧曾经视察过昆仑关那里的阵地，的确是易守难攻，没有相当攻击力的部队是很难从夏威的手中将它夺走的。夺下它的部队再坚守它，再一次去攻克它的部队可想而知应该是一支什么样的部队。

1939 年 12 月 15 日，桂林行营正式发布第一号作战命令。次日，徐庭瑶亲往杜聿明军长的指挥所，具体部署攻击昆仑关的任务。此次侵占南宁及昆仑关地区的是日军号称“钢军”的第 5 师团，其中中村正雄少将旅团长所辖的 21、42 两个联队（相当于团）6000 余人防守昆仑关及附近九塘、八塘等要地。

第5师团一直是日寇侵华的“急先锋”，先后参加了南口、忻口、太原、台儿庄、广州等许多重大战役，尤其是第21旅团的官佐士兵，大部分都是日本山口县人。此地历史上即为武士多出之地，武士道精神盛行，秉性凶狠残暴，是第5师团中坚力量。

而此次会战的中方部队以徐庭瑶的北路38集团军为主，蔡廷锴和夏威的东西两路任务是配合第38集团军的作战行动，在外围展开袭扰、破坏、阻击、监视。

16日当晚22时许，杜聿明在他的临时指挥部里，借着卫士手中马灯的光亮，亲自宣读桂林行营发布的第5军作战命令。

他宣读完命令，看看周围的军官们：“还有什么不清楚，不明白的?”

“没有!”军官们齐声回答。

在这间搭着军用雨布的临时指挥部里，每一个人的神情都凝固着军人特有的坚定，没有咳嗽，仿佛呼吸都没有，他们神情专注地听着杜聿明对整个战役步骤的介绍。

杜聿明介绍完桂林行营的作战计划，说：“下面是我军的战斗任务。”

军官们围到了敌我态势图前，杜聿明指着地图说：“我军以收复南宁为目的，决定于18日拂晓开始攻击，以一部迂回八塘敌阵地之右侧，重点保持公路西侧，将敌压迫于七塘附近地区而歼灭之；攻略八塘、昆仑关后，先以一部向二塘追击，主力于五塘、横岭、潭蓬村一线，整理态势，再继续向南宁攻击前进。”

杜聿明放下手里的指示棒，命令道：“邱清泉。”

“有!”邱清泉大声回答。

“你新22师于19日黄昏前，必须攻克六塘、鹿鸣山一线，努力破坏通讯及公路桥梁，切断敌人退路；并在20日拂晓前，以有力部队，向七塘附近攻击，协力荣1师歼灭八塘之敌；另以有力之一部，占领五塘及其西方，东北方各高地要点，以阻止敌人之增援。击破八塘之敌后，你部即以步兵1团，迅速向二塘附近追击前进，主力于五塘以东，公路以北地区集结整顿，待命向南宁地区继续前进。”

邱清泉习惯性地用右手摸了一下脖子：“明白了，坚决完成任务!”

杜聿明又喊道：“郑洞国。”

“有!”

杜聿明瞅了自己这位副军长一眼，下达命令道：“令你部荣1师于18日4时，开始攻略九塘西的东挹岭金龙山、429高地、老毛岭、昆仑关、枯桃岭各要点；并于20日拂晓前，向八塘之敌主阵地发起攻击，前出至鹿鸣山东侧、安良、周村一线，请注意，你部重点在保护右翼方面，但必须与新22师、92师及左侧支队随时保持联系。”

“是！军座。”

杜聿明接着命令：“彭璧生。”

“有！”200师副师长彭璧生应道。

“你带领左侧支队，于18日拂晓前占领果发岭、渌移岭一线；19日夜，向周村以北，及八塘之敌发起攻击，使军主力之攻击进展顺利，但须与左侧的92师取得联络协同作战。”

“是！坚决完成任务！”

“戴安澜。”

“有！。”

杜聿明继续下达命令：“你部在思陇司东北、恭喜岭一线，占领阵地，集结主力于太守圩地区，随时待命，不得有误。”

“是！坚决完成任务。”

“炮兵团，你部在思陇司东北占领阵地，主要协助荣1师攻击昆仑关，并攻击八塘敌之主阵地。”

“战车团，以第2营主力，在关佐村附近，策应荣1师之攻击，其余在新村方向警戒，掩护军左侧背之安全。”

“战防炮营，仍在宾阳南侧待命！”

“高射炮营，你部在清水河渡口，思陇司附近占领阵地，担负防空任务。”

杜聿明一一下达命令后，说：“军司令部现在潭蓬村，17日午后赴南天村之高大岭战斗指挥所。你们马上回去布置部队，18日拂晓开始攻击。”

“是。”帐中将校握拳而立，吼声四起，热血沸腾。

四、遍地战火

12月18日夜23时，两颗红色信号弹带着哨音腾空而起，第5军开始大举夜袭，成片的曳光弹交织在山野丘林之中，伴随着一片爆炸声，大地和天空似乎都在猛烈地颤抖着。

荣誉第1师的士兵们，在2团长汪波和3团长郑庭笈的指挥下，以轻重机枪、步枪和手榴弹开路，迅速地冲向441、600高地。日本守军在突然打击下，措手不及，一下子乱了阵脚。

日军今村均师团长得知国民党军大举发起突袭后，很是着急，441、600高地是绝对不能丢的，这两个高地直接影响着昆仑关的坚守。今村均立即决定，一定要围歼这支中国军队，夺回这两个高地。

于是他急派出三木吉之助率领的步兵第21联队，分乘31辆汽从南宁出来发，火速赶往突出在东北方公里的昆仑关。车队腾起的灰尘像一条滚滚向前的巨蟒，沿邕宾公路不住向北滚动。不到两小时，车队就到达了九塘松本大队长的指挥部。

三木吉之助听了守军松本大队长的战况汇报后，决定合并指挥松本大队，首先攻击当面之敌，夺回600高地。

昆仑关的日军在山炮、迫击炮、轻重机枪的掩护下，开始反扑，在离山顶日军阵地前铁丝网不远的荣1师3团，则组织起了密集的火力网封挡住反扑上来的敌人。

炮弹划破空气的声音骤然响起，“呼噜噜”地怪叫着飞向中国守军的阵地……

次日拂晓4点，第5军的一线部队在战车和炮兵的协助下，对昆仑关正面之敌，展开猛烈攻击。上午10时许，驻守九塘的日军几十门山炮、野战炮不断轰击600高地，步兵乘势向该高地再次反扑。整个高地硝烟弥漫，火光四起，惊心动魄。

在荣誉第1师猛攻昆仑关的同时，邱清泉的新22师分为两路纵队，由黄盛岭、茅岭一线向南推进，由于进展顺利，军长杜聿明复令该师向五塘、六塘以北地区前进，截断敌之退路，以协助荣1师歼灭昆仑关、九塘、八塘之敌。

新22师左翼队66团，在团长刘俊生率领下，首先占领韦村，同时就与日军的警戒部队接触，双方一交上手，各不相让，激战到当晚21点，日军警戒部队支持不住，被66团击退。

刘俊生一鼓作气，继续追击，不久后66团占领六塘，刘俊生立即命令构筑工事、整顿部队，同时派出小分队，将公路、桥梁及通信联络彻底破坏。

邱清泉得意地摸了摸脖子，对身旁的参谋说："去给军座发电，就说我邱清泉部已按期到达指定位置。再问一下我军主力和其他部队目前的方位。"

此刻，第5军主力在马鞍山、春花山、黄村北方高地、314高地一线占领了阵地。左侧支队在200师彭璧生副师长的率领下，也在果发岭一线前出阵地，做好了对七塘、八塘间敌侧背的攻击准备。

军长杜聿明综合了各方面进展的报告，判断八塘附近的敌主力似已逐次增加至昆仑关附近，以图死守。

杜聿明立即做出两点决定：一、令荣1师确保仙女山、金龙山及其东北方高地、老毛岭、枯桃岭各要点，于19日拂晓，继续对正面之敌攻击，并以一部截断昆仑关敌后方的交通。二、令戴安澜的总预备队200师，推进到大球岩、庙背岭、马鞍山及恭喜岭、高大岭各要点，随时准备支援荣1师的战斗。

19日拂晓，荣1师师长郑洞国决定，坚决执行军长命令，损失再大也要对653高地进行攻击，并同时完成对老毛岭高地的守御任务。

653高地雄峙于昆仑关东北，控制该高地就可以瞰制昆仑关全战场，是敌我双方必争之要地。日军42联队松本部队小川支队奉命在此防守，小川在高地上构筑了坚固的工事和密密层层的铁丝网、纵横交错的壕沟。

松本给小川支队下了死命令：必须战斗到最后一人，只要人没死完，就得看住日本军旗。松本反复告诫，只要坚守到大队反攻，小川支队所有士兵均授予勋章一枚。

占据635高地确实能把握住战场主动，小川支队在此居高临下，用轻、重机枪横扫600高地上的荣1师3团，打得3团士兵们连头都抬不起来。几进几退，经过数次突击后，双方层层交织在一起，血泊连成一片，弹尽之后，双方又展开了异常惨烈的白刃战，653 高地仿佛成了一幅色彩浑厚的油画，战斗场面极其壮烈。

高地上的日军军旗倒下了。正如松本给小川谷一支队下的命令那样，小川支队战到最后一个人……

653 高地终于被荣 1 师 3 团占领了，整个高地犹如死人堆起来的一般，令人惨不忍睹。3 团刚爬上高地，还未来得及清理战场，日军的反击又开始了。

19 架日机盘旋在 653 高地和老毛岭上空，投掷下无数的炸弹，不断地俯冲扫射，紧接着日军炮火又像犁地一般将高地犁了一遍，前来增援的日军大队，趁 653 高地的 3 团官兵立足未稳，炮击没结束就开始了冲锋。

在日军强大的火力覆盖下，3 团伤亡惨重，高地再次被日军攻陷。日军膏药旗再次在 653 高地上晃动时，戴安澜带着 200 师及时赶到了。他们来得太是时候了，爬上高地的日本兵还没来及喘口气，就被 200 师第 599 团打了个措手不及。戴安澜的士兵动作既快又猛，猝然间将敌人赶下了高地……

653 高地上的日军军旗，又一次被 599 团的士兵折断，踩在了脚底下。

五、苍山如海

同一天，老毛岭与 441 高地，也遭到日机疯狂轰炸和日军步、炮协同的猛烈反击。荣 1 师第 2 团在日军轮番攻击下拼死抵抗，但疯狂的日军还是一步步向 441 高地逼近，形势十分紧急。

杜聿明急令 200 师在敌之侧背攻袭，于是，戴安澜亲自指挥部队猛攻敌人的侧背，日军招架不住两面夹击，退了回去，形势得以转危为安。

12 月 20 日，鉴于昆仑关正面守敌拼命顽抗，而日军后方部队不断在强行增援，杜聿明当即决定：迅速击破昆仑关守敌。

他对攻击部署做了一些调整，命令戴安澜的 200 师担任对昆仑关的正面进攻，以郑洞国的荣 1 师担任包围敌军之两翼任务。

爆炸声越发猛烈了，日军在机枪、山炮的掩护下组织多次反攻，双方在昆仑关前的每一个山丘、每一片洼地上进行着你争我夺，寸土不让，战斗呈胶着状态。

据守昆仑关的日军，修筑了坚固的防御据点，由于地形有利，每一个据点的防御构置，上下左右，绵密周到，构成密集的立体交叉火力网。

驻守此地的三木吉之助联队长曾立下军令状：誓与阵地共存亡。因此，200师用十几个小时也没能攻打下来，双方在反复厮杀中僵持着。

20日上午，日军中村支队拖着大炮，以18辆战车开道，头上有九架战斗轰炸机掩护，从南宁出发，气势汹汹地扑向了五塘，以图增援靠拢昆仑关。

邱清泉的师指挥所周围炸弹飞扬，电话线被炸断了好几次。五塘新22师的前沿阵地就像是开了锅，炸弹掀起的灰土达几丈之高，几乎遮住了半个天空，邱清泉用望远镜望了望，喃喃自语："小鬼子真是发疯了。"

为了解救昆仑关之危，日军中村支队确实发疯了，他们冲锋的架式哪像在战场上，简直像在运动场上，平端着上了刺刀的三八大盖，发疯般地冲向五塘、六塘的前沿阵地。

邱清泉连连骂娘，可骂娘也没用，激战竟日，新22师在五塘、六塘的前沿阵地均被疯狂的日军突破，该师伤亡甚重。

12月21日，杜聿明根据前线战报，下达命令如下：

一、昆仑关附近之敌，已被我击溃，正向八塘方向退却中，200师即继续向该残敌追击前进，并一举攻占八塘东西一线。

二、荣1师第2团暂归200师戴师长指挥，迅速扫清昆仑关附近残敌后，即占领昆仑关，并防备敌之反攻为要。

第5军各部从三面紧迫昆仑关，新22师、左侧支队仍在竭尽全力拦截日军中村支队和其他增援日军，浴血阻击之中，64团第3营营长李振一身受重伤，古流岭的3营阵地也陷入日军之手。邱清泉在电话里大骂道："谁敢放过去一个日本人，老子就枪毙谁。"

200师方面，戴安澜派出的598团好不容易占领罗塘高地，旋即失守，600团战斗到天黑，曾经一度迫近昆仑关前200米处，但由于遭到公路两侧敌人的侧击，立不住脚，终于退出。599团将界首东北附近高地约一大队日军成功击溃，进展倒还顺利。

荣1师方面，大队日军为打通七塘、八塘间的交通，从拂晓开始与荣1师第1

团激战于板壁附近。荣1师主力转向九塘攻击，第1团第1营的尖刀排长黄鸿江率队冲在最前，他手下的战士们，抡起专门配备于山地丛林作战的雪亮的大片刀，硬是砍开了阵地前第一道铁丝网，但终因敌人火力网密集，而且阵地内有数道铁丝网，第1团几经突击未能奏效，士兵接二连三栽倒在铁丝网前……

新22师方面，由于日军增援之敌不断涌来，新22师在五塘、六塘激战伤亡很大，杜聿明命令该师在马鞍山、春虎山、林村、鹿鸣山一线占领阵地与敌对峙。

第5军攻击竟日，在攻克昆仑关外围一些日军阵地之后，便一无进展。各处均在激战，攻守两方此时都显出了疲态。

23日这一天，对日军来说，同样是残酷的。前来增援的中村正雄的部队在七塘遭到了强烈阻击。

身为旅团长的中村正雄头戴钢盔，身穿少将呢子军服，手握指挥刀冲在最前面，他不停地挥舞指挥刀大喊“前进”。日军士兵被他这种无畏精神激励，跟在他身后潮水般向七塘冲去。

中村正雄手里这把指挥刀，是日本天皇为了表彰皇军作战部队的优秀指挥官，专门定制了20把镶银柄的菊纹军刀（菊纹，日本皇室的象征），赠予他们的。

中村正雄的部队号称“钢刀”，有无坚不摧的作战精神。中村正雄得到这20把御赐军刀中的其中一把，是当之无愧的。

今村均赞誉中村正雄的部队“能劈开钢铁和顽石”；安藤利吉则夸奖他是“折不断的军刀”。

12月24日上午，九塘方面，中村正雄增援支队主力，经过一夜冲杀，终于冲入七塘附近公路以西的山地，但又陷入国民党军队的包围之中，在国民党军节节阻击之下，经过数小时强行突破，终于接近九塘，与被围在昆仑关的三木吉之助的部队遥遥相对。

中村正雄脸上缠着绷带，穿着布满血迹的少将军服，在九塘西面公里的水橙西北高地上，用望远镜观察敌情。瞭望了一会儿，他疲惫不堪地坐了下来，对身旁的参谋说：“我们20日早晨从南宁出来，在不到50公里的路途上，我们在支那军层层阻击下，整整走了五天，牺牲了那么多勇敢的士兵，现在终于离九塘还有三公里，现在我们只要冲过这条公路，就可以和三木的守军会合，然后增援昆仑关了。”

此时，担任阻击中村正雄部队的荣1师第1团和第3团分别在六扒、六寻附近和枯桃岭阻击阵地上向中村的部队猛烈开火，中村起身抽出指挥刀，向前一举，命令部队：“前进！拿出信心，不要怕牺牲，一定要冲过公路，前进！”

中村再次用望远镜瞭望部队冲锋时，突然他发现望远镜中对方的火光似乎对着自己闪了一下，他脑子里闪过一个念头：“机枪点射！”

刹那间他只觉得腹部一热，低头一看，鲜血伴着肚肠涌了出来，他一下子蹲在地上，他想用指挥刀支撑着站起来，可就是没做到，片刻后，他两眼一黑，栽倒在了地上。

翌日凌晨5时18分，日军第5师团第21旅团少将旅团长中村正雄无奈地闭上了双眼，这把被认为是日本战无不胜的“军刀”，终于在昆仑关前折断了。

六、残阳如血

中村正雄战死，中国军队胜利在望。担任正面主攻的200师与荣1师官兵，面对眼前的昆仑关激动不已。为了收复它，他们浴血奋战了十几天，今天终于一步一个血印地来到了它的跟前。

将士们的脸上呈现出一种共同的期待，那就是占领昆仑关。静候在阵地上的200师官兵们，默默地清点着自己的弹药，检查自己的武器，并不时抬眼瞅着昆仑关。他们知道，最后的攻击就要开始了。

然而，今村均此时已经命令第5师团主力的另一半从南宁北上扑来，意图与国民党军决战，面对如此强大的压力，为了能够更快地夺取昆仑关，杜聿明只能再次调整战斗部署，他命令：

一、200师（炮兵及战车改配新22师），立即撤下昆仑关补充休整，并确保罗塘南方高地、东方高地、荔枝北方高地、大球岭、庙背之阵地。

二、荣1师（第3团攻略指定目标后即归还建制）、炮9团山炮连改配新22

杜聿明与蒋介石

师，仍占领金龙山429高地、仙女山、老毛岭及大坟岭之阵地，对九塘方面严密警戒，并适时以一部恢复441高地，掩护新22师之进出。

三、新22师即日起为昆仑关主力突击队，于明日拂晓以前进出于高坡岭以西一线，接替200师之攻略成果，并向界首及同兴附近公路两侧之敌阵地攻击，一举突破昆仑关，并前出至六扒、六城一线。

1939年12月31日，清晨，在浓密的云层中，只筛下了几缕微弱的阳光。连续十几天的激战，使昆仑关及其附近的山头成为一片焦土。

杜聿明也把自己的第5军指挥部，推进到高犬岭的掩体中。5时50分时，杜聿明再次接通了新22师指挥所的电话。

听筒里传来杜聿明浓厚的陕北话："雨庵，校长刚才把电话打到我这里来了，勉励我们第5军，特别是新22师。校长说，告诉我的小同乡，此次攻坚克险，收复昆仑关，是开我抗战历史之先例，定会增强国军转守为攻的信心。校长对你寄予很大希望，校长还让你多保重，定要活着去见他。"

邱清泉拿听筒的手在发抖，自从军以来，大男儿有泪不轻弹。但听到这里，他周身热血沸腾，激动不已，两行热泪滚下脸腮，他有些哽咽地道："请转告校长，清泉决不给军旗抹黑，决不给校长丢脸，决不让黄埔失色，明天的昆仑关一定是我们的。”

邱清泉放下电话，抬手看看，他手上的夜光表“滴滴答答”地走着，他的心也随着表针的走动在剧烈地跳动，他从卫兵手中接过钢盔戴上，将钢盔的带扣扣紧道：“去开一辆战车过来，今天我要亲自上去督战。”

当昆仑关战场上所有军官手表的时针对准6点时，中国军队的大炮怒吼起来，瞬间一片地动山摇，密集炮火的巨大爆炸声，震得山林失色。轻重机枪“哒哒哒”声不绝于耳，加上冲天的火光，滚滚浓烟，伴随着炮声，好似一幅壮丽的迎新年爆竹烟火图景，一下使将士们无比亢奋和激动。

再看昆仑关，刹那间被硝烟、尘土、碎石、弹片层层裹了起来，从望远镜中也难以看清它的真面目了。

“冲啊!”

新22师65团的士兵们首先由界首北端高地及公路两侧向界首东南端的日军所占高地、碉堡展开冲击。公路上，骑兵团的马队，就像一条奔腾的巨龙，卷着滚滚烟尘向前飞驰，一把把战刀在尘霭中挥舞。骑兵团风卷似的跃进日军阵中，雪亮的马刀砍向那些来不及再装子弹的日本士兵头上。在骑兵的后面，则是隆隆开进的战车。

上午8时30分，界首南端各高地上相继飘起了国民革命军第5军的军旗。随后，65团一刻不停地又向昆仑关展开最后的攻击。

此刻，64团的士兵们，也在攻克同兴阵地后向昆仑关方向挺进，满山遍野杀声四起，钢盔刺刀交相辉映，国民党军将士潮水般地涌向昆仑关。

炮兵团的野炮、山炮，向敌纵深实施遮断射击，炮弹落到昆仑关及至南公路附近地区。炮兵第7旅第14团的所有大炮都昂起炮首，对准昆仑关猛烈轰击，以强有力的炮火压制住了日军炮火。

11时，64团3营通过迂回攻击，将昆仑关西南高地占领，炮兵第7旅开始向九塘进行扰乱射击。

在震天的枪炮声和喊杀声中，64团主力及65团主力以迅雷不及掩耳之势攻占昆仑关北侧各个高地。这些高地上的日军，被中国军队强大的炮火炸得溃不成军，抱头鼠窜。

第5军补充团推进至昆仑关附近后，迅速占领阵地，构筑工事支援新22师的进攻。中午11点25分，新22师64团官兵首先冲入了昆仑关，他们一路猛冲猛打，日军纷纷向九塘方向溃退。

昆仑关内到处是日军的尸体和伤兵，到处残留着骡马骨骼、马皮，战壕内马肉、马骨狼藉。面黄饥瘦的日军业已多日粒米未进，当中国士兵冲进昆仑关后，日军不少士兵在溃逃时由于饥饿和疲惫而绊倒在路上，就再也爬不起来了。

兵败如山倒，日军第 5 师团第 42 联队彻底被摧垮了，在第 5 军士兵的刺刀枪口下，他们跪在地上，高高举起双手，浑身不住地颤抖……

战车停在了昆仑关内，邱清泉从战车内钻出来，手握无线电对讲机与杜聿明通话："军座，军座……"邱清泉语不成声，他的眼睛被泪水模糊了，嘶哑的喉咙再无声音可发出了。

见此情景，廖耀湘接过无线电对讲机："报告军座，我军现已占领昆仑关！日寇狼狈逃窜，溃不成军，我军大捷……"

七、无力回天

当时光流转到 1941 年，世界战局进入了一个新的阶段。

6 月，德军入侵苏联，苏德战争爆发。此后三个月，德军长驱直入，具有战略意义的莫斯科保卫战拉开帷幕。

10 月，日本近卫内阁集体辞职，东条军人内阁上台。

11 月，日本天皇在东京两次发布战争命令，日本战争机器全部开动。

12 月 7 日，日本偷袭珍珠港，太平洋战争爆发。

就在袭击珍珠港的同一天，日本飞机全面轰炸了西方盟国在南太平洋上的所有军事基地，仅仅一周，盟军就损失了 1000 架作战飞机和 120 艘舰船，暂时失去了太平洋战场的战争主动权。

然而，太平洋战争的爆发使蒋介石欣喜若狂，从中国的立场来看，美国加入同盟国对日意德作战，无疑使同盟国一方增强了力量，也让苦难中的中国人民看到了胜利的曙光，因此，已经同日本打了四年的中国国民党政府终于公开向日意德宣战。

此时中国沿海港口已全部失陷，滇越铁路又在不久前的桂南会战中被切断，大量的盟国援华物资只能通过一条途径热带雨林的中缅公路运往中国。

12 月 26 日，中英两国政府在重庆签订了《中英共同防御滇缅路协定》，建立军事同盟。重庆军事委员会为此组建了中国远征军，下辖三个军约 10 万人马。杜聿明任远征军副总司令兼主力第 5 军军长。

此时第 5 军下辖的 200 师师长仍为戴安澜，新 22 师师长则换成了廖耀湘，原辖荣誉第 1 师已划入第 8 军指战斗序列，另调 96 师归第 5 军指挥，师长余韶。

蒋介石当然不会是因为出于国际主义精神和盟友义务而出兵缅甸去援助英国。英军在缅甸的驻军极少，又战斗力奇差，如日军入侵，英国势必放弃缅甸，这样的话中国云南省就成了日本第二步入侵的目标。如果云南被日寇攻占，则四川、贵州就很难保全，何况还有一条滇缅公路，大批的美援需要经过这条生命线运达内地，送往中国各抗日战场。

所以，蒋介石和新任中国战区参谋长史迪威将军商议之后，一边调派军队准备入缅，同时又组建了军委会参谋团，驻云南省会昆明。

参谋团的机构虽然不大，但权力比当时的战区司令长官还要大。事实上，军委会参谋团就是代表中国政府指挥中国远征军，如有违抗命令者，可以先斩后奏。同时，中国战区参谋长史迪威中将也受命代表盟军指挥中国远征军，而中国远征军的主将杜聿明又直接听命于蒋介石，常常越级同蒋联系。因此在指挥上令出多门，各行其是。

中国远征军就在同英国人的同床异梦和指挥紊乱的情况下开始了远征。至 1942 年 2 月 16 日，日军大举入侵，缅甸局势急转直下，仰光告急，应英军请求，中国远征军正式进入缅甸参战。

中国军队语言不通，地形不熟，气候不适，情报不灵，而英军无心恋战，早已决定放弃缅甸，退守印度，只是碍于美国总统罗斯福的一再要求，勉强做出一副抵抗姿态。

眼看着缅甸战场乱成一团，杜聿明不禁为英军的自私自利而感到恼火，缅甸对于中国来说太重要了，除了一条滇缅公路外，蒋介石早已在世界舆论面前拍了胸脯，仅仅因为后者，中国军队也太需要一场胜仗了。

可是拖后腿的英军总是以组织会战为名，骗得中国军队进入阵地准备战斗，他们便拔腿先逃，甩下中国军队替他们担任后卫。英军总的战略是先撤到印度去，这与中国、美国的战略背道而驰。

与缅甸盟军混乱不堪和勾心斗角的状况相反，头戴钢盔的日军好似一股股强大的钢铁洪流，沿着缅甸的公路和铁路快速推进。

在经历了同古保卫战、曼德勒会战、平满纳会战一系列失败后，4 月 28 日，盟军的大后方腊戍也宣告失守。

大势已去，杜聿明所能做的唯一一件事，就是把部队撤回国内去。

从中国远征军败走野人山起，中国远征军的实际指挥官杜聿明就再也没有从担架上起来过，再硬的铁汉，也经不住精神和回归病的双重折磨，持续不退的高烧，使杜聿明一直昏迷不醒。

守在旁边的军医一筹莫展，仓皇撤退中，药箱里的药品竟全给跑丢了，不仅没有药品，现在甚至连一口热粥也弄不来。

杜聿明时而清醒，时而昏迷，他不断地重复着一句话："不准停留，死也要死在我们自己的土地上!"……

兵败缅甸后，杜聿明率第 5 军残部九死一生突围归国，他一再向蒋介石检讨说："这次作战失败是学生指挥无能，未能完成任务，为国争光，请校长处分。"

可蒋介石不仅没有给杜聿明处分，反而擢升杜为第 5 集团军总司令兼昆明防守总司令之职。在解放战争中他更被蒋介石视为股肱，堪称救火队长，不停地奔波于辽沈、淮海两大主战场。

1945 年 10 月，杜聿明被任命为东北保安司令长官，指挥所部进攻东北解放区。1948 年 8 月改任徐州"剿总"副总司令。10 月间出任东北"剿总"副总司令兼冀热辽边区司令官，旋回徐州任原职。

1948 年 12 月 6 日，杜聿明迎来了他个人事业的再次失败和军事生涯的结束，在淮海战役中，杜聿明所率各兵团被围困在了陈官庄一带，邱清泉、孙元良见态势险恶，主张突围。杜聿明沉痛地说："今天做恐怕晚了，既违命令，又不能全师，有何面目见老头子!"

杜聿明召开了临时军事会议，最后决定分头突围，到阜阳集合。未几，他又改变主意，决定邱清泉、李弥兵团不突围，继续向解放军发起攻击。同时，他迭电蒋

杜聿明晚年全家福

介石，催促速调大军与解放军决战。

1949年1月6日，解放军发动了声势浩大的全面攻击，国民党军一触即垮。7日，李弥兵团司令部所在地青龙集阵地被突破，9日黄昏前后，杜聿明来到陈官庄第5军司令部，企图纠集残部，按照蒋介石的命令于10日上午突围。然而，邱清泉、李弥等人威胁式的劝杜，必须当晚突围。

无奈之下，杜聿明被迫给蒋介石发了最后一个电报，说："各部队已混乱，无法维持到明天，只有当晚分头突围。"之后，他仅带着副官、卫士十来个人单独行动，10日凌晨，即被解放军战士所俘。

1959年12月4日，杜聿明作为第一批特赦战犯，接到了中华人民共和国最高人民法院的特赦通知书。

1960年7月，周恩来、陈毅宴请来中国访问的英国陆军元帅蒙哥马利，邀请杜聿明作陪。第二次世界大战期间，蒙是非洲战区地中海战场的指挥官，杜是中国战区中缅战场的指挥官，彼此闻名，互相倾慕。

席间，英国元帅问他："你的百万大军到哪里去了。"

杜指了指坐在对面的陈毅元帅说："我都送给他了。"

陈毅却摇摇头，笑道："你没有这样大方，是我们一口一口吃掉的。"

事后，杜聿明说："这当然是说笑话，真正说来，陈毅那句话我只能同意一半，因为国民党军队有一半是败在自己手里的，这方面我有切肤之痛，在心里留下了难以忘却的印象，就像过去机械化部队的战车，留在泥泞道路上的车辙……”

1961年3月，杜聿明被任命为全国政协文史资料研究委员会的文史专员。他积极撰写文史资料，力求忠实地把过去的经历记录下来。

1981年5月7日，杜聿明病逝于北京。

历史评说

有“小诸葛”之称的白崇禧恃才傲物，眼高于顶，他在回忆录中唯一夸过的中央军将领就是杜聿明：“为将者若光亭（杜聿明字）之饬军爱民，何愁国之不强！”刘峙更曾在淮海阵前大呼：“光亭走了，谁能指挥得动前线数十万大军！”

杜聿明虽然只是中将军衔，却在国民党政权最后的危亡时刻，肩负起了辽沈、淮海两大战场的指挥重任，他虽是败将，却是一位尽职尽责的优秀军人，也赢得了后人们的敬重与叹息！

从黄埔军校走出来的 CONGHUANGPUJUNXIAOZOUCHULAIDE

GUOGONGLIANGDANGGAOJIJIANGLING 国共两党高级将领 二

铁军悍将——王耀武

王耀武在江西“剿共”战争中崛起，在抗日战争中大放异彩，尤以上高、常德、雪峰山三战最为出色，蒋介石曾亲自嘉许王耀武“善于带兵，有指挥才能”。他指挥的74军，被誉为那个时代的“抗日铁军”，在整个抗日战争中，国民党军中只有74军逢战必有战功。抗战胜利后，王耀武出任方面军司令官和山东省政府主席。因为他在抗日战争中功勋显赫，在国民党军界长期流传着“三李不如一王”的说法（指李延年、李仙洲、李玉堂，皆黄埔一期学员，山东人）。

小档案

姓名字号： 王耀武，字佐民，幼名王哲让

籍　　贯： 山东省泰安县

生卒年月： 1904—1968.7.3　卒年64岁

毕业院校： 黄埔军校

军　　衔： 中将

最高军职： 第二绥靖区司令官，兼任山东省主席、保安司令、军管区司令

一、淞沪烽火

1937 年 8 月的大上海，已经是一个被战火蹂躏的面目全非的梦幻城市。

王耀武率领的 51 师就在上海西北郊区的安亭下了火车。

在王耀武的眼中，这里已经混乱得不成样子，天空阴云密布，远处的市区无数巨大的烟柱直冲云霄，偶尔能依稀看到一架飞机从烟雾中飞出，翻一个身很快又消失了。

隆隆的炮声不绝于耳，空气中弥漫着刺鼻的火药味，一眼望不到边的难民蓬头垢面，拉家带口地沿着铁路往西撤退，到处是孩子女人的哭声，男人的咒骂声，老人的叹息声，他们步履蹒跚，脸上写满了绝望。

火车站台上堆满了各种物资，多得士兵们几乎没有地方站立，大批的志愿劳工蚂蚁搬家似的把更多的物资运下火车。

十几个带着宪兵字样钢盔的宪兵则站在堆积如山的物资上，手里拿着大铁皮喇叭声嘶力竭地喊着："陕西来的 51 师赶紧跟着队伍走北面出口到站外集合，快点，跟着你们长官，快点！江苏第五混成旅走东面出口快点！湖北来的 35 师原地待命，让 118 师先过。"

王耀武皱着眉头出了车站，站外已经停满了卡车、马车、驴车。只要一辆车装满，司机和车夫们就驾着自己的车冲上公路义无反顾地奔向市区。

放眼望去，王耀武看到了最壮观的运兵场面，全国各地的部队中央军、军阀部队、地方保安部队、各地的团练乡勇，军服五颜六色，武器万国制造。他们被源源不断地运下火车汽车，步行、骑马来到这里，他们都怀揣一个目的在这个城市会合，每个人脸上都刻着慷慨赴义的悲壮，这种气氛让所有沾染他的人都会热血沸腾。

74 军 51 师和 58 师是这里最显眼的部队，因为他们的装备最精良，全军官兵一律配发德国 M35 钢盔，崭新的黄绿色军装鲜亮笔挺，脚下的军靴在整齐的行进中震天动地。

作战士兵人手一支德国步枪，子弹带塞满了子弹，腰间的手雷包也是装得满满的。队伍里上百门由汽车、马车牵引的大小口径的火炮，数百挺轻重机枪更是引来一片喝彩。

人类历史上的任何一支军队，只要它有战斗力，有军魂，都与它首任主官的性格有着莫大的关系。

作为74军创建者的俞济时和王耀武，自然也在74军身上深深留下了自己的烙印。

俞济时，据传为蒋介石外甥，黄埔军校第一期入伍生，毕业后长期担任蒋介石侍卫军官，因此深得蒋介石信任，正是由于俞济时担任了74军首任军长，才使74军从建立起，就得到蒋介石的格外偏爱，在兵员、装备、经费方面得到额外照顾，基层军官都由军校毕业生充任，这些都是其他部队望尘莫及的。

得此厚待，74军自然也对蒋介石忠心耿耿，以至于后来被誉为蒋家王朝的“御林军”。

而担任74军第二任军长的王耀武更是一个非同凡响的人物。他早年曾在天津一家烟草公司和上海一家饼干公司做工，1924年冬考入黄埔军校第三期，在土地革命战争和抗日战争中逐渐成长为一代名将。在当时的国民党军界，长期流传着“三李不如一王”的说法（指李延年、李仙洲、李玉堂，皆黄埔一期学员，兵团司令，与王耀武同是山东人）。

1937年7月7日，卢沟桥事件爆发，日本陆军大臣杉山元上奏天皇裕仁，声

战火中的大上海

称三个月内征服中国，狂妄不可一世。而为了达到这个速战速决、三个月灭亡中国的目标，日军在侵占北平、天津之后，目光旋即南移，预在上海寻机开战。

8 月 13 日，日军突然向上海的中国守军发动进攻，日本军舰也向上海市区实施炮击，中国守军当即奋起还击，八一三淞沪抗战全面爆发。

8 月 23 日，日军第 3、第 11 师团分别在吴淞口、川沙附近登陆，向宝山、罗店、浏河一线发起进攻，遭到了中国守军顽强抗击，进展极其缓慢。

此时陈诚的嫡系，彭善的 11 师正在罗店一带抗击日军登陆，两天下来，这支精锐部队几乎被打光了，在危急之际，陈诚用电话找到了刚在安亭下车的王耀武。

“喂，佐民师长吗？我是陈辞修哇，你们千里行军，鞍马劳顿，现在军情紧急，希望你们发扬不怕疲劳，不怕牺牲的精神，即刻前往罗店，接替 11 师的防区，有什么困难吗?”

王耀武听到陈诚的指令，他干脆利落地说：“没困难，陈司令！我 51 师马上出发!”

27 日晚，王耀武率第 51 师增援罗店，趁着黑夜敌机不便行动，51 师来到罗店，悄悄换下了不成建制的 11 师残部，此时罗店正面之敌为日军第 3 师团，该师团由名古屋的青年学生编练而成，在日军作战序列中属于甲种师团，乃是中国军队的一大劲敌。

74 军这只新组建的部队，在罗店和拥有坦克和轰炸机配合的日军两个装备精良的甲种师团作战中整整顶了 21 天，一直坚持战斗到伤亡过半。

他们尽了最大的努力，但他们还是没有守住罗店。

罗店失守后，国军被迫退守闸北—江湾—庙行一线，9 月 21 日，数千名日军攻击第 51 师和第 58 师阵地，74 军官兵猛烈地反击着日军，伤亡惨重。日军不断增援，攻击战与反攻击战一日不停。

战至 10 月底，攻守双方都杀红了眼，上海已被硝烟、血火染透。由于中国军队进行艰苦卓绝的抵抗，粉碎了日军“三个月灭亡中国”的幻想。日军不得不从国内、华北、青岛、台湾陆续抽调部队到上海参战，淞沪战场已使日军付出了 8 万余人的伤亡代价。

10 月 20 日，日军大本营决定开辟新战场以摆脱困境，以第 18、第 6、第 114 三个师团及华北 12 师团的国崎支队、野战重炮第 6 旅团、独立山炮第 2 联队组成的侵华第 10 军 11 万余人，由曾任陆军次官的台湾军司令官柳川平助中将率领，于

10月底在杭州湾北部偷袭登陆。

日军登陆后纵深突进，一路向东直指松江、上海；一路向北占领衙前、新仓，直逼枫泾，企图截断沪杭路、苏嘉路，切断淞沪大军的后路，并进窥南京。至此，日军在淞沪战场先后投入的总兵力已有30万人。

淑沪会战，在国民党军坚守了三个月，毙敌8万余人，23万将士战死沙场后，终被从杭州湾登陆的日军抄了后路。在此危急形势下，淞沪前线数十万中国军队仓惶溃退。

11月13日，蒋介石下达了全军西撤的命令。王耀武也在青浦召开了51师在淞沪战场上的最后一次作战会议。

王耀武铁青着脸，对部下们说："我们败了，但战争才刚刚开始，所以，我要你们，以更高昂的斗志来迎接下一场战斗，委员长命令我们，"说到这里，所有的军官同时立正，王耀武环顾了一圈，咬牙道："为整个左翼军殿后，你们自己说，能不能完成任务？"

断后工作可是个苦差事，在其他部队争分夺秒地溃逃时，51师还要在青浦、苏州、睦邻关等处坚守阵地，与日军又激战几昼夜后，终于撤出了上海。

在淞沪抗战中，第74军顽强抗击日军，尽管伤亡惨重，却狠狠地打击了日本侵略者。即使在溃退途中，51师王耀武部也是节节抵抗，表现出色，不仅受到上级奖赏，也为舆论所赞扬，《申报》、《大公报》等著名大报纷纷报道74军及51师的战绩，俞济时、王耀武亦备受瞩目，王耀武战后即由少将晋升中将。

二、南京！南京！

日军占领上海后，立即分三路向南京进攻。由于蒋介石幻想国际干涉，指挥混乱，形成淞沪守军全面溃退的局面。且在敌人的穷追猛打下，原定在吴（江）福（山）一线布防也不可能了。

中国军队刚经大败，未及休整，很难组织坚强有力的抵抗。这样一来，南京防守，就成了大问题。

可在上海新败，全国一片哀悼恐慌时，唐生智振臂高呼誓与首都共存亡。并主动向委员长讨要首都卫戍司令长官一职。为了表示誓与南京共存亡的决心，唐生智令宋希濂率部断掉南京守军的退路，烧掉渡船。声称，若无命令，擅自离队渡江逃离战场者，格杀勿论！

南京之战前，日本政府原本并未计划攻占南京，还意图通过德国与蒋介石媾和，以确保自己的阶段性战略成果。按照日本军部的计划，在淞沪之战中历经苦战且伤亡较大的部队均撤运回国休整。

1937 年 11 月 7 日，日本参谋本部向上海派遣军（先期参战军团）司令官松井石根和第 10 军司令官（杭州湾登陆军团）柳川平助发出的命令是："扫荡上海附近之敌，追击的战线为苏州、嘉兴以东"，显然，战役目标中并没有南京。可是，当时日军中的狂热军官并不肯就此停战，"下克上"的现象再次出现。

11 月 15 日，第 10 军召开了柳川平助临席的军团扩大会议。在会上，血气方刚的年轻军官提出了第 10 军单独进攻和占领南京的疯狂计划。最后，会议达成决议："全军独断敢行，全力向南京方向追击。"有人提出粮草和弹药的补充如何解决？狂热的军官们说："粮草不足，就地解决；弹药不足，就打白刃战！"

陆军参谋本部的参谋次长多田骏中将，在 11 月 20 日非常吃惊地接到第 10 军已擅自向南京进军的情报。多田次长当即下令第 10 军停止进军，但没有任何效果。

11 月 22 日，多田又接到上海派遣军司令官松井石根打来的电报："为了尽快解决事变，要求军部批准向南京进军和占领南京。"

原来松井松井石根率领的上海派遣军看到柳川率领的第 10 军向南京进军，按捺不住争功的心情也开始向南京进军。上海派遣军和第 10 军就像在运动会上争夺第一名一样，开始争先恐后地向南京进发。

多田次长等日本军部的"不扩大派"本想阻止对南京的进攻，但参谋本部的少壮派军官也是进攻南京的积极支持者，在参谋本部的会议上，少壮派军官们狂热地高呼："南京！南京！攻占南京！"最后参谋本部不得不在 11 月 28 日批准占领南京的计划。

12 月 1 日，日本裕仁天皇正式批准"大陆命第 8 号"："华中方面军应与海军

『抗日铁军』国民党第74军

协同，进攻敌国首都南京。”同日，日军第3飞行团进抵南京上空。

12月2日，日军第9师团、第16师团、第116师团率先向南京进军，同时第3师团于苏州集结，被定位为二线师团，跟随第9师团的路线前进。

由此，大战阴霾黑云压城，南京保卫战一触即发！

12月7日，日军兵分三路，对南京全线合围，以陆海空三军同时猛攻，前后方与侧翼累计动员、投入总兵力24万，而南京守城部队仅8万余人，战力差距巨大，在日军强烈的攻势下，中国守军节节败退。

见此俞济时召集了王耀武等团以上军官，这位一向注重军容和威严的将军，业已掩饰不住心底的憔悴和悲痛，道：“战局危急，我知道你们都已尽了最大努力，但我还是希望，你们能够继续坚持战斗，因为我们的身后，就是南京。”

王耀武的眼睛里也满是血丝，他嘶哑地笑了一声，道：“军座，你放心，从今日起，我51师师长下团，团长下营，哪怕战至最后一人，也绝不言败。”

12月8日，驻守淳化镇宋墅迄上庄一线的301团，在和日军拼杀了四天四夜后，最终丢掉了阵地。团长纪鸿儒重伤，团里12名连长，伤亡九人，全团官兵伤亡1400余人，几近全军覆没。

由于301团主阵地的丢失，淳化镇就此宣告失守。王耀武只能下令全师后撤至光华门机场一线的二防阵地继续阻击防御。

至 12 月 12 日，南京城各处依然在顽强抵抗着，305 团和 302 团一个上午打退了日军五次进攻，302 团此时也是伤亡惨重，团长程智战死，全团伤亡 1400 余人，但是赛虹桥阵地仍旧在 51 师手中。

可就在这一天下午四时，南京卫戍司令唐生智突然下达了全军总撤退的命令。顿时南京城军民的心理防线崩溃了，顷刻之间，城里一片大乱，街道上，无数的百姓和撤退的军人挤在一起，疯了似的朝江边涌去。

几天前还誓言旦旦与南京共存亡的唐生智在给各部队军长、师长签发完撤退命令后，便第一个跳上了渡江的轮船，已经完全不顾身后陷入地狱的首都了。

大街上已经被撤退人群塞得满满的，人流慢得像是在爬行，孩子的哭声，大人的喊叫声，无不透露着绝望与恐慌，有的部队为了给自己开出一条道路，居然朝人群开枪射击了，被打死的人倒在了地上，后边的人践踏着这些尸体继续奔逃。

看着眼前的这一切，305 团团长张灵甫的眼角都绽裂了，不知道是泪还是血，从他的脸颊上滑落下来，他仰首向天，嘶声大喊："为什么？这是为什么？"

傍晚，向江边撤退的 305 团终于赶上了师部，王耀武在卫队的保护下走在最前边，身后是他 12 天里四个团打没了三个半的 51 师。

这时，身后的南京城里，枪声大作，人群潮水般涌了过来，把个本已拥挤不堪的江滩更挤得是连一张纸都插不进来。不少人都站在水里无助地望着波涛汹涌的江面，他们其中的一些已经跳进冰冷的江里朝对岸游去。但是不一会就被江水淹没，没了踪影。

离码头上游两里地的江边停着一艘火轮船，是俞济时特地派来接应王耀武和 51 师的，船上已经把跳板架了起来，王耀武默默地回首看着身后的南京城，两分钟后，他叹了口气，低下头说："走吧！"

城里此时已经是火光冲天，照得江水一片血红色，无数的人影在江面上下浮动，奔向北岸，被水浪冲上岸的尸体堆满了江滩，还有难民源源不断地涌到江边，绝望地叫喊着，哀号着。

王耀武坐在甲板上，望着他们为之拼杀了 12 天的南京，眼泪再也止不住地流了下来。

他们刚踏上江北的土地不久，日本人的炮艇就从下游冲了上来，伴随着远方"隆隆"的炮声，日军在炮艇上狞笑着用机枪不断扫射，彻底地封锁了江面、江边，顿时成为了一个人间炼狱。

三、殊死一战

南京战败以后，国民政府军事委员会总结了淞沪会战，南京保卫战和徐州会战的经验教训，摒弃了坚守大城市的战略方针，而是利用中国广阔的战略纵深的优势，在大范围内部署防守部队，阻击敌军进犯，从而达到消耗对方的目的。

于是，一个以武汉为中心，正面宽350公里，纵深长400公里的防御体系挡在了日军的面前。

6月26日，日军第11军占领九江后，在以主力沿江西进的同时，以第9师团、101师团、第106师团、第27师团等有力部队在赣北展开攻势，以图扩张战果，保护主力侧翼，并相机攻取南昌。

7月下旬至8月初，日军第106师团沿南浔铁路两侧向德安方向推进，在沙河镇、南昌铺一带与第8军及第64军进行了七天七夜的反复争夺，遭受重创，参与进攻的1.6万多人伤亡过半，冈村宁次不得不下令第106师团暂时停止进攻，在沙河镇附近休整。

8月24日，日军第9师团攻陷瑞昌，并由瑞昌向西南推进。为配合第9师团作战，第106师团又开始发起进攻，在空军及炮兵的火力支援下，日军第106师团向薛岳部第70军、第64军及第4军正面阵地展开猛攻。

9月4日，日军第106师团占领马回岭，因伤亡过大，又被迫停止进攻，在马回岭地区进行休整，并补充兵源，为了加强该部的战斗力，冈村宁次还将从杭州地区调来的第11军第22师团的山炮兵第52联队配属给106师团。

9月，志得意满的冈村宁次在一系列胜利的刺激下，命令106师团继续向西推进，企图切断南浔路与武宁路中国守军间的联系。

但是当空中的侦查报告放到他的办公桌上时，他才惊讶地发现，他的中国对手第1兵团总指挥薛岳已经在德安地区调集第66军、第4军、第187师、第139师的一个旅、第 91 师、新编第 13 师、新编第 15 师的一个旅、第 142 师、第 60 师、预备第 6 师、第 19 师以及 74 军，数十万大军已经把一路高歌猛进的日军第 106 师团围了个里三层外三层，在和日军交手一年多后，中国军队终于捞到一个全歼日军一个整编师团的机会了。

整个夏天，中国军队都在和日军反复拼杀，虽然在面对日军步步紧逼的情况下，武汉会战的失败已经不可避免，但是对日军 106 师团的包围，使国军在又一次的战败中，找到了一线雪耻的机会。

9 月底，国军各部队分别向在德安万家岭地区左突右撞、企图北上向 27 师团靠拢的 106 师团步步紧逼，压缩包围圈。

到了 10 月，疲惫不堪的 106 师团终于被困在了长岭、背溪街、张古山、狮子岩等几处地区，动弹不得。

在 74 军部指挥所，王耀武这个从来不叫苦的人，终于皱起了眉头，说："薛岳长官催得这么紧?"

俞济时苦笑道："是啊，日军 27 师团正朝我们这里星夜兼程赶过来，为了吃掉 106 师团，我给 58 师冯圣法下了死命令，今天冯圣法跟我求救，说他们全师只剩下 500 人了，能不能拿下张古山，现在只能看你的了。"

王耀武抿紧了嘴角，道："好吧，军座，我马上给张灵甫打电话。"

日军张古山主峰阵地的失守，彻底地断送掉了 106 师团的退路，冈村宁次下令不惜一切代价也要把它打通。

奉命救援的 27 师团正不计伤亡地向万家岭突进，而已经成为困兽的 106 师团长松浦淳六郎更是调集了重兵向张古山发动了自杀式冲锋，他们的目标是拿下张古山，杀出一条血路来向 27 师团靠拢。

电话里，传来了王耀武的声音："灵甫啊！我是王耀武！你再坚持一下，第 4 军正在围攻 106 师团师部。我已经和军座谈好了，明天全军的炮火都归你指挥！一定要守住张古山！等胜利之时，我王耀武八抬大轿接你下山！"

黑暗中，张灵甫泣不成声："师座放心！您对我的再造之恩，我定当以死相报，上不愧对国家百姓，下不愧对您的苦心！"

在张灵甫奇袭张古山的第三天，日军 106 师团开始了最后的疯狂，漫山遍野的日军朝着张古山发起了进攻。失去理智的日军根本不顾炮火的弹压，为了求生，他们死命地往上冲，尸体铺满了山坡。

王耀武

入夜，日军106师团终于彻底崩溃了，士兵已经毫无斗志，开始四处逃命，最后除了师团长松浦淳六郎带着残部两三百人趁着夜幕逃出万家岭以外，整个106师团终于在10日凌晨被国民党军消灭干净了。

这是中国抗战以来第一次成建制地消灭了日军的一个师团，也是唯一一次。

张灵甫亲自率领的敢死队上山时是600多人，等天亮救援部队来时，整个阵地上还有几十个已经没有战斗力的轻重伤员，也就是说，日军哪怕再冲一次，张古山也就失守了，可就是这么些伤兵咬牙坚持到了最后，面对他们，日军106师团最终走向了土崩瓦解。

武汉会战结束后，74军奉命撤回湖南休整。日军自打武汉会战以后再也不提速亡中国的口号了，中国军人用几十万条生命换来了日军进攻速度的减缓，从此，艰苦的战略相持阶段开始了。

74军在张古山一战成名，王耀武在战后立即升任74军副军长兼51师师长，此番大捷，上至战役指挥官薛岳、军长俞济时，下至305团团长张灵甫，无不扬名海内，后方的人为了这次战斗，专门编写了话剧，在各地公演，而且在剧中，张灵甫更是以真名实姓出现，使得这个残了一条腿的西北汉子一夜之间家喻户晓，妇孺皆知。

四、抗日铁军

1938年10月25日武汉沦陷之后，日军因战线过长，兵力不足，无奈之下只能转为守势，国军则由于战损消耗过大，各部队急需补充休整，一时也无力反攻，双方于是进入了战略相持阶段。

尽管如此，以冈村宁次为司令官的日本华中派遣军（第11军）依然心有不甘，虎视眈眈。从武汉到上海的2000里水路上，日军的40万人马承担着长江两岸几十万平方公里的占领任务，同时面临着北面李宗仁第五战区、东面顾祝同第三战区、南面薛岳（武汉会战后，薛岳代行第九战区司令长官之职）第九战区这三个中国最有战斗力的战区的牵制、逼压和打击。

冈村宁次无时无刻不想冲破这张巨网，然后在华中任意腾挪。南昌，这个冈村宁次眼里的突破点，被他首先圈在了作战地图上，他要击碎这块骨头，而后“扫荡”江西，控制华中！

冈村宁次的战略意图得到了日本大本营的支持。此时在万家岭遭受毁灭性打击106师团在国内补充完毕后，重新归还第11军建制，冈村宁茨得到了这支焕然一新的生力军，更增强他夺取南昌的信心。

国民党军在南昌攻守战中虽然失地丧师，但74军在高安之战中一支独秀，尽显锋芒，其战绩得到了第九战区的表扬，获得了军委会的嘉奖。二个月后，也就是1939年7月，俞济时升任第10集团军副总司令。三天之后，军委会的一纸委任书下来，王耀武走马上任，成为74军的第二任军长。

这期间，74军的面貌在王耀武的手上又有了很大的改观，王耀武带兵以“严”著称，为了提高部队战斗力，他“严”到了近乎“残酷”的程度。

不过由于王耀武赏罚公允，指挥有方，又从不克扣军饷喝兵血，因而74军官兵上下都能为他出死力，打硬仗。

转眼到了1940年，这一年，根据美国“援华法案”的协议，蒋介石开始利用美方的贷款来购买美式装备，武装其中央军的精锐，第1、第2、第5、第74军作为首选的四个军，首先实现了从头到脚的美式装备更换。

其装备不仅在国军中没有部队能达到，在日军中也少有，王耀武曾多次对下属说：“我们要打几场漂亮仗为校长争光，为这身橄榄色添彩。”

当时大部分中央军的服装还是灰色，74军的墨绿色就显得十分特别，它甚至成为一种荣誉的象征，就这样，74军转型成为按照美式编制建军的队伍，全军总兵力达到31000余人，战力之空前强大，远远超出日军预料。

由于华北方面共产党八路军敌后游击活动的大幅开展，该地区日军力量明显不敷，日本在华派遣军总部最终决定，从华中派遣军中抽调第33师团去支援华北的“扫荡”。

第33师团原驻赣北一带，一旦调走该师团，南昌地区将只剩下一个第34师团担负这一沉重的防守任务了，第34师团长大贺茂满腹惶恐，他向第11军司令官圆部和一郎建议，趁33师团尚未北调之际，发动一次对南昌周围罗卓英等部的进攻，削弱国军战力，以减轻他将来守城的压力。

这时，日本驻华派遣军从上海调来池田直三少将率领的独立混成第20旅团到达南昌，以弥补第33师团北调后这一地区兵力空虚的窘境，这样一来，南昌地区集中了约二个半师团的力量，圆部勉强认为可以一战，才批准了大贺茂的行动方案。

1941年3月14日，南昌日军兵分三路对19集团军发起了“鄱阳湖扫荡战”。北路第33师团15000人自安义、武宁直扑奉新一带的中国守军；南路池田旅团8000余人从义渡街出发，欲渡过锦江而从后背打击上高等地中国军队；中路第

上高战役

34师团2万余人则兵发西山、大城，图谋向西一举攻下高安、上高的国军营垒，以确保赣西的“治安”。

大贺茂师团的2万部队自3月16日出动后，先击败70军107师宋仲英部于祥符观，紧接着就夺下了该师把守的高安城，最后以骑兵一路追逐107师直至田南圩，攻势锐利，几无可挡。

此时74军驻扎的上高，已经成了大贺茂的下一个目标。

为确保围歼大贺茂这只“孤独的狼”，罗卓英不得不修正原定以高安为中心的作战方案，转而将各部向上高县作向心收缩。同时，第九战区急调第72军的新14师、新15师入赣增援。

要想彻底围住敌34师团的主力，剪除南路池田的威胁十分必要。3月20日，51师李天霞率部向龟缩于曲水桥地区的池田部发起进攻，池田部则据猪头脑等山头负隅顽抗，双方正打到“阵上靴刀决生死”的激烈时刻，70军的107师王克俊部忽然出现在猪头脑山头的后方。日军顿时阵形大乱，池田腹背受敌，无心恋战，当夜摸黑北渡锦江，会合大贺茂的34师团去了。

形势的突然转变，又一次为第19集团军的合围计划提供了良机。

3月21日，罗卓英令新14师、新15师、58师坚守上高城，以实现对大贺茂、池田的四壁包围。

3月23日，大贺茂以步兵第216联队牵制云头山中国守军，而以骑兵第34联队，炮兵34联队及第217、第218两个步兵联队全力向下坡桥、白茅山等国军第58师杀奔而来。

双方尚未交火，日本人的飞机就首先在58师的阵地来来回回地进行了一番扫射、投弹，但见火光闪处，山石成了齑粉，壕堑成了平地，光秃秃的树干像是蜡烛似的嗞嗞燃烧着，冒着阵阵青烟。

58师防守的下坡桥是大贺茂进攻的重点，大贺茂的如意算盘是：从下坡桥绕到白茅山的后方，以从正面、侧翼夹攻白茅山。拿下白茅山后，直取上高城，或直接从西面打开缺口，再与从武宁南下的33师团会合北返。

3月25日，远在汉口的11军司令官圆部和一郎得知第34师团被困的消息后，他一边电告大贺茂寻机突围，一边命令第33师团施手援救，并从九江调兵2000人南下解危。

九江援兵很快被19集团军挡在了塘埠、丘家街一线，唯有第33师团派出的

215联队一路西进至桥沙、村前圩，并冲开19师的防线，实现了与第34师团会合的企图。

但19师又立即封住了缺口，所有日军再一次被困进了棠浦、官桥街这块方圆不足20平方公里的地方。

3月26日，天降暴雨，日军的飞机、大炮全部失去了作用，国民党军趁机再次紧缩了包围圈。

次日天刚放晴，74军的炮火就像长了眼睛似的，在大贺茂的阵地上处处开花。

中午时分，已经疲惫不堪的第34师团，选择了国民党军的一支弱旅——70军的107师阵地向外突围，突围成功之后，大贺茂正想舒一口气，不料国民党军第4军奉命赶来增援，又将大贺茂赶进了包围圈，大贺茂在绝望之际，当夜就带着少量精锐骑兵逃出了国民党军的包围圈，惶惶然回到了南昌。

28日，国民党军各路部队对被困在官桥街的日军34师团展开了最后攻击，日军旅团长岩永少将切腹自杀，至此，历时25天的上高会战，中方取得了完全胜利。

此次会战，中国军队歼灭日军1.6万余人，被军委会参谋总长何应钦称之为“抗战以来最精彩的一战”。

蒋介石对上高会战中担任攻击主力的74军极其满意，特以军委会名义授予74军“飞虎旗”一面，同时授予国民政府第一号武功状，这是国民革命军中最高奖励和荣誉，所以此后74军又被誉为“飞虎军”、“虎贲军”、“抗日铁军”。王耀武本人也被授予国军最高勋章——青天白日勋章。

五、虎贲英雄

1943年10月，斯大林格勒战役的胜利，给全世界的反法西斯战争带来了颠覆性的变化，国际形势对日本也越来越不利。

中国政府为了与盟军协同打通中印公路，从第六、第九战区陆续抽调了七个军转用于云南及印度，准备反攻缅甸。日军大本营为牵制中国军队不再向印、滇转用，以策应其南方军的作战，遂决定再次组织进攻。

日军“中国派遣军”总部根据大本营的指示，于8月28日制订了《昭和十八年秋季以后中国派遣军作战指导大纲》。

其作战方针是：“派遣军努力确保和平定现有占领地区，特别是在华北方面，本年秋季以第11军及第13军主力分别进行常德作战和广德作战。来年春季，以华北方面军及第11军进行打通京汉线作战。”

日军第11军按照总部的命令，拟订了进攻常德的作战计划，以其第11军五个师团为攻击力量，集中15万左右的兵力发起常德战役，企图占领常德，威慑重庆，打通其在中国国内的南北交通线。

1943年11月1日，日军五个师团兵分三路，依原订计划，全线出击。第39师团与第13师团为左翼，直取第10集团军主力阵地；第68师团居中，准备自两个集团军交界中间穿过，进攻慈利；第3师团则在国民党军第29集团军前渡江，希望捕捉王缵绪集团军的主力。

日军主攻常德的“奇兵”第116师团，则从洞庭湖面水上机动，由水运在第29集团军的右翼临澧县一带登陆，一面包抄第44军，一面兼程直取常德。

常德是湘西北重镇，川贵的门户，素有“西楚唇齿”、“黔川咽喉”之称，历来是水陆交通的枢纽，可北扼长江，进逼宜昌，东指粤汉铁路，西协黔川，为兵家必争之地，战略地位十分重要。

11月13日，敌第13师团由新门寺向常德以西发起攻击，第3师团从新堰、元岭寺向石门、桃源汹汹而来，第116师团则经澧县朝临澧、河洑方向进发，国军第九战区虽组织了第4军（军长欧震）、第10军（军长方先觉）、第58军（军长卢道源）及第74军的51师、58师等约20万兵力在外线阻止敌人，但日寇凭借着优良的战斗素养和武器之利，仍节节取胜。

11月22日，日军第11军主力5万余人在常德城郊集结完毕，开始向常德发起总攻，意图以压倒性兵力在短时间内一举攻克常德。原本计划用以攻城的主力第116师团在会战前期尽量避战，此时部队完整，整个师团均用以攻城。

此时日军已经成功地将国民党军两线兵团分割开来，在汉寿登陆的日军第68师团负责在第116师团攻城时掩护左翼，抵御来自第九战区的援军；第3师团与第13师团负责在慈利，桃源方面阻击王耀武的74军（此时王耀武已升任29集团军副总司令，仍兼 74 军军长）；第 39 师团，独 17 旅团则在后方抵挡第 10 集团军攻势，并掩护第 11 军主力退路。

日军为求速进，除集中炮火轰击外，并大量施放催泪瓦斯，而后才向常德城发起冲锋。57 师 169 团长柴意新冷静指挥所部凭险据守，以准确集火杀伤日军，日军前锋第 109 联队在第 169 团精准的火网下损失惨重，代理第 109 联队联队长的作战参谋铃木遭击毙，第 3 大队大队长马村也被乱枪打死。

11 月 25 日，第 11 军投入第 116 师团全部，第 3 师团第 6 联队，第 68 联队及第 68 师团第 234 联队攻城，日军的攻势瞬间达到了最高峰。

炮击之后，日军士兵疯了一样往城墙上冲，倒下一排，又补上一排，57 师守军开足火力弹压，依然不见效果。

很快，国民党军各式火炮炮弹全数用尽，只能以轻兵器应战。日军仍以大队级步炮混成兵力编成攻城敢死队，猛烈冲锋，四面钻隙，意图以绝对优势兵力突破第 57 师防线。

不久，常德城厢阵地失守，守军退入城中，与敌巷战，各营各排即使被冲散，仍在街巷中自发迎战逆袭，与日军反复拉锯相持，坚守不退，并将侵入北门的第 133 联队逐出。

日军第 11 军司令官横山勇中将见攻势迟滞，心急如焚，不顾可能造成攻城部队困难，召集第 3 航空师团主力空援，仿效美军绝招，在常德城中四处滥投燃烧弹，常德城中处处大火，大半房舍均在烈焰之中，惨不忍睹。横山勇甚至嫌火炮效率太慢，竟下令炮兵冒险推进至第一线，隐藏于破损的民房中，进行零距离射击。

11 月 28 日，第 57 师官兵损伤殆尽，余程万下令将城内炮兵、工兵、辎重兵、政工军官、师部文职幕僚及所有官佐杂役编队，由第 171 团团副高子日中校率领，投入战斗。常德警察亦编入部队，并发掘常德警察局埋藏之枪弹 1 万发，此为第 57 师之最后接济。

眼见 57 师在常德孤军奋战，王耀武当然心急如焚，他下令第 100 军掩护第 74 军猛力向黄石市推进（该地为日军第 13 师团的主要防守阵地），并饬各师组织加强营附无线电一班，大胆向常德钻隙前进，务与常德守军取得联系。

同时，王耀武于 25 日指挥所部向黄石市全力奋进，日军前线各据点皆被攻克，进展顺利。此时常德守军危急，孙连仲电令王耀武分兵攻占河洑，策应城内守军。

王耀武抽出第 19 师及第 51 师，配合各师之加强营钻隙支队，向河洑攻击前进，而以第58师攻击黄石市正面。在王耀武的猛烈进袭下，日军第13师团阵线摇摇欲坠。而此时第73军也以收容的残余兵力向慈利进击，26日，第六战区各部均有进展。但还是没能突破日军阵地。

28日拂晓，6万日军从四面八方向常德城发起全线攻击。一时间，炮火纷飞，杀声震天，东门、南门之敌以波浪式的集团冲锋，逐排、逐屋地层层爆破，逼迫171团、169团节节后退；北门之敌先以飞机空炸，继之远程炮轰，随之毒气打击，守军虽冒死不退，动员夫役勤杂及辎重、通讯、担架、卫生等人员持械苦斗，无奈人亡城毁，常德终于陷落。此时，57师8000余名官兵仅存83人。

常德血战感动了苦难中的中国人民。大作家张恨水先生以常德之战写成了第一部反映正面战场抗战的长篇小说《虎贲英雄》，以颂扬英烈事迹。

常德百姓为纪念忠魂，自发募捐，于1944年3月在市郊东侧建成了占地达3万平方米的阵亡将士墓地（现常德会战阵亡将士公墓广场），以志纪念。

公墓正门是一座高大的三门纪念牌坊，上方是王耀武所题“常德会战阵亡将士纪念坊”的横匾。纪念坊的四根水泥钢筋方柱之间的上方架有三块横匾：正中是蒋介石所题“天地正气”，左侧为陈诚所题的“碧血丹心”，右侧是白崇禧题写的“旗常炳耀”。

57师英烈将士从此彪炳史册，永垂不朽！

值得一提的是，此战中王耀武率部重创日军第13师团，在同等兵力下同日军较量完全不落下风，最后打得第13师团折损过半，师团长挂彩，并在友军的配合下，经过激战，在常德失陷六天后，重新光复了常德城。战后，蒋介石亲自召见了王耀武，称赞王耀武善于带兵，有指挥才能，备加奖励。

1944年2月，蒋介石晋升王耀武为24集团军总司令，下辖第73、74、100军共计三个军10万人。而74军58师师长廖龄奇却被蒋介石以作战不力、临阵脱逃罪名枪决。廖龄奇死后，58师师长由张灵甫接任。

六、铸就辉煌

从1944年下半年起，西南地区的国军编组成四个方面军，24集团军总司令王耀武兼任陆军第4方面军司令长官，24集团军就此换上了清一色的美式武器，成为战斗力一流的国军部队。

1945年3月，鉴于中美空军混合大队不断轰炸日本本土，日本大本营命令坂西一良中将指挥的20军共计六个师团10万余人，采取分进合击的战略，向湖南西部发起进攻，企图打通湘黔公路，攻下中美空军混合大队的基地芷江。

芷江机场是当时国军最大的空军基地，也是中美混合飞行团所在地。这个基地拥有当时最先进的战斗机、远程轰炸机，还有数十架运输机，日军进攻芷江的目的就是夺取这一重要空军基地，并图谋其后打通湘桂线，进而西犯入川威胁重庆，逼迫蒋介石政府投降，一举扭转整个中国战场的颓势。

因此，中美双方在安江设立了混合作战司令部，由王耀武统一指挥，第4方面军全线陈兵于雪峰山之东麓，王耀武并亲自给各军部署防地，他命令74军布防于绥宁、武冈、石下江、洞口地区，警戒东安、邵阳之敌；100军配置于山口、隆回，溆浦一线，严防邵东、湘乡之敌；73军设阵于安化、新化一带，监视湘乡、益阳之敌。

5月15日，由师团长岩永汪中将率领的日军第116师团，会合了第68师团的第58旅团，共计5万人马，分六路向武冈、花园市、洞口杀奔而来。

武冈东临资水，西倚雪峰山，是日军夺取湘桂铁路的必经之地。由于地处湘西要地，武冈城经历代修筑而变得十分坚固，墙高十米，厚及八米，护城河亦宽达二三十米，深达三五米，自是易守难攻之地。

5月22日晨，借着山间雾纱的掩护，第116师团的3万余人，在坦克和近百门火炮的配合下从三面向武冈县城发起强攻，中国守军58师针锋相对、寸土必争。

一连三天，日军除了丢下大量的尸体以外，只突破了城外的简易二道防线。国民党军最后一道防线和武冈城墙都是极为坚固，日军炮火根本无法将其摧毁，而且58师防御火力极为顽强，日军伤亡惨重。

此时，设在昆明的中国陆军总司令部，又急调第六战区的胡琏第18军和原在缅甸作战的廖耀湘新6军赶赴湘西，参加雪峰山之战，与74军同列为国民党军五大主力的18军和新6军，立即调集了上千辆汽车，运载着全副美式装备的数万大军，杀气腾腾地向日军第20军扑来。

坂西一良见势不妙，连忙下令岩永汪率部向洞口、山门、花园市退却，以期与第64师团、第68师团会合。

王耀武却早就料想到了日本人的这一招，从武冈到洞口的200来里山路中，铁山庙、天台界是来往两地的必经之处，王耀武便将周志道的51师设伏于此。

日军刚到铁山庙，就一头扎进了中国人的伏击圈，前后山头上的枪声就像雨打蕉叶似的，噼里啪啦地倾泻而来，转瞬间，人马相踏，血肉横飞，到处都是断肢残臂的伤兵，铁山庙顿时变成了埋葬日本人的活棺材。

岩永汪是苦苦奔跑着逃出这段山谷的，他的部下将近一半都把性命留在了这段死亡地带。当然，岩永汪并不知道，铁山庙前面就是天台界，周志道正带着51师的主力在那里等着他们。

天台界的地势没有铁山庙那么险峻，可道路两边林深草茂，在周志道的电台呼叫下，六架中美空军P40战斗机和12架B29轰炸机携带着大量的凝固汽油弹飞临天台界地区，对山间林地展开了耕地式的轰炸，响声过后，一团团火光冲天而起，瞬间高温很快就将林木燃成了一片火海，藏身其中的鬼子兵更是被烧成一团团火球，摇晃着，滚动着，直至趴在地上，变成一堆堆黑炭！

狡猾的岩永汪则躲进了一处山洞里，三天后才走出了噩梦般的天台界！

与此同时，李天霞100军在麻溪铺、谭家湾等地，韩浚73军在安化、新化等地也相继击溃了日军的进攻，日本人在雪峰山上遇到了前所未有的挫折。

5月底，抵达芷江的廖耀湘新6军被中美联合作战司令指令为战略总预备队，随时备战；胡琏的第18军也已开拔到沅陵、辰溪、溆浦地区，准备实施一线攻击。

1945年的中国军队，已经不再是1937年淞沪抗战时的那支败军了，他们有着身经百战、经验丰富的老兵，有着在抗战中脱颖而出、出类拔萃的指挥官，还有美国人援助的全套军火把他们武装到了牙齿，天时、地利、人和及武器装备上的优势无一例外地站在中国人的一边，可坂西一良这个死硬的军国主义分子，还在梦想着

雪峰山战役

集中兵力，击溃洞口一带的中国守军，以打通湘黔公路，西攻芷江或东撤隆回、邵阳。

战至5月，日军的攻势终于停止，遭遇国民党军沉重打击的116师团长岩永汪和第47师团长渡边洋联名发电报给南京的冈村宁次，他们认为右翼左翼日军都已经惨败，中路日军不但没有攻陷任何一个重要据点，而且109联队被围，其他各部也损失惨重，请求南京中国派遣军司令部中止芷江作战计划。

1945年5月10日，坂西一良命令116师团全军撤退。该师团随即从月溪撤退到洞口附近。此时被困的109联队向116师团长菱田发电求救，菱田便又下令部队回头向月溪前进，策应109联队突围。

第4方面军司令长官王耀武针对日军动向，命令18军火速开往洞口，74军协助18军，务必阻挡住116师团。同时以100军为主攻，首先消灭了孤军深入的109联队。

此时日军58旅团和34师团已经溃败或被全歼，47、64师团自顾不暇，116师团也逐渐连遭重创，在116师团兵败溃逃的同时，国民党军继续打击关根支队和重广支队。几天后，关根支队在武阳附近被全歼，只有旅团长带领部分军官和少量士兵逃出。

1945年5月13日，芷江方面出动P51野马对被包围的日军进攻轰炸，同时国民党军各部发动猛攻。最终重广支队全军覆没，只有一些残兵突围与日军第47师团会合。

1945年6月1日，日军第47师团奉命全线后撤。

至此，日军各部全线退回湘西会战之前地域，从1945年4月9日开始，至6月2日结束，长达55个昼夜的湘西会战到此结束。

此次大战，日军伤亡2.7万人，其中死亡1.2万余人，还有大约1000人被国民党军围困后因绝望自杀，日军被全歼一个旅团又四个联队，一个师团被重创。国民党军方面伤亡

2万余人，其中阵亡7817人（军官823人），比日军伤亡人数的三分之二还少。

湘西会战雪峰山战役的胜利是王耀武的得意之作，正是这一战役的成功，不久他被选为国民党中央执行委员，这是一般黄埔同学望尘莫及的，当时他年仅40岁。不过，这还不是王耀武最辉煌的时刻。

1945年8月15日，日本宣布战败，向盟军无条件投降。9月初，王耀武作为长衡地区受降长官，接过了日本第20军指挥官坂西一良中将低头呈上的降书和指挥刀，这才是王耀武一生最辉煌的时候。

当对面一排日军将领向王耀武深深弯下腰去的那一刻，一贯冷静沉着的王耀武双眼湿润了，此刻，他想起了八年来那些阵亡在抗日战场上的无数英烈……

七、日暮途穷

解放战争时期，王耀武的主要对手是陈毅和粟裕，实际上，在整个解放战争中王耀武的指挥并无严重过失，粟裕能够战胜并生擒王耀武，多半还是靠着陈诚，蒋介石的越级指挥和共产党谍报部门的卓越工作。

莱芜战役，王耀武最遗憾的，就是执行了陈诚的命令而以李仙洲（黄埔一期）作为前线指挥官，南下莱芜。

当时陈毅曾提出一个大胆的计划，即放弃临沂，诱使南线国民党军冒进，王耀武发现汤恩伯轻松拿下临沂，对解放军意图产生了怀疑，他感到李仙洲军团有危险，马上下令军队开始撤退。历史证明他判断对了。

实际上，当王耀武的军队开始撤退的时候，解放军方面的将领也急了。要知道他们放弃临沂，兼程北上，那是要吃肉的！但是粟裕却下令不许动，而且很有预见性地说了：就算王耀武不想打，陈诚蒋介石也要打，他们会把大餐送回来！

粟裕没有说错。当陈诚发现李仙洲军团在后退，又发现共军在架设浮桥，立即认定陈毅要北渡黄河。他一面斥令王耀武不准后缩，一面又直接命令北路前敌总指

解放战争中被俘虏的国民党官兵

挥李仙洲，要他确保新泰、莱芜阵地，堵住胶济路一线。

于是，仅仅过了一天，李仙洲又被陈诚送回了粟裕的嘴边。此后，粟裕巧妙设围，将李仙洲困在莱芜，李仙洲部下整 46 师师长韩练成是中共布置的内线（解放后入党），临阵突然失踪，加剧了其军队的指挥混乱，终于被华野包了饺子，全军覆没。

这一番折腾后，王耀武手下几乎没兵了，只剩下济南城。接下来王耀武只能眼睁睁看着解放军到处冲杀，各处的保安团纷纷被歼，王耀武也无可奈何。

而孟良崮战役作为一个重要转折点，也是王耀武遭受的第二个重大打击。在此战中，王耀武起家的老队伍，国民党军的王牌整编第 74 师被华野全歼，王耀武爱将张灵甫也被击毙， 74 军是国民党军队第一王牌，也是当时国民党军战斗力最强的部队，它被解放军歼灭也就意味着解放军已经强大到一个新的水平，任何国民党军队，从此都不再安全，都可能被解放军消灭掉。

整编第 74 师被全歼后，济南已经成了孤城。名义上，王耀武作为战区司令，手里还有 11 万人，但大半是保安团，只有三个整编师而且战斗力不强。可他的对手华东野战军至少能拿出 20 万主力野战军对付他。

为此，在 1948 年 5 月，王耀武飞往南京向蒋介石建议放弃济南，集兵力于兖州，巩固徐兖，但是这一建议未被采纳，蒋介石给王耀武的充饥画饼是一旦济南战起，他会让杜聿明带 17 万人救援。

王耀武没敢太指望这个画饼，他要求把自己的旧部整编 83 师周志道部空运到济南，还要求空运重新编整的 74 师。王耀武的盘算是，用这个自己亲手训练出来的旧部守机场，只要守住 20 天，解放军不撤退就要被包饺子了，而且只要机场在，空运物资不断，援军不断，济南就能守住。

王耀武判断解放军的主攻是在平坦的城西，实际上解放军的确是计划在城西主攻，但许世友的部下聂凤智在城东突然出击，当即拿下可以俯瞰济南全城的制高点茂陵、砚池两山。王耀武判断解放军要开始行动，果断动用预备队。双方在城东展开拉据大战，这时城西的解放军主力宋时轮部开始进攻，王耀武现在只能指望自己能依托外城和西防区的防线守住 15 日，杜聿明如约带着援军用 15 天杀到济南。

但是，就在 19 日晚，济南西区防区司令吴化文临阵倒戈。吴化文这一倒戈，使济南战局更加恶化。从 19 日打到 22 日，王耀武司令部所在地及山东省政府已经遭到解放军炮击。王耀武遂在北极庙西侧成仁祠设司令官指挥部，与依然在省府的参谋长指挥部成犄角之势。23 日到 24 日，外城逐步失守，到 24 日上午，王耀武只能控制大明湖北岸的一块狭小区域。整个区域全部在解放军步枪射程内。

即使在这种情况下，王耀武的指挥依然没有混乱，他平静的下令提前开饭，然后指着“成仁祠”的匾额，对部下说的却是“此不同于抗日，不必萌发轻生的念头”。然后要大家各自珍重，分散突围。

至于王耀武的被俘，说起来还真是人算不如天算。在逃跑的路上，王耀武去上茅房，拉完了按照日常习惯，理所当然拿出白色的草纸擦屁股。若在今日，这一定不会有什么人在意，但是当年的中国，用草纸，还是白生生的软软的草纸擦屁股，那可太罕见了。当即就有老农报告了解放军。一查问之下，王耀武倒也干脆，要求见县长。然后得知盘问者为公安局长，就直接认了“我就是王耀武”。至此，王耀武的军旅生涯结束。

新中国成立后，王耀武做为战犯被押，在功德林监狱改造时开始他思想有顾虑，毛泽东得知后叫罗瑞卿转告王耀武说：“你功是功，过是过。你的抗日功劳我们共产党人是会永远记住的，只要你安心改造你很快就会回到人民中间的。”王耀武听后十分感动，此后他成为管理所改造最积极的人。

改造期间，王耀武写下了许多揭露蒋军内幕的回忆录。1959 年 2 月，王耀武被人民政府特赦，名列第一批被特赦的战犯之一，不久后担任政协全国委员会文史资料研究委员会专员。1964 年 12 月他被特邀为第四届全国政协委员，1968 年 7 月“文革”高潮期间，王耀武因心脏病发作，与世长辞。

历史评说

作为军人，王耀武是非常出色的。在个性上，他自信、豪爽、直率、倔强、好胜。而且最难得的是，私生活严谨。看王耀武的战斗经历，你会发现他几乎没有什么履险的经历。张灵甫可以舍生忘死奇袭张古山，王耀武不会，即使在下级军官时期，王耀武也没有打得那么辛苦。一个关键点就是此人有谋略。

此外，王耀武很善于练兵，治军赏罚分明。在国民党高级将领中，他一向以冷静机智、洞察力强著称，指挥能力也很好，尤其擅长反包围、迂回、伏击。无论是莱芜战役还是济南战役，王耀武的看法都很正确。陈毅曾称赞王耀武说国民党就他一个明白人，粟裕也评价说王耀武性格大胆果断。

宽厚“长者”——郑洞国

郑洞国在黄埔系将领中素称“长者”。虽然他并不具有长者的年龄，被黄埔同学们誉为“长者”的，是他宽厚的胸怀。由于郑洞国性格内敛不够话题性，他的名声看起来并没有一期同窗杜聿明大，可正是这位中国驻印军的最高长官、新1军的首任军长，为中国远征军在缅甸战场上的辉煌胜利做出了很大贡献。

小档案

姓名字号： 郑洞国，字桂庭

籍　　贯： 湖南省石门县

生卒年月： 1903.1.13—1991.1.27　卒年 88 岁

毕业院校： 黄埔军校

军　　衔： 中将

最高军职： 中华民国东北行辕副主任，东北“剿匪总部”副总司令兼任第 1 兵团司令

一、黄埔精英

在黄埔军校校史上，改名报考者尚有他人，冒名顶替者却唯有郑洞国一人。在世人心目中，一般冒名顶替者，似乎皆有不轨之图，然而郑洞国的冒名顶替，没有一丝非分之想，完全出于报国之心。

1924年1月，正在湖南长沙攻读商业专门学校的郑洞国，忽然闻听孙中山先生要在广州创办军官学校的消息，心潮澎湃。虽说当时他并不知道这所军官学校就是日后彪炳中华现代史册的黄埔军校，也不能预料到这所军校的初期将会成为中国现代将星的摇篮，但他对孙中山仰慕不已，对已成为革命策源地的广州心仪神往。

为此，郑洞国急冲冲去找在长沙工业专科学校附中读书的王尔琢商议，王尔琢是郑洞国的同乡兼小学同窗，还有亲戚关系，可不料他已南下广州了。郑洞国得知

长城抗战

后心急如火，想方设法借了60元盘缠，邀上另三位在长读书的同乡，辗转武汉、上海，走海路赴广州。

4月初，当他们满怀希望寻着先期到达的王尔琢时，才知晓报考军校的日期已过，郑洞国顿时急得在屋里团团打转。眼见郑洞国心急如焚，王尔琢也跟着急起来。当时在场两位同乡，一位叫贺声洋，也是郑洞国在石门中学的同学，与王尔琢一道报考了军校；另一位则是临澧县的黄鳌，与郑洞国算是大同乡了。他初到广州时，担心一次考不上，便报了两次名，不料他一考便中，落下个名额虚位以待，此刻见郑洞国急成这般模样，便建议顶替他的名去考。郑洞国沉吟半响，决心冒顶黄鳌之名报考军校。

俗话说精诚所至，金石为开。也许是郑洞国的报国赤诚感动了上帝，黄埔军校的大门终于对这位迟来的学子敞开了。数日后，两个黄鳌的名字与王尔琢、贺声洋一道出现在黄埔一期的录取榜上。凑巧的是，真假黄鳌都编在入伍生第2队，出操点名时，两人同应声出列，真是尴尬莫名。

步入军校的最初几天，郑洞国一直是在惴惴不安中生活着，出操点名时的尴尬，不时地困扰着他。经过几个不眠之夜的煎熬，他终于鼓起勇气，向区队长报告了自己冒名顶替的由来。后来，校方理解并认可了他的冒名顶替之举，未予追究，只是让他把名字更改过来。从此，这个响亮的名字将永远记载在中国现代战争史册上。

在这个动荡的年代，已经放不下一张平静的书桌，更何况郑洞国读的是黄埔军校，不待他与同学们修完学业，反革命的枪声已经响起。郑洞国立即与其他黄埔生一道相继参加平息广州商团武装暴乱与陈炯明武装叛变的战斗。

1925年1月31日，已升任教导1团2营4连党代表的郑洞国随队东征，打到淡水城下。淡水城虽不大，但城垣坚厚，城濠宽深，而城外地势多平坦开阔，易守难攻。3000多守敌据城固守，等待外援解围。东征军远道而来，必须赶在敌方援军来到之前攻克城池。指挥部决定次日清早发起总攻，并限在当日破城。为了完成任务，团部连夜进行战斗动员，组织攻城敢死队。郑洞国身先士卒，带头报了名。

翌晨，攻城的号角吹响了，一场攻坚的恶战在淡水城上城下展开了。时任右路军参谋长的蒋介石亲临城垣前的炮兵阵地指挥督战，团里唯一的一门苏式大炮怒吼起来。霎时，硝烟炮火掩没了高高的城墙。十分钟后，敢死队员们在炮火的掩护下

郑洞国将军

分成几队，扛着一架架云梯，直向城墙脚下推进。可城上的敌军居高临下，凭借着堞垛负隅顽抗，疯狂地用机枪、步枪组成火网。

打头的战士接二连三地倒下了，面对如此大规模的恶战、如此密集的枪弹，带着敢死队冲锋在前且很少实战经验的郑洞国不禁心中打鼓，但他马上想到了黄埔军校大门上的那副对联，想到“敢死队”三字的分量，想到自己身为党代表的表率作用与责任，郑洞国努力镇定下来，机警地利用炮击的时机，指挥部下时而跃起，时而卧下，终于冲过了开阔地带，逼近城垣。经过几番浴血奋战，郑洞国和敢死队的战友们终于把胜利的战旗插上淡水城头。

淡水之战后，郑洞国便被升调教导2团第3营任党代表，次年，他改任国民革命军第1军第3师第8团第1营营长。1926年7月，郑洞国随部编入东路军参加北伐，在攻打永定的战斗中，他率1营官兵担任主攻，郑洞国灵活指挥，奋勇作战，仅激战半日便在后续部队支援下攻破城池，将孙传芳任命的福建督办周荫人打得落荒而逃，连周荫人尚有余温的大衣也被缴获。

此后东路军主力掉头疾进，在梅县地区又围歼了周荫人的另一部主力。郑洞国以一营之众缴获敌人人枪各千余，再立战功。同年11月，郑洞国因功升任国民革命军第1军3师8团团长，这时他刚年满24岁。

1933年初，日本帝国主义在侵占东北三省后又夺取了热河，继而大举进攻长城沿线。在国难日深、全国人民强烈要求停止内战、举国抗日的情势下，蒋介石下令抽调中央军第 2、25、83 师组成第 17 军（军长徐庭瑶）开赴古北口对日作战。在这之前，郑洞国由于天天忙于打内战，早已厌倦了同胞间的互相残杀。现在能够有一个机会为国家效命疆场，尽军人的守土之责，所有人的心情都为之振奋。

3 月中旬，日军第 8 师团移兵古北口，欲集中兵力一举击破中央军，4 月 20 日至 28 日，中日军队在南天门一线进行了八昼夜的血战。郑洞国率第 17 军 2 师 4 旅坚守南天门一线阵地，在古老的长城上，将士们只能忍饥受冻，以血肉之躯与兵力和火力都占绝对优势的日军殊死鏖战。

战役期间，郑洞国曾奉命率部撤往后方休整，行军途中忽闻接防的第 83 师阵地被日军突破，部队伤亡惨重，师长刘戡愤而自戕未遂，形势岌岌可危。郑洞国心急如焚，立即率部星夜弛返前线，向日军发动反攻。此时国军阵地已大部失守，大批日军蜂拥扑来。郑洞国因兵力单薄，多次反攻失利。在这紧要关头，为示必死的决心，他脱掉军衣，只着白衬衫，提着手枪，亲自率领部队冲锋，官兵们见状士气太增，个个争先与敌拼杀，一时杀声震天，硬是将敌人击退了。

至 5 月中旬，中国前线各军终因伤亡惨重、后援不继而先后节节抵抗后撤。5 月 31 日，长城抗战宣告失败。1935 年 6 月，国民政府与日本签订了丧权辱国的《何梅协定》。消息传来，郑洞国痛心不已，只能含泪撤出北平。次年秋，第 2 师师长黄杰调任税警总团团长，郑洞国接任师长职务，成为国民党军界一颗冉冉升起的新星。

二、力挫“钢军”

1938 年第一次南岳军事会议结束后，郑洞国被汤恩伯委任为 31 集团军第 98 军军长。他在任不到一月，就受好友杜聿明之邀请降格出任新编第 11 军荣誉第 1

师师长。荣誉第1师是由抗战初期伤愈归队官兵组成的部队，作战有经验，军事素质较好，但内部人事关系复杂，纪律松弛，很难统驭。

郑洞国到任后，知人善任，赏罚分明，对部队一再严明纪律，加强训练，如某团长嗜赌成性，恶习难改，经再三劝导无改，郑洞国立即将其免职，于是全师肃然。经过近一年的努力，荣誉第1师的面貌焕然一新，战斗力大为加强，成长为一支沙场劲旅。

1939年11月初，日军为切断桂越国际交通线，威胁中国后方，出动一个半师团兵力由北部湾海面登陆，在很短时间内连陷钦州、防城、南宁等重镇，日军第5师团第21旅团更是疯若猛虎，一口气攻克了南宁西北重要屏障昆仑关天险，桂南战局极为危殆。

此次登陆的日军主力，是日军台湾混成旅团和号称“钢军”的第5师团，这个第5师团，是日寇侵华的“急先锋”，先后参加了南口、忻口、太原、台儿庄、广州等许多重大战役，尤其是第21旅团的官佐士兵，大部分都是日本山口县人。此地历史上即为武士多出之地，武士道精神盛行，秉性凶狠残暴，是第5师团中坚力量。

此时的第21旅团旅团长为中村正雄少将，今村均赞誉中村正雄的部队“能劈开钢铁和顽石”；安藤利吉则夸奖他是“折不断的军刀”。虽然中村正雄攻陷昆仑关后业已返回南宁，可他辖下的21、42两个联队（相当于团）6000余人仍然驻守在昆仑关及附近九塘、八塘等要地。

12月18日夜20时，荣誉第1师右翼第2团，左翼第3团，乘着黑夜向前运动，分别推进到老毛岭及439高地附近。他们动作很轻，到达预定地点后便悄悄地潜伏下来。

荣誉1师师长郑洞国、副师长郑经儒及参谋长舒适存，将长塘的师司令部迁到长塘南端的战斗指挥所。郑洞国面对昆仑关方向凝视着，久久无言，他身旁的参谋说：“离进攻时间还有一会儿，师长，要不你睡一会吧。”

郑洞国却没理睬，他只道：“我们的前方，就是昆仑关！这里是北宋名将狄青大败侬志高的古战场，是我中华健儿平寇扬威之地，今日，我国军将士，也必能在此大败日寇。”

副师长郑经儒也振奋起来，对师部参谋秦维亚道：“你把我们在昆仑关大战的情况记录下来，好让后人们记住，是我们国军战士的血肉之躯，筑成了真正的昆仑关，让我们的儿子、孙子世代永记这一历史……"

参谋长舒适存看看手腕上的夜光表，提醒郑洞国："师座，时间快到了。"他转头又对通讯参谋们说："23 时左右翼同时发动进攻后，注意及时联络，先拿下昆仑关周围的高地，然后迅速完成对昆仑关的包围。"

郑洞国深吸了一口气，说道："全体注意啦。"

大家不约而同地看了看表，然后一齐盯向指挥所外的天空。

时间一秒一秒地过去，每一颗心都在紧张中极力忍耐着。

第 5 军建军以来第一次大战，就要开始了。

随着两颗红色信号弹的腾空而起，荣誉第 1 师 2 团和 3 团的士兵们，在 2 团长汪波和 3 团长郑庭笈的指挥下，以迅雷不及掩耳之势发起了夜袭，右翼第 2 团首先攻上了 441 高地和老毛岭，接着第 3 团也攻上了 600 高地。他们的动作之快连郑洞国都翘起了大拇指："汪波、郑庭笈干得不错，给我争了脸。"

为了夺回 600 高地，昆仑关的日军在山炮、迫击炮、轻重机枪的掩护下，开始反扑，在离山顶日军阵地前铁丝网不远的荣 1 师 3 团，则组织起了密集的火力网封挡住反扑上来的敌人。

郑洞国

激战至次日拂晓4点，第5军的一线部队在战车和炮兵的协助下，对昆仑关正面之敌，展开猛烈攻击。上午10时许，驻守九塘的日军几十门山炮、野战炮不断轰击600高地，步兵乘势向该高地再次反扑。整个高地硝烟弥漫，火光四起，惊心动魄。

因为中村正雄第23旅团所属的21联队和42联队全部主力，加上野战炮兵第5联队、独立山炮兵第2大队之各一部，轮番向600高地发起进攻，600高地受到了敌人炮兵的严重威胁，再这么下去，3团是坚守不住的。

郑洞国举着望远镜，一刻不停地观察着阵地的变化，看到如此局面，他立刻下令：“左翼部队迅速迫敌于昆仑关，以重炮轰击九塘的敌炮兵阵地。”

不一会儿，在思陇、马岭圩占领阵地的第5军炮兵团的重炮轰鸣起来，开始对昆仑关东西高地进行轰击。炮弹的落点相当准确，一发发都落在九塘敌炮兵阵地上。荣1师的士兵们不禁都为自己的炮兵欢呼起来。

郑洞国用望远镜看得清楚，他直点头说：“炮团的这帮小子打得真准!”

日军两次冲锋过后，死伤累累。此时，日军最前线的田村中队长急红了眼，他挥舞着指挥刀在后督战，只许前进，不得后退。他命令所有日军冲锋士兵统统上刺刀，准备突上高地时采取日军独特的白刃战。

日军士兵在军刀的督战下，“嗷嗷”叫着，他们踩着尸体开始冲锋。在日军凶悍的强行突击下，600高地终于被端着刺刀的日军士兵突破了一个口子。

荣1师被敌人不断反扑后，伤亡很大，不少阵地都在进行短兵搏斗。郑洞国在步话机里向2团长汪波和3团长郑庭笈喊道：“你们要退下阵地，我郑洞国就上去和小鬼子拼刺刀！”3团的国军战士们，与突进上高地的日本兵展开了贴身肉搏，由于混战在一起，有的战士手榴弹扔不出去，索性就让它在手里爆炸，他们硬是用血肉之躯挡住了日本兵的刺刀……

荣1师的右翼部队由于没遭遇日军主力，进展顺利，他们攻占了411高地和老毛岭，上午11时前，又攻占了罗塘南端高地及600东北高地，并向昆仑关方向迫近。

激战到中午，右翼的日军抵挡不住了，且战且退，纷纷退至九塘。但是公路东侧，界首西北及600高地南侧等高地的残敌，仍在继续顽抗。

下午2时，通讯兵来报告右翼部队进展至429高地及上廖附近，左翼部队进展至枯桃岭至同平一线。

此时，郑洞国一直举着的望远镜终于放了下来。

三、喋血昆仑

战斗至12月21日，第5军各部从三面紧迫昆仑关，新22师一部、左侧支队仍在竭尽全力拦截日军中村支队和其他增援日军，浴血阻击之中，64团第3营营长李振一身受重伤，古流岭的3营阵地也陷入日军之手。邱清泉在电话里大骂道："谁敢放过去一个日本人，老子就枪毙谁。"

200师方面，戴安澜派出的598团好不容易占领罗塘高地，旋即失守，600团战斗到天黑，曾经一度迫近昆仑关前200米处，但由于遭到公路两侧敌人的侧击，立不住脚，终于退出。599团将界首东北附近高地约一大队日军成功击溃，进展倒还顺利。

荣1师方面，大队日军为打通七塘、八塘间的交通，从拂晓开始与荣1师第1团激战于板壁附近。荣1师主力转向九塘攻击，第1团第1营的尖刀排长黄鸿江率队冲在最前，他手下的战士们，抡起专门配备于山地丛林作战的雪亮的大片刀，硬是砍开了阵地前第一道铁丝网，但终因敌人火力网密集，而且阵地内有数道铁丝网，第1团几经突击未能奏效，士兵接二连三栽倒在铁丝网前……

新22师方面，由于日军增援之敌不断涌来，新22师在五塘、六塘激战伤亡很大，杜聿明命令该师在马鞍山、春虎山、林村、鹿鸣山一线占领阵地与敌对峙。

第5军攻击竟日，在攻克昆仑关外围一些日军阵地之后，便一无进展。各处均在激战，攻守两方此时都显出了疲态。

12月22日，第5军200师与荣1师，在戴安澜和郑洞国两人的指挥下，同日军展开车轮大战，轮番攻击。中国将士虽英勇异常，但据守昆仑关、九塘之敌凭借有利地形，仍然固守据点，一次次挡住了200师与荣1师的攻击。

至23日黄昏，昆仑关一带的土地，每一座山丘，每一片沼泽，每一条河流，几乎每一寸土地上都有士兵的鲜血。所有人的眼睛也是红的，仿佛向外溢冒着鲜血，战车、战马、炮车、军装，或多或少都有片片血迹。

几天来，负责主攻昆仑关一线的第5军，虽然频频攻击，可成效不大，代价不小。杜聿明在南天村军指挥部，召集师以上军官会议，检讨失误，分析原因，准备重新调整组织进攻。

戴安澜首先发言道：“我军虽然对敌加紧包围，终未奏效，主要原因是我们的两个师正面攻击过宽，达十多公里左右，实施普遍攻击，未选择重点进行打击，时间一长，攻击的底气就显得不足。”

郑洞国表示赞同，他接着补充：“我军步炮协同不良，炮兵火力分散，适应山地作战山野炮转移阵地频繁，时间延误太多不说，弹药消耗甚多，成果甚少。”

邱清泉则牢骚满腹说：“攻击开始以来，已历六日，久攻不下，官兵辛苦过度，无暇恢复体力。还有就是日寇的空军起了很大作用，我们的战车和火炮阵地被击毁甚多。空军呢？我们的空军上哪儿去了？说是来支援我们，其实就21日下午来了一次，一个大队由北向南在敌阵地上空盘旋乐两周，只他妈扔了几枚炸弹，没20分钟就溜了，真不是东西！”

杜聿明叹口气说：“这个情况恐怕白长官和张长官也管不了，我要直接向委座发电，要求空中支援。”

杜聿明接着道：“诸位都谈得很好，我看正面部队，的确有立即调整部署的必要性。昆仑关敌人固守据点顽抗，不对其一些主要据点进行重点打击，敌实难以瓦解。我们要集中力量，先行攻略敌左翼要点罗塘高地，攻击时间从24日下午15时开始！”

邱清泉发表意见说：“军座，15时我看不行，那时正是敌机最猖獗之时”。

杜聿明略加考虑了一下，颔首道：“好，那就17点以后开始，等敌机回去后再行动。请各部注意，我们的军事打击重点方向，是罗塘高地及附近地区。炮兵团明日上午将观测所尽一切可能向前推进，以全部火力对罗塘高地轰击，200师和荣1师第3团同时协同攻击该高地。”

调整了进攻部署之后，荣1师以第1团防守441高地，并以主力确保在六扒、六寻一线监视九塘至昆仑关间之敌。第2团则在重炮掩护下，对罗塘南端高地进行攻击。

第2团团长汪波将所有步兵编足约有三个连，归第2营营长冯军山指挥。他命令每名步兵携五枚手榴弹、一把大刀或钢锹以及锄头之类的工具。他们冲到铁丝网前拼命地抡砍，打开一个缺口，再让部队往里冲。撕开铁丝网冲进去后，2 团战士与日本士兵用手榴弹展开了对攻。手榴弹用完，就用大刀与日本士兵展开肉搏，终于占领了罗塘南端高地。

荣 1 师在打扫完罗塘南端高地的战场之后，师长郑洞国发出命令："第 3 团由罗塘南端高地，向昆仑关攻击。"

第 3 团接令后，决定由第 2 营担任主攻，第 1 营和第 3 营担任两侧的掩护。

机枪声很快又咆哮起来，经过片刻歇息的士兵，再次抖擞起精神，戴上钢盔，发起冲锋。

天逐渐黑下来，枪炮声依然不断，攻击的力量有增无减，中国军队一寸一寸地向前推进。在这个不会出现敌机的夜晚，第 5 军两个师的步兵进行了通宵激战。

步兵们在炮火的掩护下，很快冲到了日军阵地前沿，数十枚手榴弹如同大炮齐射一般投向了阵地前沿的铁丝网。士兵们从炸开缺口的铁丝网处冲进去，依然是刺刀、大刀、手榴弹、机枪、步枪、掷弹筒，到处都是刀光血影，尸肉横飞。

12 月大冷的冬天，一些士兵却索性光着膀子，举着大刀片，腰里插满手榴弹向前发起冲击。界首东、西、北三面据点的敌人惊呆了，他们纷纷逃离阵地。

当东方的旭日喷薄欲出的时候，两路士兵对日军实施奋勇夹击，荣 1 师第 3 团的士兵率先冲进了昆仑关.

郑洞国在指挥所得到 3 团 2 营占领了昆仑关的消息后，兴奋地说："嘉奖他们，一定要嘉奖他们。"

1939 年 12 月下旬，从西伯利亚袭来的冷空气翻越过南岭，前锋来到了两广沿海一带。12 月 31 日夜间，对日本侵略军来说，是"最寒冷的一夜"，他们从精神上感到的寒冷远远超过肉体上的寒冷。

无论是日军的军官还是士兵，只要参加过这场昆仑关大战的日本军人，都对奋不顾身、前仆后继、潮水般地发起无数次强攻的中国第 5 军将士留下了极其可怕的印象。

也就在那场昆仑关大战后，很多日本人都意识到，这场对华战争，他们也许永远不可能胜利了。他们已经清楚地看到，无论是国民党，还是共产党，中国人在这场保卫祖国的战斗中，已经成长为一个不可战胜的伟大族群……

昆仑关战役也是日军予以承认的仅有的几次对方勇猛程度超过自己的战斗，在交战中阵亡的日军中村正雄少将曾在日记中写道：帝国皇军第 5 师团第 21 旅团，之所以在日俄战争中获得了"钢军"称号，是因为我们的顽强战胜了俄国人的顽强。但是，在昆仑关，我应该承认，我们遇到了一支比俄军更加顽强的军队……

四、远赴印缅

1942年1月，蒋介石就任中国战区盟军最高统帅，同时中方根据中英军事同盟的协议，于次月成立了"中国远征军第一路司令长官司令部"，指挥中国远征军进入缅甸与英军并肩对日作战。

在随后进行的六个月战斗中，尽管英军不断掣肘，中国远征军仍然独自奋战：第5军第200师戴安澜部与敌激战同古达12日之久，新编第22师廖耀湘部逐次抗敌于斯瓦河南北两岸，第66军新38师孙立人部营救英军第1师及装甲第7旅于仁安羌，可谓是战绩不斐，直到腊戌失守，中国远征军才不得不退出缅甸，远征军主将杜聿明率部历经千难万险，自野人山兵败归国。

面对缅甸战场盟军溃不成军的败局，史迪威作为美国派往中国战区的参谋长，中国远征军名义上的最高指挥官，他把一腔怨气发泄到了中国军官身上。史迪威认

中国远征军将领合影

为中国士兵英勇、顽强，坚韧，有吃苦精神，而军官方面，除了孙立人等少数留美的之外，大多数都协作精神差，拉帮结派，贪图自保，因而在这位盟军中国战区参谋长的脑子里很早就酝酿出了“要中国兵不要中国官，尤其不要中国高级军官”的想法。

9月，经史迪威与英国驻印当局多方接洽，英方同意开辟蓝姆伽（加尔各答西北）作为中国军队的训练基地，撤往印度的中国军队遂陆续向该地集结。

面对这支溃散大军的繁重整训任务，史迪威自然不敢信任他手下的中国军官。当初远征军入缅时，以第一路司令长官司令部副司令长官兼第5军军长杜聿明为首的中国军官唯蒋介石之命是从，而对他史迪威则抗令不遵，多有冒犯，史迪威至今记忆犹新：1942年4月乔克巴当之战中，史迪威和远征军第一路司令长官罗卓英坚持要将第5军200师调往乔克巴当迎击当面之敌，而杜聿明却认为，乔克巴当并无大敌，调远在300里外的200师前往迎敌实无必要。为此，杜与史、罗唇枪舌剑，争辩激烈，杜骂史是“瞎指挥”，史讥杜是“畏敌怯战，保存实力”，以致杜聿明在其面前愤然将玻璃茶杯摔得粉碎！

自杜聿明回国、远征军撤至印度后，史迪威对罗卓英的不满也日渐膨胀起来。作为中国通，史迪威非常了解中国军队中虚报冒领、克扣军饷“吃空额”等腐败现象。为杜绝这些苗头在他主持的基地里发生，他煞费苦心地建立起“补给到连，供应到人”的后勤保障体制，特别是坚持以集体点名的方式，直接把津贴费发放到每一个士兵手中。这一做法，受到广大基层官兵的拥护和欢迎。而以罗卓英为首的一批国军高级将领却对此耿耿于怀。

罗卓英这位中国远征军的司令官到蓝姆伽之初，就由他来分发全军官兵每月45万卢比的军饷。但史迪威发现罗卓英有克扣军饷的嫌疑。作为军人，史迪威认为这是绝对不可以原谅的犯罪行为，他立即向蒋介石痛陈这一卑劣的恶行，坚决要求把罗卓英驱逐出基地。

既然对中国军官信任不过，史迪威遂向其总统罗斯福提出：从美国调来军官，接替驻印军营长以上的中国军官，罗斯福批准了这一计划。史迪威的意图很明显，通过这番抽筋去骨的大换班行动，将蓝姆伽的中国军队完全改造成一支由他本人控制的美国军队！

蒋介石开始并不知道史迪威的这着“歪招”。当300多名美国军官突然从飞机上走下来踏进蓝姆珈营地，新22师师长廖耀湘将此消息电告于他的时候，他当即气得头皮发炸：“娘希匹，这个美国佬是在抢夺我的这支军队呀！岂有此理！”

盛怒之下，蒋介石反戈一击，急召美国总统驻重庆的特使，要求特使速告罗斯福总统：撤换史迪威！可在罗斯福的眼中，史迪威不仅仅是美国军队中难得的中国通，也是代表他协助蒋介石抗击日本人的最佳人选，现在蒋介石要他走马换人，罗斯福自然不会轻易答应，他只是表示，那300名军官史迪威会妥加安置，绝不给中方为难，以安慰愤怒中的蒋介石。

中国的抗战此时正处在极度艰苦的时期，急需美方的援助，作为支持中国的军援大国，蒋介石当然也不想因史迪威的个人企图而与罗斯福闹翻。于是双方各作让步：蒋介石召回罗卓英，另派人去整编驻印部队；史迪威则将300多美国军官分成三部分加以任用：一部分去昆明建立训练基地，培训中国中下级军官，一部分配备到驻印军充当各级联络官，更多的则担任蓝姆珈基地的教官和管理人员。

一场风波就此平息了下来。1942年12月经中美双方商定，中国驻印部队拟改编为一个军，军长人选由中国派去。鉴于杜聿明与史迪威、孙立人关系之恶劣，已经不可能再回去，对于军长人选，蒋介石首先想到了邱清泉。

邱清泉曾以选拔考试第一名的成绩留学德国，学习军事，为蒋所器重，但何应钦认为，邱清泉性格刚烈暴躁，为人狂傲，易与美国人闹翻，影响美援，乃向蒋介石建议改派郑洞国。

郑洞国是黄埔一期毕业的名将，用兵稳健大胆，长于夜袭，其人在黄埔系中素称“长者”。虽然他并不具有长者的年龄，被黄埔同学们誉为“长者”的，是他宽厚的胸怀、博大的气度。

1943年2月，蒋介石宣布在驻印军序列下成立新1军，调任第8军军长郑洞国中将为新1军军长。新38师师长孙立人也由少将晋升为中将，兼任新1军副军长，新1军下辖三个师：孙立人新38师，廖耀湘新22师以及不久后将从国内空运入印的胡素新30师。

从此新1军在异国他乡的土地上升起了自己的军旗，这也是自1840年鸦片战争以来，中国人在国外组建的第一支军队。

郑洞国远赴印度的使命，并不仅仅是指挥作战，还要协调盟军人员同中国官兵的关系，团结部属，鼓励部队士气。他到任后，从抗日大局出发，不仅和孙立人、廖耀湘等中国驻印军的首脑人物安抚了中国军官对史迪威的逆反情绪，而且在美国人面前注意维护国家尊严，对于盟方某些损害中国民族利益的过分要求和做法，有理有礼有节地进行沟通和交涉。

盟军有识之士和郑洞国的共同努力，不仅使驻印军官兵与美军人员之间一度比较紧张的关系缓和了下来，还使双方的合作日益融洽，后来，随着反攻缅甸的战斗打响，双方在对日战斗中建立了更为信任的关系，甚至是血肉相融的友谊，为驻印军指挥部的协调一致和胜利收复缅北提供了重要的思想与组织保障。

五、威震域外

1944 年 4 月，正当蒙巴顿指挥英军在英帕尔与牟田口廉也的日军 15 军主力展开激战时，4 月 21 日，史迪威做出了一项颇为大胆的作战部署：奇袭密支那。

当然，这一部署也冒着很大的风险，盟军一路长驱敌后，情况复杂，结果难以预料。但是，不出奇招便难以制胜，最大的风险也意味着最大的成功。

密支那地处缅北铁路的终点，位于伊洛瓦底江西岸，周围多山，是一个地形稍有起伏的小平原，遍地都是浓密的树木，非常隐蔽。伊洛瓦底江经此向东南流，河床宽约 300 公尺到 800 公尺，船只通行，水清见底。除河流铁道之外，公路也四通八达，可以南去八莫，西至孟拱，北通孙布拉蚌，东面可通到中国的腾冲。飞机场就有两座，一座在城西五公里处的兰洼，一座在城北的新莫洛，与孟拱加迈，同是缅北的战略重地。

在中美联合突击队成功攻占密支那机场后，史迪威立刻将新 1 军空运到了密支那城下。盟军猛烈的炮击、轰炸过后，中国军队的全面总攻开始了，一时喊杀声、手榴弹爆炸声四起。

可是，飞机大炮并没有把日军全部消灭，他们像一群群耗子似地飞快地从藏身的地下工事里钻出来，猛烈向中国官兵射击。从坑道里的铁轨上推出来的快速炮也不停地开火，连珠般的炮弹使中国官兵死伤惨重，不少被炸断了手和腿的官兵在地上翻滚着发出了令人心悸的惨叫。

战场上的每一个官兵都不知道有多少人在进攻，战士们像大海里的巨浪翻腾着一波连着一波向着日军阵地冲锋，前面的打光了，后面的再接着上，整支部队打光了，又有刚刚赶到的预备队顶了上去，源源不断，中国人充足的兵源体现出了巨大的优势。有的人牺牲了，有的人负了伤。救护队不管已经断气的官兵，只赶着把伤员们抢运下来。有的顶上来的预备队一个四五百人的营，打了一天过后就剩下了两三个还能动弹。每天的战斗都像一部巨型的绞肉机，在大量地吞噬着鲜活的生命。

几乎密支那所有的地面上都铺满了厚厚的尸体，有身穿黄色军装的日本人，更多的则是穿美军卡其布军装戴有伪装网钢盔的中国军人。尸体有新鲜的，也有陈旧的，陈旧的尸体早已腐烂，那是世界上最难闻的气味。仍然奋不顾身进攻的中国士兵，呐喊着在臭气熏天的尸体和血泊之中穿行。

中国士兵在坦克、自行火炮、俯冲轰炸机的支援之下，用冲锋枪、轻机枪和刺刀，从一栋房屋杀到另一栋房屋，从这个地下室杀到另一个地下室，从一堆废墟杀到另一堆废墟，无数楼房成为了废墟，而废墟越多，日本人和中国人的尸体就越多。

面对这样残酷的战争，史迪威无计可施，7 月初，他和新 1 军军长郑洞国亲自赶到密支那督战。

郑洞国巡视全城，见敌我战况胶着，且日军依托工事负隅顽抗，拖延下去于己方不利。于是决定调整部署，郑洞国毕竟熟悉自己的士兵，他把总攻日期定于 7 月 7 日，卢沟桥事变七周年这个有号召力的日子。

7 月 7 日午后，中国驻印军集中所有火炮，对准敌军阵地齐射，进行弹幕式打击，几十门威力强大的新式火箭炮，第一次投入使用。盟军还出动了 20 多架 B-25“空中堡垒”大型轰炸机，用威力巨大的航空炸弹把敌军的浅表阵地翻了个。

经过半个小时的炮火准备后，新 1 军三个步兵师全线出击。他们用挖地老鼠的办法，一条坑道一条坑道、一个地洞一个地洞，反复扑杀、争夺，当日，中国军队肃清了城廓阵地，将敌人全部压倒在城区内，之后，新 1 军步步为营，掘壕推进，紧缩火网，一天一天逼近敌人。密支那城区昼夜枪声不断，火光冲天，敌我双方殊死搏斗，场面极为惨烈。

8 月 2 日，中国军队向死守在密支那市中心的残敌发起最后攻击，第 50 师师长潘裕昆挑选 100 名精壮士兵组成敢死队，突入敌军指挥所，一举瘫痪日军指挥枢纽。主力四面围攻，终于全歼守敌，日军密支那城防司令官水上源藏少将在一棵古树下用手枪饮弹自尽。

胜利后，郑洞国难抑兴奋的心情，立即电告蒋介石："此次日寇重武器及军用车辆遗失之巨，人员死伤遍布于沟壑者之众，狼狈溃逃其状之惨，有甚于两年前国军野人山之转进。追昔睹今，因此痛雪前耻，官兵无不振奋！"

蒋介石闻知后立即在重庆发布公告，高度评价了中国官兵在攻克缅北第一大城市密支那之战中表现出的爱国热忱和战斗精神。史迪威也因此役登上了人生事业的最高峰，8 月 2 日，他被美国总统罗斯福晋升为美国陆军四星上将。

此战后不久，郑洞国被免去新 1 军军长之职，升任中国驻印军副总指挥，并由孙立人接替他的新 1 军军长之职。在密支那，郑洞国为战死的中国官兵修建了一座烈士公墓和一尊纪念碑，他与史迪威、韦瑟尔斯、孙立人、廖耀湘等将领亲临烈士公墓，为战死的中国官兵举行了隆重的祭奠仪式。

始于公元 1942 年初的这场缅甸大战，历时三年整，战场横跨三个亚洲国家，先后有七个国家近百万军队投入战斗。中国军队在这个战场上表现了高度的民族主义和爱国主义精神，也走过了一条从失败到胜利的艰难历程。

从中南半岛直至喜马拉雅山南麓的辽阔土地上，数十万中国大军从东西两面夹击日寇，成为该战区盟军大反攻的主力。从胡康河谷、打洛、孟拱直到密支那，中国驻印军的凌厉攻势堪与任何欧洲战场的盟军相媲美。在怒江前线，日军尸横遍野，血流成河，他们的工事被摧留，据点被拔除，成师成团的日军士兵沿着滇缅公路不是挺进而是败退。

在日本人身后，穿草鞋扛步枪的中国士兵信心百倍乘胜追击，头上有美国飞机掩护轰炸，后方有成千上万的民工骡马紧跟大军的前进步伐，展现了中国人在反侵略战争中难得的扬眉吐气和气壮河山的战争业绩。

两次远征缅甸，名为中、美、英联合作战，实际上中国军队作为缅甸战场上的盟军主力，担负着最主要的作战任务，对于胜利的获得，中国远征军做出了极其重要的贡献，并为此付出了巨大的牺牲，他们，无愧于民族英雄的称号。

而郑洞国，则有幸成为了这场伟大胜利的见证者和创造者之一。

六、长春之围

1945 年抗战胜利后，鉴于国共两党之间发生的一系列矛盾和磨擦，郑洞国认为，国共双方之间大的冲突甚至内战迟早会爆发。他一面积极关注着国内形势的发展，一面思索自己的前途。但此刻的郑洞国并没有想到，自己很快就会被卷入到内战当中去了。

1946 年 2 月，正指挥大军抢占东北的国民党东北保安司令长官杜聿明因重病赴北平就医，邀请郑洞国去东北代其主持军务。次月，郑洞国飞赴锦州就任东北保安副司令长官、代理司令长官职务。他按既定部署，指挥几十万国民党军队沿北宁路节节推进。

3 月 13 日，苏联军队撤出沈阳后，国民党军队立即进占这座东北名城，并很快占领了一度为解放军控制的鞍山、营口、辽阳、海城、大石桥、抚顺等外围重要城市。

此后，国民党军队兵分两路：新 1 军和 71 军沿中长路向北进攻；新 6 军和 52 军各一部进攻沈阳东南屏障本溪。但这两路军队相继遭到东北民主联军猛烈反击，损失惨重。郑洞国不得不亲赴开原设前进指挥所，指挥北路军队与解放军决战。虽然杜聿明重病未愈，也匆匆由北平返回沈阳，指挥军事。

然而，由于解放军顽强据守四平街，国民党军队屡攻不下，一筹莫展。杜聿明决定暂缓对四平街的攻击，集中兵力使用在本溪方面。5 月上旬，国民党军队终于攻占了本溪。这时解放军部分主力由西丰南下，欲切断国民党军队中长路的后方联络线，开原、铁岭守军告急，杜聿明急委郑洞国为前敌总指挥，率新 6 军、71 军及 52 军各一部，星夜北上驰援。

经双方激烈战斗，解放军放弃了四平街，实行战略撤退，国民党军队乘机占领长春、永吉等许多城镇，与解放军沿松花江对峙，郑亦将指挥所移驻长春。

1947年初，北满东北民主联军渡松花江南下，发起夏季攻势，重创国民党军队，并占领了法库、昌图，以十几万兵力围攻四平街。南满东北民主联军也同时出击，继歼灭梅河口国民党军队一个师后，又攻占了重镇本溪。

东北战局恶化如此迅速，使蒋介石大为震惊，6月中旬，作为前敌总指挥，郑洞国奉命指挥53军先攻取本溪，解除东北民主联军对沈阳的威胁，然后转至铁岭，率新6军、93军、53军及52军一部北上驰援四平街。经过半个月的恶战，击退东北民主联军主力，四平街之围遂解，国民党在东北的战局才暂时缓解下来。

1948年2月，东北解放军相继攻占辽阳、鞍山、法库、营口等重要城市，3月中旬再克战略重镇四平街。为避免被解放军各个击破，在四平街战局吃紧时，卫立煌派郑洞国先后飞往长春、永吉，部署、指挥驻永吉的60军向长春撤退。

此后，国民党军队在东北仅剩下沈阳、长春、锦州三大孤立据点及周围少数中心城市，处境岌岌可危。为使几十万国民党军队在东北免遭覆没，郑洞国曾建议再进一步主动放弃长春，集中主力于沈阳、锦州之间，以期能战、能守、能退。

但蒋介石和卫立煌认为弃守长春会造成不利的国际影响，况且固守长春还可以拖住解放军南下的步伐，减轻沈阳、锦州方面的军事压力，所以没有采纳郑洞国的意见。非但如此，蒋、卫还拟让郑兼任第1兵团司令官和吉林省主席，担负固守长春的任务。此时长春已经在解放军的四面包围之中，郑洞国的许多幕僚、好友都劝他不要从命，郑洞国自己心中也颇为踌躇。

3月25日，在蒋、卫一再催促下，郑洞国只好“临危受命”飞赴长春，来到了被解放军重重包围的长春。在之后的半年里，长春没有经历致命的战火，却遭受了比战火更痛苦的煎熬——饥饿。

当时长春驻有新7军、60军及第1兵团直属部队、地方保安部队等约10万之众，市民亦有20万人。守军除尚控制着城外飞机场外，与外界联系均被切断，城内粮食、燃料匮乏，人心涣散，士气低落，处境艰难。郑洞国到任后，锐意整顿防务，安定人心，希望能凭借长春的坚固城防，长期固守下去。

5月下旬，郑洞国曾出动部分部队向城外出击，准备在城郊搜购一些粮食。解放军乘机反击。结果守军不仅兵力受到很大损失，连飞机场也丢失了。此后10万解放军在肖劲光指挥下攻城也被郑洞国击退，遂改强攻为长围。

1948年9月，东北解放军发起声势浩大的辽沈战役， 10月中旬，解放军攻克锦州，切断了东北国民党军队通往关内的咽喉要道，在长春、沈阳等地的几十万国民党军队顿成瓮中之鳖。

在锦州被解放军攻克前后，蒋介石曾几次严令郑洞国率部向沈阳突围，但因守军长期饥饿，体力虚弱，士气亦极低落，郑部下将领皆无突围信心，故突围之议几次搁浅。

10月16日，郑洞国下决心执行蒋的突围命令，召集部属制定了突围计划，决定在第二天拂晓行动。但当天夜里，曾泽生率60军宣布起义，打乱了郑洞国的部署，突围被迫中止。此时郑洞国虽然对突围已彻底绝望，却仍决心为“党国”效忠到底，拒绝了解放军方面要其停止抵抗的要求。他仍率特务团死守中央银行大楼，还亲笔写下与蒋介石的诀别书。

可到了此刻，国民党军的官兵们已经不愿再为腐败的国民党政权做殉葬品了。19日上午，新7军全体官兵宣布放下了武器。21日凌晨，据守长春中央银行大楼的兵团直属部队以突围为名挟持郑洞国宣告放下武器投诚，长春获得了解放。

七、永不言兵

当郑洞国放下武器，很沮丧地随着部队出城时，迎面开过来一辆美式吉普车，车上坐着的是与他对阵数月的兵团司令员肖劲光和政委肖华。肖华看到郑洞国走来，立即命令停车，下车走过来跟他握手、问候了一番，然后再乘车离去。解放军将领对他这个败军之将并没有趾高气扬、盛气凌人，这使沮丧到极点的郑洞国心情略好了一点。

晚上，在长春郊区四家子解放军兵团司令部，肖劲光和肖华请郑洞国吃饭，也是客客气气的，席间，心情极坏的郑洞国只顾低头喝酒，不肯讲话。酒过数巡才抬起头说：“我在国民党那里搞了20几年，现在失败了，当然听凭处置；至于部下官兵，如有愿意回家的，希望能让他们回去。”

郑洞国夫妇合影

当时，心如死灰的郑洞国只想当一个老百姓，并且生硬地提出："不广播、不登报、不参加公开宴会。"随后，他离开长春这座伤心之城，到哈尔滨思考人生去了。

在哈尔滨生活期间，郑洞国每天都通过报纸关注全国局势的变化。开始，一拿起报纸他就心烦，他当时的思想还是站在国民党那边儿，看到自己的阵营一败再败，心情可想而知。可到后来郑洞国的心情逐渐平静下来，他开始有时间认真读书，读毛泽东的书，也读马列的书，还有普列汉诺夫的著作。这些书至今还保存着，翻开这些已经发黄的书籍，可以看到郑洞国当年用红色铅笔所画下的重点。

1950 年 8 月，郑洞国因身体不适到上海就医，途经北京时，肖劲光、肖华两位将军请他吃饭，希望他参与到解放台湾的工作中。郑洞国沉吟再三，最后还是谢绝了。两岸统一是他愿意看到的，可让他自己去拿着武器跟从前的长官、袍泽厮杀，按照他的一贯道德和操守，又不愿这么做。

到了上海之后，通过自己的观察，郑洞国发现还是共产党有办法的。1945 年，抗战刚刚胜利时，郑洞国是第 3 方面军副总司令，负责接收南京和上海。当时他亲眼看到了上海物价飞涨，流氓阿飞横行，社会乌烟瘴气。可到了 50 年代初，解放军进入上海才一两年，共产党就把上海治理得非常好，这对郑洞国的思想冲击很大。一方面他对自己过去从事的事业感到悲哀；另一方面，又在共产党身上看到了希望，这个希望符合他年轻时候的理想。

1952年，郑洞国应周恩来之邀，从上海迁居北京。迁居可不止是简单的搬家，那就表示接受新中国共产党的领导，参加新中国的建设，这是一个政治上的决定。

来到北京，郑洞国被安排到水利部当参事，一天，郑洞国收到了毛泽东请他到家中吃饭的请柬，面对这个邀请，郑洞国当然很高兴，但他同时也很紧张。

郑洞国这个人并不趋炎附势，抗战胜利后蒋介石曾想提拔他当侍从室侍卫长，负责保卫领袖安全，这是一个在别人看来天大的美差，可是郑洞国坚辞不受。其中一个重要原因就是他受不了校长的脾气。这次到毛泽东家吃饭，郑洞国也有些战战兢兢。

毛泽东很了解郑洞国的心理。郑洞国一进屋，毛泽东就从沙发上站起来，迎到门口，用湖南话讲："郑洞国，你这个名字好响亮啊。"贺龙，叶剑英他们也在旁边笑了。

坐下来以后，毛泽东问："你吸不吸烟?"郑洞国回答说："吸。"

毛泽东的烟就在茶几上，郑洞国拿出一根就要点。毛泽东又从沙发站起来，拿着火柴给他点烟。郑洞国顿时百感交集，他无法想象蒋介石会给谁点烟，当年郑洞国在蒋介石面前，那真的是一点儿都不能含糊，毕恭毕敬。在这一刻，郑洞国确确实实感到毛主席和蒋校长大不一样。

郑洞国曾在家里看过"毛选"，学马克思主义理论，可他没什么基础，学起来有难度。郑洞国想求教，就问毛泽东："您的马列主义是怎么学的?"

毛泽东告诉他："当初做工人运动时，开始工人都不理我，我整天在铁道上转来转去，心里特别痛苦，也着急。后来明白了，脸还是娃娃脸，身上还是学生装，所以工人跟你有距离。一个人只有把架子放下来，思想转变了，立场才能转变。"

毛泽东的这些话，深深影响了郑洞国，从此他开始真正改变立场。1954年9月，在第一届全国人民代表大会第一次会议上，毛泽东亲自提议他为国防委员会委员。郑洞国先后任全国政协第三、四届委员，第五、六、七届常委，黄埔同学会副会长；自1979年起，郑洞国任中国国民党革命委员会副主席。

1991年1月27日凌晨，这位穿过了东征北伐的枪林弹雨，走过了古北口、台儿庄、昆仑关、缅北等征战之途，跨越了孤城死亡之线而获得新生的一代名将，走完了他 88 年的漫漫人生道路。临终前他说：“我现在对国事、家事均无所憾，只可惜没有看到祖国统一。将来国家统一了，国民革命就算彻底成功了。”

历史评说

1991年2月26日，当郑洞国遗体告别仪式在北京八宝山公墓礼堂举行时，新华社在对海内外发布的电讯中，对郑洞国的一生给予了高度评价。几乎与此同时，在海峡彼岸的台湾，也举行了郑洞国追悼仪式。

这在数百名黄埔系将领中，是极其罕见的，郑洞国与杜聿明，也是仅有的两个同时被台海两岸追悼纪念的中国国民党将领，历史已经证明，英雄不朽！

从黄埔军校走出来的 CONGHUANGPUJUNXIAOZOUCHULAIDE
GUOGONGLIANGDANGGAOJIJIANGLING 国共两党高级将领

二

丛林之虎——廖耀湘

廖耀湘性格倔强外向，说话不拘小节，素来喜欢和士兵插科打诨开玩笑，一口湖南腔句句带“脏”字儿，在他的部下中间具有很强的亲和力，新6军特别是新22师深受他的影响，也养成了在嬉笑怒骂中冲锋陷阵视死如归的战斗作风，更赢得了开国上将韩先楚的惺惺相惜。

小档案

姓名字号： 廖耀湘，字建楚

籍　　贯： 湖南省邵阳县（今新邵县）

生卒年月： 1906.4.12—1968.12.2　卒年 62 岁

毕业院校： 黄埔军校、圣西尔军校

军　　衔： 中将

最高军职： 国民革命军第 9 兵团司令官

一、后起之秀

在国民党著名将领中，执掌国军五大主力之一新6军的廖耀湘，可谓是威名赫赫，不过论起资历来，廖耀湘只是黄埔六期毕业的小老弟，在诸多一、二期老大哥面前，乃是真正的后起之秀。

1938年3月，国民党军事委员会组建机械化师，而该师迫切需要一个学过机械化的人来担任参谋长。军政部长何应钦遍查军官留学生学历，发现廖耀湘在法国圣西尔军校学过机械化骑兵，于是廖耀湘被任命为中国第一个机械化师——第200师少将参谋长。

同年10月，国民党军事委员会又以第200师为基础，扩编为机械化军——杜聿明为副军长的新编第11军，这个军增编新22师，由邱清泉任师长，廖耀湘则调任新22师副师长，因为邱清泉未及时到任，由廖耀湘代理师长一职。不久新11军又增编了荣誉第1师，番号改为第5军，杜聿明任军长。

在第5军期间，执掌新编第22师这样一个机械化师，廖耀湘可谓如鱼得水，无论是讲、训、操练均能应付自如，其表现深得军长杜聿明、师长邱清泉的信任，由其负责整训师作战部队的实际工作。

廖耀湘精通部队训练，无论大小演习都能临时口述“想定”，精心指导；课堂传授，语言生动，讲解精辟，深得官兵敬佩。操场训练，自团、营、连、排、班教练至单兵动作，均能详细讲解示范。

有一次，他下连队视察，在观看实弹射击时，听有人说枪不好使，影响射击成绩，他当场接过枪射击，三发三中，全场顿时肃然，无不佩服其神技。他尤其重视对骨干的培训和部队的精神教育、军容军纪的整饬。新22师经他几个月的整训，纪律严明，士气高昂。

国民政府军事委员会校阅组在点验该部时大加赞誉道：“第5军居西南各军第

一，新22师为5军第一。”

1937年抗日战争全面爆发，廖耀湘升任中央军校教导总队第二旅中校参谋主任，参加了淞沪战役和南京保卫战。国民政府撤退至武汉后，廖耀湘升任军官训练总队上校大队长，并上书蒋介石，提出了新的建军改进方案，从此得到蒋介石赏识。

1939年9月13日，日军大本营作战部长富水恭次少将提议，可以趁英法对德作战，无暇顾及远东殖民地这一大好时机，派兵力迂回中国南方，攻占钦州、南宁、切断中国与法属越南之间的运输通道。而这条隐藏在深山密林之中的运输线，对中国的抗日战争十分重要。来自国际的援助和中国政府在国外购买的大量军备物资，都是从这条运输线源源输入中国国内，这是中国抗日作战能力的保障之一。如果封锁了这条运输线，中国必将遭受巨大损失。

富永恭次的提议很快在日本内阁会议上通过。10月16日，按照大本营的指示，在华日军的最高指挥机关“中国派遣军”司令部下达作战命令：“第5师团、第28师团、台湾旅团与海军协同，攻占钦州、南宁、镇南关、昆仑关。”

11月16日，日军今村均第5师团的第21旅团在钦州湾内的朱屋、茅岭、典屋屯一带，台湾旅团在钦州东岸的揽屋地区相继登陆。中国守军寡不敌众，于16日晓败退出钦州城防。日军随即兵分三路，沿钦州至南宁公路向前火速推进。

在大批飞机支援下，日军攻势如狼似虎，于11月24日上午到达南宁城外，还未曾歇一口气就向城内守军发起攻击，两军激战六小时后，中国守军难以抵挡，被迫撤离城区，南宁失陷。仅仅十天后，昆仑关又宣告失守。

12月7日，蒋介石回电同意了白崇禧反攻的建议，决定集中部队发动“桂南会战”，以昆仑关地区为主战场，向进犯广西的日军发起反攻，收复南宁。

在中国军队秘密进行作战准备时，占领昆仑关的日军也在夜以继日地抢修工事。他们在关口周围的高地上筑起碉堡群，设置起层层火力网，准备对这个战略要地进行长期踞守，并做好了迎击中国军队反攻这里的准备。

防守昆仑关一带的日军部队是第5师团的中村正雄21旅团，昆仑关上驻扎的是这个旅团的第21联队。联队长三木吉之助大佐看到坚固的工事体系为昆仑关险上加险，十分得意，对部下说，用中国人的话来说：“这叫一夫当关，万夫莫开。”

12月18日凌晨1时，杜聿明向第5军各部下达攻击命令。军直属和各师的炮兵集中火力向日军阵地发起猛烈轰击，寂静的夜晚被突然而密集的炮火撕得粉碎，昆仑关及周围各高地立时腾起团团浓烟和火光。

日军从梦中惊醒，慌乱地进入阵地，开炮向中国军队还击。凌晨2时，昆仑关日军21联队长三木判明中国军队重兵攻击昆仑关，他越级直接向第5师团长今村均发电报告并求援，今村均接到电报之后大为震惊，只好从南宁抽调兵力赶去增援。

在第5军正面主攻部队与日军激战的同时，邱清泉与廖耀湘率领新22师严密注视南宁方向。古代的一个著名战法称为“攻其必救”，日寇企图盘踞昆仑关控制桂南，对中国军队攻击昆仑关不可能无动于衷。

下午5时许，第一批增援日军800多人乘着31辆汽车到达昆仑关以南的六塘。日军下车后摆开战斗队形，向昆仑关急速前进。这股日军向北走出不到一公里远，忽听身后几声巨响，只见过来路上的几座桥梁全部被炸断，新22师机械化战车部队突然出现，先断了敌人退路。

接着，令日军恐怖万分的情景出现了，一辆辆钢铁战车冲出树林和伪装物，朝日军的队伍猛扑过来，缺乏重武器的日寇对战车无可奈何，只能不住败退，直至溃不成军，一片片丧身枪炮之下，剩下的纷纷向公路两旁山沟和树林夺路而逃。

埋伏在公路两侧的新22师步兵部队正等着心焦，见溃败的日军惶惶而来，自然毫不客气，火力全开，日军第一支增援部队就这样干净利落地被歼灭了，亲临一线的廖耀湘此时看了下手表，他在这场昆仑关战役的第一个胜仗仅用一个小时57分钟。

奋战至30日，郑洞国的荣誉第1师终于攻克了昆仑关最后的屏障界首，次日，杜聿明命令新22师替换下业已疲惫的200师，围攻昆仑关。迎着黄昏如血的夕阳，新22师官兵顽强地向昆仑关发起一次次攻击。一批批怀抱炸药包和集束手榴弹的士兵在接近敌人地堡的途中中弹牺牲。仅一个小时，第一批打主攻的九个步兵连中有七个正副连长伤亡。至中午11时许，新22师分别将昆仑关东、西、北阵地攻克，消灭日军大部，完全占领昆仑关。

残敌200余人弃关南阵地向九塘溃逃，新22师官兵冲入敌核心工事，缴获了一面烧得剩下半面的日军军旗。

1940年元旦，恼羞成怒的日军第5师团长今村均再次命令在九塘的800多名日军，加上从昆仑关逃出来的200多人，向昆仑关发起反扑。

1月4日，中日两军在九塘展开激战，第5军官兵见胜利在望，越发英勇无比，日军台湾旅团二个联队仓惶防守了三个小时，损失百余人，再也无力坚持下去，于午前 11 时杀开一条血路向南宁方向溃逃。

就在杜聿明下令停止追击，战斗即将结束时，一枚日军炮弹在一直冲在最前线新 22 师师长邱清泉战车旁边爆炸，造成战车侧翻，幸好邱清泉受伤倒不是太严重。

1 月 5 日清晨，杜聿明亲自为去柳州医院治疗的邱清泉送行，并让廖耀湘代理师长职务。不久之后，邱清泉升任第 5 军副军长，廖耀湘也顺理成章的正式出任新 22 师师长。

二、血色远征

1941 年 12 月 7 日，日军偷袭美国珍珠港，太平洋战争爆发。

从中国、西南太平洋到大洋洲、中南半岛，都遭到了日本侵略者的铁蹄蹂躏，这一年，日本与德国在全世界高歌猛进、耀武扬威，而英国人在东南亚一败涂地的局面更让中国政府陷入了绝境。

而英国人在日本人面前溃不成军，望风而逃的糟糕表现，使得丘吉尔已经不能再维持高贵的绅士架子了，只好请美国驻华军事代表团团长马格鲁德准将代替他向蒋介石发出吁请："鉴于英国在远东节节失败，缅甸危在旦夕，希望中国军队从速入缅，保护滇缅公路的安全。"

1942 年 3 月 8 日，就在蒋介石正式任命史迪威为中国战区参谋长，即将入缅指挥中国军队作战时，传来了仰光陷落的噩耗。

四天后，中国远征军第 1 路司令部正式成立。卫立煌被任命为司令长官（未到任，后罗卓英继任），杜聿明为副司令长官，在卫立煌未到任前由杜聿明代理司令长官，并由第 5 军作为远征军主力部队。

这是一支刚刚在昆仑关战役中大败日军、战功卓著的全部机械化装备的精锐之师。

这是一幕激动人心的场景：军容威武，队列严整，马达轰鸣，车轮滚滚，崭新的步兵输送车、坦克车、弹药车，各式炮车、辎重车，一水的美国货，这难以计数的车辆，仿佛是一条巨大的钢铁长龙，沿着滇缅公路浩浩荡荡，一路进发。

就这样，廖耀湘率领的新22师在老上司杜聿明的率领下，开始了将给他的军事生涯带来至高荣誉的血色远征。

同古保卫战是中国远征军来到缅甸后的第一战，1942年3月20日，气势汹汹的日军第55师团在飞机的掩护下，挺进到同古城下，向戴安澜的第200师展开了大举进攻。

伴随着密集的炮群轰鸣和飞机尖厉刺耳的俯冲轰炸声，日军一波又一波扑向远征军。同古外围一整天都是枪炮隆隆、硝烟弥漫。在几座小高地上，双方反复争夺，谁都不肯后退一步，但谁也无力打垮对方。但始料不及的是，小鬼子明修栈道、暗度陈仓，此时处于同古后方的克永冈飞机场丢失了。

机场失陷，200师的物资补给被日军成功切断，这是中国远征军进入缅甸以来遭到的沉重打击，同古形势骤然严峻起来。

突然间一个可怕的消息传来，自私自利的英国人终于抛弃了中国盟友，他们擅自撤退，甚至都没有通知中国人一声，就把同古侧翼暴露给了日本人。紧接着又收到消息，英国人仓皇逃跑后，西面的南阳火车站即旋宣告失守，日军第18师团已从马来西亚火速赶到同古参战，日本人的援军正通过铁路源源不断赶至同古，大大改变了战场上的力量对比。

此时孤军奋战了12天的200师官兵伤亡已逾3000人，弹药将尽，给养不继，三面被围，已经陷入即将全军覆没的险境。

盟军中国战区参谋长史迪威一味督促廖耀湘抓紧进攻，与戴安澜会合，他希望200师能坚守同古，等待远征军和英国人全军南下，收复失地。

但杜聿明认为原先制定的同古会战方案已经不切实际，并且太冒险——事实已经证明英国人战斗力奇差，平时一味仰仗空军助阵不说，如今不要说飞机，连他们自己都自身难保，哪里会有心思援助中国人？而远征军预备队余韶的96师尚在后方，任何一支军队，在没有预备队的情况下发起进攻都是极其危险的。

最初杜聿明还对史迪威怀着一种好感，也支持史迪威的作战计划，但战场的态势让他原本就有所顾虑的疑心愈发加重，杜聿明认为，史迪威明显偏向英国人，拿着中国军人的生命来维护英国人的利益。他甚至深信史迪威和亚历山大已经勾结在一起，牺牲中国人保全英国人！这样的情况，他作为中国远征军的指挥官绝对不能忍受，他要挽救自己的军队！

同古告急的消息传来，杜聿明当机立断，要戴安澜突围后撤，完全放弃同古防线，史迪威不禁为之勃然大怒，两人当面争吵了起来，史迪威怒气冲冲地走后，杜聿明冲廖耀湘苦笑了一声："这个美国佬，还说是中国通呢，对中国的事情，我看他根本就还没有入门。建楚啊，"他叫着廖耀湘的字说，"不是我不想和日本人打，而是敌强我弱，英国人已经跑了，我不能拿这么多官兵的性命去冒险！我实话告诉你吧，200 师从同古撤出势在必行，而且委员长已经批准了我的意见。但是，海鸥在同古突围，我们应当组织力量去接应。"

接着，杜聿明郑重地道："200 师已经在同古血战了十几天，伤亡惨重，如果没有部队去接应，会有全军覆没的危险。在接应过程中，你可相机消灭一部分敌人，用我军的行动向世界展示，中国军队是一支不可轻视的军队，同时，这也可以振奋我军的士气。因为同古一战，毕竟是我们中国远征军在缅甸和日军的第一仗。"

出生于书香世家的廖耀湘，集中国传统文化与西方现代文明于一身，既有深厚的旧学根底，又精通西方的现代科技知识与军事理论；既有文人的智慧与学识，又有军人的勇武和剽悍；既深谙韬略兵机，又富有实战经验。他身材不高，却健壮顿实，面孔方方正正，有棱有角。虽然戴着一副深度近视眼镜，但眉宇间仍然透出一股逼人的气概。一副大大咧咧，天不怕、地不怕的样子。他发起火来，吹胡子瞪眼，比阎王还凶，因此，对日本人来说，他的确是一只可怕的"丛林之虎"。

此刻他毫不犹豫地回答道："军座考虑周全，卑职原本就是前来增援 200 师的，海鸥兄与小弟生死与共，情同手足，救他出险，也是卑职分内之事。"

"你有把握吗?"

"有!"廖耀湘向杜聿明敬了一个军礼："时间紧迫，我马上出发。"

当太阳从山岳的晨雾中蹒跚升起时，日军同时从东、南、西三面向同古城展开了全面攻击，枪炮声再一次响彻同古。一拨拨日军像蝗虫般拥向城区，攀房爬屋，与中国官兵争夺每一个制高点，敌人的坦克与装甲车此时也已开进了城区，与中国官兵展开了激烈巷战。坦克轰鸣着向顽强无畏的中国士兵冲去，殷红的鲜血四处飞溅，冰冷的钢制履带沾着中国士兵的血肉向前滚去。

危急关头，中国人纷纷组织起敢死队，身上捆着十几枚手榴弹，向坦克隐蔽接近，然后一跃而起，拉响手榴弹与敌坦克同归于尽。爆炸燃烧的大火浓烟，遮云蔽日；穿云裂石的枪炮声使得原本满目苍翠的土地变得如开锅一般。

就在激战至最紧急的关头，南阳火车站的日军北面，突然出现了一支精锐的中国军队，“杀——”在一片惊天动地的呐喊声中，新22师的数千名健儿如数千只出林猛虎般向着不知所措的日军冲了下来。

奉命增援200师的新编第22师在廖耀湘指挥下，一路攻击前进，终于在关键时刻在日军背后发起了猛烈攻势，手榴弹像冰雹般地向着日军砸了下来。在接连不断的爆炸声中，轻重机关枪也争先恐后地响了起来，密集的子弹恰似无数道火鞭扫过，正拼命冲向同古城的日军立时被打懵了，响起一片鬼哭狼嚎之声。日军的汽车、装甲车乱成一团，惊慌地转着圈掉头，而他们的转向掉头，又影响了步兵军官重新集结部队和调整阵形的努力，随着夜幕的降临，日军的兵力优势也渐渐缩小，混战了一夜后，在新22师的接应下，200师终于顺利撤出同古，连夜开赴耶达谢了。

三、浴火重生

随着盟军“平满纳会战”和“曼德勒会战”计划的失败，英军已经彻底丧失了守卫缅甸的信心，他们抛弃了盟友，头也不回地向着印度方向撤退，而在日军发起的猛烈攻势面前，中国远征军布下的各条战线都相继陷入了混乱之中。

4月29日拂晓，日军猛攻腊戌，第66军伤亡惨重，当天中午，日军占领腊戌，不但切断了中国远征军的退路，使中国军队不能在腊戌以南任何地方立足，而且获得了大量的物资给养，形成了更为强大的打击力量。

当史迪威、罗卓英、杜聿明三人获悉腊戌、贵街相继失陷，日军快速部队已势如破竹杀入畹町这一石破天惊的噩耗，顿时呆若木鸡。腊戌一丢，集结在曼德勒周围的中国远征军马上成了断线的风筝，处境岌岌可危。

败局已定，此时撤退成了当务之急。

罗卓英命令杜聿明率部退入印度，却被杜聿明一口拒绝。杜聿明随即召集孙立人及新22师师长廖耀湘等将领赶到温藻开会，面示回国决心，并说：“战败入印，遭人不齿，不如冒死返国。”

众将领见杜聿明态度坚决，都默然无言。部队面临生死存亡的紧要关头，唯一抗命不遵的又是军中异类孙立人，散会后，廖耀湘对孙立人说：“仲伦兄，看得出你是有话没说。会前我向杜长官痛陈保存实力的重要，向何处走，应以全军为上，不能再向敌人口袋里钻，奈何他却听不进去。我没法了，老兄好自为之吧!”

孙立人叹口气道：“你我都是带兵打仗的人，岂能不珍惜官兵的生命和部队的装备？望你也好自为之!”

1941年4月下旬，新22师跟随着第5军直属部队进入了野人山，开始了噩梦一般的长途跋涉，野人山是中国人的称呼，而缅甸人则称之为“胡康河谷”，意思是“魔鬼居住的地方”。这里到处都是原始森林，古木参天，不见天日，瘴气横流，蚊虫、蚂蝗繁多。其中河流交错，每逢雨季，河水泛滥，水势汹涌，舟船难通，不仅用兵困难，民间交通亦多断绝。可到了旱季，河川变为通道，除钦敦江外，一般都可徒步通行。

无奈之下，廖耀湘组织全师工兵持刀前导，斩荆披棘，凿山开路，筏木架桥，并令各部队尽弃辎重，各背粮盐，牵牛带马，轻装而行。尽管如此，所携粮食吃

廖耀湘在缅甸

尽，牛马杀光，还是未走出这无垠的原始森林。饥饿难耐的官兵只好吞食芭蕉根，剥吃树皮，无所不用其极，有的饥不可忍甚至剖食人肉。整个部队在霪雨、饥饿、疾病、疲困之下，死伤逾半，尸骸载途。

第一次远征缅甸，新22师从接应200师自同古撤退，到打完斯瓦逐次阻击战，也还有7000多人，实力仍存，可惜远征军撤退时杜聿明不听劝告，非要往野人山炼狱里钻，这一昏招的直接后果就是新22师兵员从进山时的7000直线下降到了到达印度时的不足3000，牺牲超过半数。中国远征军在正式作战中从未损失团长以上将领，而在撤退中竟损失了四名团长，连一代名将200师师长戴安澜也因遭遇日军伏击，凋零在这茫茫野人山中。

7月底8月初，从野人山逃脱的中国远征军士兵，在列多收容集结完毕，新22师和先期到达的新38师拢在一起，连伤带病，共有1万来人，大约只有出国时一个师的员额。此时廖耀湘望着眼前东倒西歪、疲惫不堪、衣衫褴褛的队伍痛哭失声："新22师在缅甸转战两个月，打了几场恶仗才伤亡2000人，而在野人山，没开一枪，没打一炮就损失4000余人，我这个师长怎么当的呀?"真是声泪俱下，其状其景目不忍睹。

史迪威从来没有忘记他脱险后在新闻记者发布会上的誓言："请记住我的话，我们一定会以胜利者的姿态重新返回缅甸!"为实现这一目标，史迪威决心卧薪尝胆，殚精竭虑，呕心沥血，在印度为中国训练出一支抗日精兵，然后由他亲自率领着这支精兵从日本人手中把缅甸夺回来。

史迪威在征得蒋介石同意后，立即飞回印度，将印度比哈尔邦蓝姆伽作为中国军队的新基地。史迪威接手蓝姆伽后立即修建了许多训练场、打靶场和生活设施，孙立人的新38师首先入营，廖耀湘的新22师也紧跟着开进了蓝姆伽。

在训练中，史迪威决心对这支中国军队来一次脱胎换骨的大改造，他不管中国士兵过去的经历与资格，一律当做新兵开始对待，各项军事技能出色者立即受到提拔和重用。按照史迪威拟订的计划，这两支部队的战斗人员共9000余人在蓝姆伽将按照美国军事教官的要求和标准来训练，使之成为他计划中的一支精锐军队。

很快史迪威又与蒋介石达成协议，利用"驼峰航线"的返空飞机，每天从中国空运数百军人到蓝姆伽，而且这些人全都是从国内各个战场精选出来的，身体和战斗素质甚好。很快，到达蓝姆伽训练的中国军人便达到了3.2万人。

史迪威又从美国调来一大批美国军官安排在各团担任教官，同时还运来了堆积如山的美式装备。美国人给每个中国士兵都配发了新式步枪、汤姆森冲锋枪，以及充足的弹药。

大炮、坦克、卡车、通信设备，刚刚生产出来的火箭筒也都按照编制配发到部队各级。每人每月还能领到比在国内高出许多的足额津贴。人靠衣裳马靠鞍，换装后的中国官兵人人显得精神抖擞，斗志昂扬。

史迪威从英国人手里为中国官兵争取到的伙食标准也高得令中国人出乎想象。步兵有充足的面包、牛肉罐头，各种脱水蔬菜。而各类技术兵种的士兵则每天都能像美国兵一样享受花生，牛奶，装满牛肉、沙丁鱼、炼乳、汽水、啤酒的各式罐头，脱水蔬菜，水果等配给物品。

自从在蓝拇伽营地接受了全面、严格的美式军事训练之后，新22师具备了很强的丛林作战技巧，真正成为了擅长山地丛林作战的丛林之虎，从基本的枪械操作、拆卸，到丛林生存技巧，士兵在训练中把丛林里所有能爬动的东西——蜘蛛、蝙蝠、蚂蚁、蟋蟀、蝴蝶、螳螂、蚯蚓……全吃了一遍，学习辨别方位的方法就有十多种，等等，数不胜数。

在这里要特别提一提驻印军的装备，而且由于原定空运缅甸的8师因故取消，所以出现了新38、新22两个师分三个师的装备等“过剩”情况，新22师从此拥有了两个师属炮兵营（一般美械师只有一个）。所以重炮轰击也是其战术的重要内容，新38师和新22师成为了当时中国火力最猛烈、装备最精良的部队。

到1942年底，中国驻印军已达到了32000人。新38师和新22师，每师12500人，各辖有三个步兵团，三个炮兵营，一个工兵营，一个辎重营，一个通讯营及其他配属分队。此外，中国驻印军还组建了三个重炮团，每团36门105毫米榴弹炮，两个迫击炮团，每团48门150毫米重迫击炮；一个汽车团，有500辆载重汽车。

此时的中国驻印军，已成为一支火力凶猛，机动性极强的战役突击部队。在蓝姆伽训练基地大门正面的照壁上，一句用中文和英文写成的口号让每一个中国军人热血沸腾：“一切为了打回缅甸！”

四、“人猿泰山”

1943年2月，蒋介石撤销了中国远征军第一路军指挥部，成立中国驻印军指挥部，任命史迪威为总指挥，并在驻印军建制下成立新1军，另从国内调第8军军长郑洞国中将担任新1军军长。新38师师长孙立人也由少将晋升为中将，兼任新1军副军长，新1军下辖三个师：孙立人新38师，廖耀湘新22师以及不久后将从国内空运入印的胡素新30师。

此时的史迪威，正处于他军旅生涯中最风光的一段时期。他手握焕然一新，装备精良的数万雄师，可以调动上百架飞机和中国战区所有的援华物资为他所用，现在，是实现自己制订的“人猿泰山”计划，也就是著名的“X—Y计划”的时候了。

史迪威的“人猿泰山”计划包括两个规模宏大的战略部分：

一、X军（中国驻印军）以收复缅甸北部为目标，与Y军（中国滇西远征军）收复怒江西岸的战争同时进行，最终全面收复缅甸。

二、随着X军由西向东逐步向中国方向推进，届时将有一支庞大的筑路兵团将一条柏油公路从印度的利多一直修到缅甸的密支那，最后连接上中国境内的滇缅公路。新修的这一条中印公路全长700英里，途经缅北许多高山大河和原始森林。同时还将铺设一条大口径输油管道从印度加尔各答直到中国昆明，预计总长度为2000英里。

“人猿泰山”计划一旦实现，将打破日本对中国的全面封锁，把中国大后方同世界反法西斯阵营紧紧连接在一起。史迪威之所以制订这个计划，是他估计战争还将持续五年以上，美国总统罗斯福经过考虑后，批准了这个计划。

1943年10月初，史迪威精心策定的战役计划终于开始实施。关于中国驻印军的进攻目标和作战计划，史迪威早已成竹在胸。他准备率领部队从利多出发，跨过印缅边境，先行占领新平洋等地，建立前进基地和后勤供应基地；而后再翻越野人山，以强大的火力和包抄迂回战术，突破胡康河谷和孟拱河谷，夺占缅北要地密支那；最后向八莫方向发起进攻，与云南的中国滇西远征军会师，打通中印公路。

待10月中旬雨季一过，史迪威就发出了向野人山进攻的号令。按照史迪威进攻胡康河谷的战略设想，首期作战任务的重点是夺取新平洋和打洛，将由孙立人率新38师冲杀在前，廖耀湘率新22师随后掩护跟进。史迪威给他们的命令只有短短八个字，那就是：只许打胜，不许失败。否则，在他们身后还有一支10万人的筑路大队将失去屏护，而盟军的庞大战略计划也将因此夭折。

中国驻印军经过蓝姆伽整训，提高了作战技能，装备了比日本人更先进的作战武器，不论是火力还是机动性都有了很大的提高。但是，中国驻印军在兵力方面并不占有优势，他们可以投入反攻作战的部队，只有新38师和新22师，再算上炮兵工兵汽车兵等其他兵种，兵力也只有3.5万人。不久前刚从国内空运来的新30师，尚在蓝姆伽换装和突击训练，还要过一段时间才能开赴前线参加战斗。而蒋介石答应的第50师，还在中国大西南集结，很可能赶不上这次反攻缅北的战役了。

右翼英帕尔的英军，虽然集结了第14军和第15军共六个师，但英国人并不急于收复缅甸，相反，他们总担心着日军会进攻印度，所以在摆部队的时候，英国佬完全是一副防御为主的架势，这些部队什么时候才能向缅甸发起进攻，估计连英国人自己都不清楚。

而中国滇西远征军换装完毕的11个师，蒋介石已明确表态，只要英国海军不在缅甸南部登陆，他就绝对不允许这些部队入缅作战。驻印军的缅北大反攻，可以说是孤军奋战，兵力上对日军并无优势。

可梁园虽好，终非故乡，当史迪威一声令下，列多四周的大片营房，一夜之间全部拔除。在迷蒙的晨雾中，中国驻印军官兵高唱着战歌，驱动双腿，越过印缅边境，向着他们心中祖国的方向进发了。

10月29日，新38师112团陈鸣人部攻占新平洋，这个小镇子随后成为中国驻印军反攻缅北的前进基地和后勤供应基地。按照史迪威的计划，从这里开始，新1军分左右两路向日军实施夹攻，新38师孙立人部为左路，进攻太白伽；新22师廖耀湘部则担任右路，向打洛实施攻击。

1944年1月3日，刚过完元旦的中国驻印军新38师和新22师按计划分左右两路向打洛平原挺进，另一支从国内空运到兰姆伽的新30师也提前结束整训，前出到新平洋担任支援。日军第18师团摆出三个步兵和炮兵联队严阵以待，双方兵力基本相等。

1月9日，战斗打响，双方炮兵均以猛烈炮火轰击对方，步兵短兵相接、互有伤亡，战斗相持不下。史迪威亲自乘坐一架双座炮兵观测飞机从空中观察了日军阵地。他发现日军把主力投入东西两翼，而后方纵深相当空虚，这说明田中新一随时准备投入进攻。由于受地形限制，中国军队的正面进攻一旦受挫，日军就可能乘机发动大规模反击。要打垮敌人，就需要要有一支坚强的突击力量撕开敌人防线，并问纵深突破，直捣打洛。

1月28日早晨，浓雾刚刚散去，从新平洋机场起飞的盟军庞大机群就开始对打洛日军阵地实施猛烈轰炸。

8时左右，新22师坦克纵队出现在了打洛河谷战场上。由270辆坦克和90辆装甲车组成的强大机械化纵队沿着打洛河谷快速推进，发动机纳咆哮好像经久不息的雷声在空旷的河谷中震荡。

很快，这道钢铁洪流就好像一把尖刀插进敌人阵地，它撕裂开敌人的防线，然后掩护着步兵发起冲击，并不失时机向敌人纵深突进。

这是中国抗战史上第一场由中国人向日本人进攻的压倒性机械化战争。数以百计的坦克和装甲车猛烈地扫荡敌人的阵地和步兵，驱逐他们，追赶和碾压他们，把他们打得丧魂落魄。中国步兵紧跟在坦克后面，利用钢铁屏障的掩护，不断消灭敌人死角，占领敌人工事和阵地。这是一场规模空前的现代化战争，现代化优势完全站在了中国人一边。

一天的残酷战斗，新22师把战线向前推进了十英里，日军的士气完全被打垮了，而新22师付出了代价是损失了30多辆坦克……

打洛之战持续了一昼夜，次日天色微明，一队坦克冒着敌人炮火快速冲进了打洛镇，钢铁履带反覆碾压了设在小镇上的日军指挥部，将死战不退的日军18师团参谋长濑尾少将及数十名军官碾成了肉泥。

大战过后，史迪威乘坐装甲车亲自视察了战场。他看到沿途被摧毁的日军工事、暗堡、炮兵阵地以及被夷为平地的日军司令部，对中国军队的强大战斗力和坦克兵的出色战绩深表满意。

打洛一役，日军第18师团遭受重创，被迫撤退到孟缓。2月，驻印军在孟缓河谷再次击败日军，迫使日军放弃孟缓，狼狈地逃到了孟拱。中国军队采用迂回穿插和正面强攻相结合的战术，稳扎稳打，步步为营。筑路兵团紧随其后，及时把公路修到大军占领的地方。

此后，廖耀湘部势如破竹，连续攻占敌瓦鲁班、泰诺、高鲁场、沙杜渣等据点。在丛山峻岭中南进 150 余公里，予敌 18 师团以重创。至 1944 年 3 月，中国驻印军终于走出了以死亡闻名的胡康河谷，把公路推进了大约 200 英里、兵临孟拱城下。至此，缅北大战第一阶段战役前后历时五个月，终于以日军失败告一段落。

五、落地成虎

1944 年 4 月 4 日，廖耀湘奉命与孙立人部相协同进行孟拱会战。此前在孟拱河谷的战斗中，廖耀湘采取迂回与突破战法，出奇制胜，仅以四个步兵团兵力，击败了日军号称“常胜军”及“森林战之王”的第 18 师团。是役新 22 师毙敌 5000 余人，俘虏英田中队长以下官兵百余人，缴获大炮 56 门，车辆 190 辆，机、步枪 3000 余支，骡马 300 多匹，成为丛林战之典范。

孟拱城位于水陆交通中心，有孟拱河、南英河作天然屏障，与密支那、卡盟互成犄角，是军事上的要地，每逢雨季，山地泥深过膝，平地一片汪洋。日军第 18 师团 114 联队主力和第 56 师团 146 联队，便在此凭险固守，完全占有地利上的优势。新 22 师与新 38 师经过 15 天的激战，终于从孟拱西北角撕开日军防线杀入城内。

就在日军官兵逐街逐屋与中国军队进行激烈巷战时，田中新一见败局已定，不得不下令部队往八莫撤退。他与幕僚警卫从地道狼狈逃走，连被日军视为至高荣誉的 18 师团军旗与田中新一的师团长关防大印和指挥刀也没来得及带走，成了中国军人的战利品。这在抗战期间绝无仅有，蒋介石闻知后，发来的嘉奖电只有三个字：中国虎！

至此，中国驻印军已歼灭孟拱日军主力1.2万余人，正在攻打密支那的盟军亦无须再两面作战和全依赖空运补充。日军第18师团业已名存实亡，其溃兵陆续逃往英多。而日军第56师团、第2师团一部则于6月29日退守莫宁一带。

紧接着，廖耀湘冒雨继续向南发起攻势，将鬼子们堵在索卡道西侧的沼泽地里一顿痛打。接到索卡道大捷的报告，史迪威不敢相信新22师一战能歼灭这么多日本鬼子，他亲自乘飞机赶去战场，派美军官兵实地点验。结果点明日军尸体5108具，生俘112人。

新38师和新22师合力攻下了孟拱之后，紧跟其后的筑路大军也迅速将公路和输油管道推进到了孟拱。在这里与通往密支那的公路相连，打通了印度至中国公路的缅北段，使源源不断的军队和物资从印度运抵缅北战场，以补充和接济中国驻印军的作战需要，从而完全控制了缅北战局的主动权，为中国驻印军反攻缅北的胜利，打下了扎实的基础。

此时在蓝姆伽基地接受了一段时间突击训练的新30师也编入了中国驻印军的建制，由利多乘坐大卡浩浩荡荡地向新平洋集结，准备参加下一阶段的缅北之战。紧跟着史迪威又将在云南的国军第14师和第50师飞调利多，进入缅甸作战。

4月24日，史迪威命令新22师和新38师“全力攻击前进”。由梅里尔准将统一指挥的中美迂回部队于28日出发，翻越库芒山区向密支那作极其隐蔽的长途奔袭。这一次长途奔袭作战的代号为“眼镜王蛇行动”。

袭取密支那是史迪威顶住各种压力，在缅北率先反攻，英勇作战，挺进缅北数百公里，击败日军七个精锐联队的许多胜利中又一光彩夺目的神来之笔，当蒙巴顿和丘吉尔得知这一消息后，惊得目瞪口呆，他们认为收复缅北的密支那没有五个师的兵力是根本不可能办到的。以长途奔袭的方式夺取密支那机场与伊诺瓦底江渡口这一行动，确实是一个大胆而又优异的军事计划，它也使史迪威的军事生涯达到了顶峰。

在中美联合突击队成功奇袭密支那机场后，欣喜若狂的史迪威立即将中国驻印军空运过去，无数架飞机尖啸着赶到了密支那上空。

在空中飞来窜去投弹扫射的飞机不仅有美国的，还有中国的。当驻印军官兵见到绘有中国国徽青天白日的B–25型轰炸机向日军阵地俯冲轰炸时，官兵们发疯了一样地冲出战壕，流着眼泪大喊大叫，把钢盔抛向了空中。

在士气如虹的国军成功攻陷密支那后，史迪威即将中国驻印军总指挥部前移到密城，大批美国和中国的工兵把众多机械和车辆开进城里，立即着手清理战场，抢修电厂水厂。甚至连作战部队也都被组织起来掩埋尸体，清扫满地的残砖碎瓦，砍伐树木与竹子为大批回归的难民搭建简易住房。

就在这充满胜利喜庆的多雨季节里，史迪威征得蒋介石同意，对中国驻印军进行了补充扩编。将原有的新1军扩编成两个军。郑洞国被免去新1军军长之职，改任中国驻印军副总指挥，孙立人升任新1军军长，下辖新30师和新38师，由原新38师114团团长李鸿升任新38师师长；廖耀湘升任新6军军长，下辖潘裕昆第50师、龙天武第14师和新22师，原新22师副师长李涛升任师长。

新1军和新6军，这两个后来被誉为中国远征军"双子星"的王牌军，终于在异国缅甸的天空中冉冉升起。廖耀湘与孙立人虽然同为史迪威手下的两名虎将，在日常生活中两人却有着截然不同的特点。孙立人为人严谨，平时不苟言笑，让人感到不怒而威，因此新1军在他的带领下，显得森严孤傲，杀气腾腾。

廖耀湘则性格倔强外向，说话不拘小节，喜欢和士兵插科打诨开玩笑，一口湖南腔句句带"脏"字儿，在士兵中间具有很强的亲和力，新6军特别是新22师深受他的影响，也养成了在嬉笑怒骂中冲锋陷阵视死如归的战斗作风。

新22师从跟随第5军血战昆仑关、远征缅甸，到编入新1军参加缅北大反攻，一路走来，终于成长为威名赫赫的新6军，被人们称作是"出身名门，落地成虎"，它当仁不让，和第5军、新1军一同进入了"国民党五大王牌主力"行列。

六、扬威缅北

1945 年 1 月 20 日，蒋介石在重庆发布公告，宣布滇西失地全部收复，在芒（市）、遮（放）、畹（町）战役中，消灭日军 7000 人，俘虏 12 名，中国官兵阵亡 1.5 万人。

五天之后，中国滇西远征军兵分数路，浩浩荡荡开出国门，进入缅甸迎接另一支久未谋面的兄弟部队——中国驻印军的到来。

中国远征军 X、Y 部队，20 万人马，一路沿中印公路，从缅北往回打；一路沿滇缅公路，自滇西往外突。两路大军相向突击，互为呼应，炮声相闻。

鉴于密支那和松山、腾冲相继失守，日本第 33 军重点目标便转为防御缅北另一座重要城市八莫，目的是坚持切断中印公路，阻止和击破中国驻印军与中国远征军会合的战略企图。为此，日军调动了四个师团投入了八莫大会战……

八莫城位于密支那以南 150 英里的八莫平原上，为缅北第二大城市。八莫市区坐落在伊洛瓦底江和大盈江会合处，三面汗水，江面宽阔达千余英尺，易守难攻，地势十分险要。

1944 年 11 月，即密支那被攻克三个月之后，中国驻印军在密支那的部队大举东进，直逼中缅边界的八莫，南坎，开始归国之战的最后阶段战役。在缅甸北部山区和中印公路通过的沿线地区，到处都能看到中国军队的行进队列。

耐人寻味的是，这次攻击作战，进攻部队摆了个分成左、中、右三纵队的奇怪队形。

担任主攻的，是左路孙立人所部中国驻印军新 1 军，从密支那沿伊洛瓦底江顺流而下，从西北向东南方向攻击前进，目标直指八莫。

中路廖耀湘的新 6 军则向南直插，从八莫以南的南支、曼那等地直取西堡（也有翻译成 “昔卜”的），掩护新 1 军对八莫的攻击。

11月4日，中国新6军一个师在廖耀湘指挥下隐蔽运动到八莫西南100英里的瑞姑，然后利用森林和大雾掩护，出其不意发起渡江作战。激战两日，日军弃下千余具尸体溃逃。新6军成功占领瑞姑，切断了八莫日军的水上退路。

担任正面进攻的新1军分左右两路出击到巴朗、曼昌一线，向八莫守敌展开攻势，至11月上旬，新1军基本扫清八莫外围据点，对市区形成包围态势。

11月15日，郑洞国、孙立人一行进入八莫前线新38师指挥部。师长李鸿报告，经过两日反覆争夺，新38师在城南的阵地已经巩固，敌人退回市区。并且已查明，增援八莫之敌虽然番号有两个师团，实际兵力不足一万人。另据空中侦察报告，日军有大批后续部队在畹町以南腊戍一带集结，估计是第33军增援八莫和怒江的总预备队。

此时怒江前线中国远征军已经攻克龙陵、芒市，正沿滇缅公路向畹町及缅甸境内推进，日军虽然节节败退；却处处顽抗，第33军本多司令官将总预备队留在腊戍机动，说明他还在犹豫，还没有下定会战的决心，因为他随时可能遭到来自远征军和驻印军的两面夹击。

如果驻印军以一个师摆在南（坎）八（莫）公路担任阻击，另以新1军主力全线出击，全歼八莫守敌当有绝对把握。郑洞国当场批准了孙立人的作战方案，并将新6军第14师调往八莫作总预备队。

17日，新30师第88团从巴朗出击南坎，切断八莫至南坎公路，摆出关门打狗的架势。同日，美机连续三天轰炸八莫市区，B-29“空中堡垒”携带的重磅炸弹几乎夷平了城里的所有房屋，日军只能依靠地下工事和断壁残垣进行巷战。

此后一周，中国军队向八莫发起总攻，由于坦克受阻于后方山路，不能及时开上前线、因此攻城部队只能在炮火掩护下与敌人进行逐街逐楼的争夺，双方均伤亡重大，攻坚战呈白热化状态。

20日，大批日军突然出现在南坎方向，并且发现敌人坦克纵队。第88团阵地多次被攻破，团长及营以下军官伤亡逾半。新30师师长唐守治亲率另外两个团投入战斗，然而日军攻势有增无减。原来狡猾的本多司令官只是虚晃一枪，把总预备队3万人全部投入了八莫战场。

战场形势骤然严峻起来。

孙立人一面给唐守治下了死命令，一面火速致电郑洞国，请求新6军立即从瑞

史迪威给廖耀湘授勋

姑向南坎背后发起进攻，以解南坎之敌对八莫会战构成的严重威胁。

廖耀湘没有让孙立人失望，他在西线的进攻打得十分漂亮。与最擅长大范围迂回、穿插、包抄敌人后方的新1军相比，新6军的作战完全是另一种风格，另一种模式。它大刀阔斧、干脆利落，如疾风暴雨，似风卷残云，一路横扫过去。

11月12日，新6军攻占曼那；21日，克服东瓜（即同古）。

11月29日，新22师偷渡瑞丽江，先后占领拉西、芒卡。

在新6军气吞万里如虎的强大攻势下，日军第33军本多的总预备队被打的顾此失彼，阵形混乱，部队位置摆的一团糟，无法再有效支援八莫前线。

在新1军和新6军密切配合下，两支如狼似虎的中国军队交错前进，新1军将日军第2师团原好三大佐率领的两个宪兵大队、一个炮兵大队和十辆坦克围困在八莫城内，奋战数日后全歼守敌，日军城防司令部被连窝端掉，原好三大佐被击毙。新1军乘胜前进，向中印公路上最后一个日军据点——芒友发起进攻。

新6军则在1945年3月24日拿下了西堡，并继续向南挺进，前锋部队第50师一直打到曼德勒郊外，攻占了号称“曼德勒门户”的皎美镇和南燕镇，距离缅甸古皇宫直线距离只有几十公里。这时，已经被中国军队打怕了的日军纷纷向南或向东溃败，很多日军逃过边界进入泰国境内，只要打疯了的中国人再加一把力，就能把缅甸古都曼德勒收入囊中。可廖耀湘不得不因为政治原因而止步，这也许是人称“丛林之虎”的廖耀湘在缅甸战场上最遗憾的一战了。

作为驻印军的主力之一，新6军扬威异域，在第一次远征缅甸作战失败后，几经曲折与磨难，在印度的蓝姆伽重获新生，组成二战以来实力最坚强装备最精良的部队，在另外一片土地上打出了中国军队的国威、军威，赢得了世人的尊重、赞扬，除应证史迪威将军所坚持的信念：“只要接受适当的训练与装备，中国军人将会与世界一流的军队同等优秀。”也破除了一些外国军人视中国军队是不会作战的军队之偏见！

同时，中国远征军也英勇地扛起了捍卫中国保护亚洲的责任，其旺盛之战斗精神即使一流的盟国军队亦望尘莫及，这是中国人的光荣，他们的英勇奋战使这段历史值得每个国人自豪，正如史迪威在缅北反攻结束后发给廖耀湘的贺电：“这是你的光荣，是新22师的光荣，是中国驻印军的光荣，是全体盟军的光荣，更是中国人民的光荣！”

七、兵败辽西

1946年，国共内战爆发。2月8日，廖耀湘率新6军在辽宁葫芦岛登陆，由锦州沿北宁线两侧向沈阳攻击前进。

3月10日，国民党军从苏军手中接收沈阳后，立即分兵三路，分别向四平、抚顺、辽南发起大规模进攻。此时，孙立人率领新1军从广州出发，搭乘美军第7舰队的运输舰，赶到秦皇岛登陆，随后转乘火车经锦州到达沈阳。这样，新1军、新6军这一对缅甸战场上“双子星座”又凑到了一起，一南一北，向东北民主联军发动了更大规模的进攻。

廖耀湘率领新6军于3月21日攻占了辽阳。接着，新6军兵分三路，向鞍山、海城、营口、本溪发起了凶猛进攻，全部得手。在新6军南下的同时，孙立人率新1军从沈阳北上，向四平发起猖狂进攻。3月25日，新1军攻占铁岭。然而，新1军在四平攻坚战中却一败涂地。直到5月初，新1军仍没有拿下四平，却损兵折将

6000余人，三个师的实力降至为两个师。

在四平攻坚战最危难的时刻，杜聿明起用了手中的另一张“王牌”——新6军。

廖耀湘果然出手不凡，他率领新6军于5月3日攻占本溪后，立即伙同第71军88师调头北上，增援四平。狡猾精明的廖耀湘并没有直接从正面攻打四平，而是由开原经中长铁路以东的山地，向西丰、平岗、火石岭子一线悄悄前进，准备迂回到四平以东，攻击民主联军左侧背。

廖耀湘将临时配属给新6军的第71军88师留作军预备队，又将新6军的新22师、第14师、第207师分成左右两个纵队，实行正面进攻，彼此交替掩护，互相呼应。5月14日，新22师第65团在南城子附近与东北民主联军第3纵队主力遭遇。经过激战，第65攻下了南城子、威远堡门。

威远堡门之战获胜，使廖耀湘更为自信，他洋洋自得地对新6军团级以上的军官说:“共军第3纵队主力既不能阻止我一个团的攻击，那么我一个师的力量就能击破共军更强大的抵抗，不仅拿下四平没问题，就是北上长春也不会有什么重大困难。”

5月18日，新22师攻占火石岭子，第14师进入平岗。廖耀湘下令全军以火石岭子为轴向左旋回，攻击塔子山、梨树、赫尔苏、公主岭等地，准备迂回到四平左侧后，切断东北民主联军的退路。17日下午，新6军在空军和强大炮火掩护下，猛攻7旅19团坚守的四平以东331.5高地和塔子山阵地。

东北民主联军的后路面临着被新6军切断的危险，只好撤出四平。“丛林之虎”又得手了。

四平攻坚，新6军与新1军相比，可谓“青出于蓝而胜于蓝”，廖耀湘更是狂妄地自诩“国军老大”，号称“天下无敌”。

新6军在东北战场第三次得意是在四平之战结束后，廖耀湘认定“共军主力被击溃”，于是放心、大胆地长驱直入，向北追击东北民主联军。廖耀湘在得意之余，却忘记了“集中兵力”这条最基本的战争法则。结果他的战线拉的越长，占的地盘越大，兵力就越显单薄，当他抵达松花江畔时，就再也无力前进了。

从1947年1月到10月，东北民主联军北满、南满部队密切配合协同，采用围点打援、远程奔袭、运动反击和伏击战等灵活多变的战术，集中优势兵力，以“零打碎敲、蚂蚁吞象、快刀割肉”的方式大打歼灭战，打得新6军遍体鳞伤，大伤元气。

1948年10月1日，东北野战军包围了锦州，切断了东北国民党军通往关内的唯一陆上通道。蒋介石命令廖耀湘率新组建的辽西兵团进行增援。辽西兵团下辖新6军、新1军、新3军、第49军、第71军，骑兵旅、炮兵团、装甲部队等11万大军，廖耀湘为兵团司令。

廖耀湘认为此时增援锦州是死路一条，主张将辽西兵团从沈阳撤往营口，必要时可以从海上撤到关内，保存实力。后来，蒋介石以“军法处置”相威逼，廖耀湘才硬着头皮率辽西兵团出沈阳增援锦州。

10月15日，辽西兵团攻占了新立屯，但救援锦州已是“马后炮”。就在这一天，东北野战军攻克了锦州，全歼了范汉杰的9万大军。锦州失守后，廖耀湘只能向营口撤退。可是东北野战军已经为廖耀湘兵团的11万官兵布下了天罗地网，在高家屯一线，东北野战军顽强阻击了廖耀湘兵团八天，使得廖耀湘兵团退营口之路被切断。

见战场态势不利，廖耀湘又改变计划向沈阳撤退。却不料东野“旋风部队”第3纵队某部误打误撞地攻击了廖耀湘兵团指挥部所在地胡家窝棚，这次攻击导致廖耀湘与各部队出现了短时间的联络中断，又耽误了一天宝贵时间。

此时，东北野战军的主力部队已相继进入了辽西战场。东野司令部命令十个纵队及若干独立师，按预定计划，对黑山以东、大虎山东北、绕阳河以西120平方公里地区内已被合围的廖耀湘兵团展开向心突击。在东野数十万大军的猛烈打击下，拥有新1军、新6军国民党两大主力的廖耀湘兵团彻底崩溃了。

在一片混乱中，廖耀湘逃到了新6军军部，企图恢复指挥，重整建制。然而新6军军部、新1军军部和新3军军部，相继迅速为东北野战军歼灭，辽西兵团陷入更加混乱、溃不成军的境地。据廖耀湘后来说:“解放军第一棒子即打碎了辽西兵团的脑袋，使我感到兵团的命运已处于万分危急之中!”

廖耀湘兵团虽然已处于十分不利的境地，但仍各自为战，拼死挣扎。经过一天一夜的冲杀，辽西兵团建制混乱不堪，无法继续组织战斗，溃军纷纷缴枪。

战至10月28日拂晓，廖耀湘手下一个兵团、五个军、12个师的11万人马，全部被歼在黑山、大虎山以东，台安以北，绕阳河以西，无梁殿以南地区。

10月31日，廖耀湘在潜逃途中被解放军查获俘虏后，立即被送到了战俘收容所，在这里，他遇见了新6军中将军长李涛，新6军新22师师长罗英，71军中将军长向凤武，49军中将军长郑庭笈，新1军中将副军长文小山，新1军第50师师长杨温，副师长陈时杰，新3军参谋长李定陆，第14师师长许颖，第54师师长宋邦纬，第169师师长张羽仙，第49军第105师师长邹玉桢，第71军第87师师长黄炎人等。

除新1军军长潘裕昆及新3军军长龙天武逃返沈阳之外，廖耀湘兵团的将领绝大部分都已作了俘虏，而这位曾经手握十万雄兵、风云一时的“丛林之虎”——廖耀湘，也永远离开了曾经属于他的战场……

历史评说

“抗战有功、内战有过”这八个字足以概括廖耀湘的一生，他的死更是令人唏嘘不已，这也是那个时代所有国民党军将领的不幸。不过时代的悲剧掩盖不住历史的光辉，廖耀湘率领下的新6军，是缅甸战场上战斗力最强的中国新式陆军之一，他们在缅甸的英勇奋战使这段历史值得每个中国人自豪，正如史迪威在缅北反攻结束后发给廖耀湘的贺电：“这是你的光荣，是新22师的光荣，是中国驻印军的光荣，是全体盟军的光荣，更是中国人民的光荣！”

魔窟儒将——郑介民

不想干特务的郑介民，偏偏成了国民党的特务之王，也许这就叫造化弄人吧！作为情报专家，郑介民成功预测了盟军诺曼底登陆的具体日期，可见其人还是有很高战略素养的。自从被蒋介石逼上梁山干了特务，郑介民的儒将之梦就离他越来越遥远。

小档案

姓名字号：郑介民，原名庭炳，字耀全，号杰夫

籍　　贯：广东省文昌县

生卒年月：1897.9.18—1959 .12.11　卒年 62 岁

毕业院校：黄埔军校、苏联莫斯科中山大学

军　　衔：一级上将

最高军职：中华民国国防部常务次长，国防部保密局局长，“国家安全局”（原国防部保密局改编）局长

一、暗箭伤人

大名鼎鼎的李宗仁有个弟弟，叫李宗义，外号“二总”，“二总”虽然带了个总字，可毕竟不是老总，有人递媚眼，自然有人送白眼，老资格的第19军军长胡宗铎、第20军军长陶钧更是直接拿他当空气。“二总”李宗义有心给人家点颜色点瞧瞧，可惜没有老哥李宗仁那样的实力，于是只好喝酒解愁。

其实酒并不能解愁，但人能解愁。“二总”李宗义一向喜欢交朋友，而这一次，有朋自远方来了。

小帽，旧衣，还有两个破箱子，唯一有些闪亮的是那双眼睛。李宗义想不到苏联中山大学的同学郑介民竟然如此落魄。李宗义嘘叹了一阵，也很是高兴，老同学这次到武汉是专程投奔自己来的，幸福有很多种，被人信任与投靠也是其中的一

郑介民

种，而且现在得情形是不仅自己缺少贴心的人，桂系也正在招贤纳士、求贤若渴呢。

自从 1928 年张学良在东北宣布“易帜”，新桂系的势力从广西经武汉一路发展了华北，从此成了蒋介石心中的痛、眼中的刺，老蒋不让桂系好过，桂系当然要自力更生了。

郑介民虽然失业，大小也算个人才，又是自己同窗好友，只要自己稍微笼络一下，不愁他对自己不死心塌地。李宗义一高兴，就把郑介民放在自己身边，陪吃陪喝陪玩，两人没事就四处逛悠。

郑介民是个脑子极其灵活的人，逢人就是三分笑，几天下来，他和桂系第四集团军总司令部的上上下下混得烂熟，即使是桂系大佬李宗仁对他也夸奖了几句，认为郑介民确实是个人才，接人待物很有一手。

李宗仁只是匆匆见过郑介民一面，他一向很忙，忙于争地盘。他的老搭档白崇禧在北平谈论天下大事的时候就说：“自古以来，统一中国只有自北而南才能成功。”主张先巩固北方，再向南方蒋介石的地盘进军。

白崇禧号称“小诸葛”足智多谋，李宗仁做事也一向谨慎，虽然他对湖南是日思夜想，还是控制了进军湖南的打算，而是先以武汉军政分会的名义越权免去了鲁涤平的湖南省主席职务。李宗仁认为，只要湖南掌握在和自己亲近的何键手里，自己进不进军湖南也没有什么区别，自己要做的就是专心对付蒋介石这只老狐狸。

于是李宗仁整军备战，磨刀霍霍，忙是忙了点，不过准备工作做得还不错，桂军上下枕戈待旦、热情高涨，让李宗仁很是放心。

蒋介石此时也很高兴，做事讲究名正言顺虽然有点迂腐，可有时候表面功夫还是得做一下，所以他一直在等，等有人犯错，给自己出手的机会。编遣会议以后，桂系李宗仁非但不缩编，反而不断扩兵，成为拥兵 10 万的军事集团，从此也成了蒋介石的心腹之患。

随着蒋桂矛盾越来越深，蒋介石也暗中做好了准备，这次桂系敢违反中央命令，令蒋介石窃喜不已。

蒋介石动了手，胡汉民跟着动了口，邀请李济深到南京来调节蒋桂之间的矛盾。李济深是广西梧州人，与桂系的老大李宗仁、白崇禧、黄绍竑很有交情，在政治上一直倾向于桂系。李济深雄霸广东，财力充裕，但士兵的战斗力不强；广西士兵勇敢善战，但广西穷得响叮当。很长时间以来，广东广西互通有无，你捧我的人场，我助你的钱场。

为了不让李济深做了李宗仁的送财童子，蒋介石便指使胡汉民将李济深骗至南京，1929 年 3 月 15 日，蒋介石以伙同李宗仁、白崇禧“分头发难，谋反党国”的罪名，将李济深扣押，软禁于南京汤山，剥夺军政大权，并“永远开除党籍”。一直到 1931 年九一八事变后，李济深才被蒋介石释放。

李济深去南京汤山散步了，李宗仁却因为不服从中央而免去所有职务。是可忍，孰不可忍受？鱼落在网里都还知道挣扎两下，何况李宗仁手里还有雄兵 10 万，更有湖北的势力相助呢。

1929 年 4 月，李宗仁、白崇禧通电反蒋，郑介民也悄悄到了武汉。

李宗仁在那边暴怒，蒋介石却在心中冷笑：就凭你？也敢和我交手？兵法云知己知彼，百战不殆，你李宗仁的各部队及各方面联络的密电码已在我在手，你军各部兵力、驻地、人数、装备、主官姓名等表册我军指挥员人手一册。

俗话说人心齐，泰山移，只是你桂系人心真的齐吗？“鄂人治鄂”的口号固然能帮你李宗仁拉拢湖北人，使桂系中的鄂籍将领如胡宗铎和陶钧大权在握、感恩戴德，却不免冷了桂籍将领的心，当权发财的是湖北人，打仗拼命是广西人。中国人一向讲究不患寡而患不均，别说你军心不是铁板，即使是铁板一块，也会有人帮我把铁板敲出缝隙。

把铁板敲出缝隙的方法有很多种，可以用石头，也可以用铁锤，甚至可以用铁板，郑介民用的却是妒忌和钞票。在郑介民的巧舌如簧下，桂系广西籍将领李明瑞、杨腾辉、黄权等旅一枪不发，径自退往平汉路花园一带。

胡宗铎、陶钧等人陷于孤立，独木难支，只能退往沙市、宜昌一带。桂系盘踞在湖北的 10 多万大军瞬间土崩瓦解，蒋介石的军队轻轻松松进了武汉城。

局势变化的太快，正在上海治病的李宗仁急急忙忙从医院逃往香港，甚至来不及取下眼睛上的纱布。李宗义却是满腔愤怒：好你个吃里爬外、背后暗箭伤人的郑介民，亏我把你当自家兄弟看待。

庆功宴上，郑介民不由自主的打了个喷嚏，他不由得连连苦笑：不是兄弟不讲义气，只是兄弟一向就是用来出卖的，况且哥的日子实在太艰难，为了哥能早日过上幸福生活，只能对不住你了！

二、逼上梁山

郑介民的日子一直不好过。

郑介民从小就是没爹的娃，家里兄弟又多，凑合着读完小学。十多岁的时候，郑介民就跟着老乡到马来西亚吉隆坡谋生，他做过橡胶园学徒工，当过养鱼场的记帐先生，虽然不至于饿死，想致富那是万万不能，寄人篱下的滋味只有一句话能形容：问君能有几多愁，恰似一江春水向东流。

解套的方法有很种，有的人割肉，有的人死扛，郑介民选择的方法却是参加革命。

1924 年，黄埔学校招生的消息一传到南洋，郑介民就意识到改变命运的机会到了，于是邀请同乡黄珍吾一起回广州投考黄埔军校。

黄珍吾是一投就中，郑介民的报考却并不顺利，中国向来是人口多，郑介民又只是小学毕业，文化底子薄，名落孙山再正常不过。郑介民一下子陷入了进退两面难的境地：回南洋容易，面子找不到地方搁；留在广州简单，可是明天的早餐在哪里？

就在郑介民为难的时候，同乡邢森洲伸出了援助的手，让郑介民暂时住在自己家里。一个月后，郑介民到警卫旅旅长吴铁城所办的军士队当了学兵，一边扛枪，一边准备再次报考黄埔军校。

在黄埔军校二期的考试中，郑介民终于顺利通过。

郑介民的黄埔军校生活是活跃的，经黄珍吾介绍，郑介民加入了孙文主义学会。孙文主义学会以研究三民主义、团结革命力量为名，同校内有共产主义倾向的青年军人联合会抗衡，进行反马克思主义和反共的活动。

为了方便对外联络，郑介民干脆把邢森洲也拉进了孙文主义学会，邢森洲也因此成为非黄埔学生加入该会的第一人。

郑介民从黄埔军校毕业以后，又到苏联莫斯科的中国劳动大学学习，同去的有康泽、李宗义等人。郑介民在中国劳动大学的时候可以说一心只读圣贤书，除了军事课程，政治经济学、唯物辩证法也花过不少心思，情报和后勤技术更是用心良苦。

1927 年 8 月间，郑介民从中国劳动大学毕业，满心欢喜的回国了。学成文武艺，售与帝王家，可毕业即失业，站在广州地面上的郑介民落得一脸沮丧，老蒋也太不厚道了，你不能先安排我上岗自己再下野去日本啊。

老蒋指望不上，只好指望同学。一番死缠烂打以后，中央军官学校第六期的总队长潘佑强却不过面子，把他安置在总队部担任政治教官。端人饭碗，帮人干活，郑介民倒也不是只吃饭不干活的主，把反共的思想深深的渗进了学生的骨子里，因此深得潘佑强的称赞。不久，潘佑强又推荐他去第 4 军政治部担任秘书。

1928 年 1 月，蒋介石终于从日本回国了，任国民革命军陆海空军总司令，郑介民便千方百计托人直接走蒋介石的门路。蒋介石在召见他的时候，郑介民把在苏联留学的黄埔学生思想情况向蒋介石做了报告，并表示他是坚决反共的。蒋介石很欣赏他这一套，将他留在身边当了侍从副官，主管搜集情报的工作。

刀子锋利不锋利，只有等出鞘的那瞬间。郑介民等待出手的时刻一等就是一年，时间很长，但很值得。李宗义必须承认老同学背后这一刀捅的他很疼，也很漂亮。

1931 年 11 月，蒋介石在南京命令黄埔学生成立复兴社，郑介民成为该社干事，随后任复兴社特务处副处长。

对于特务工作，郑介民一向没什么热情，在这一点上他和戴笠的态度倒是截然不同，我们不能因为郑介民后来当了军统局长，就说人家从小热爱特务行业。凭良心说，郑介民的梦想真不在这一行，完完全全是被老蒋逼上梁山，所以当时他很少去特务处办公，并成天想着跳出这个圈子。戴笠有事离开南京，请他主持特务处工作，郑介民也是不愿沾边。他曾两次请康泽向蒋介石推荐他干别的工作，但蒋介石都没有批准，还告诉康泽，说此人做事无魄力，让他留在特务处，以后不要再保荐他。

1933 年底，国民党第 19 路军的将领陈铭枢、蔡延楷和蒋光鼐等人宣布脱离南京国民政府，自立门户，建立“中华共和国人民政府”，既反蒋又抗日。

19 路军在福建打出反蒋旗号的时候，郑介民正在北平，戴笠急电把他召回南京。蒋介石原想要郑介民去福建主持瓦解19路军的活动。

“一·二八”以后，19路军被调防至福建，蒋介石指示特务处要多派人打入19路军，去充当中下级军官。在这些人中间，除了少数是通过特务处组织进行有计划的布置外，大多数是郑介民通过个人关系派遣去的。这些人平日与特务处没有什么关系，仅和郑介民单线联系，身份不易暴露，活动更为方便。

这一次，郑介民的眼睛盯上了范汉杰，他不是范汉杰的朋友，但郑介民知道范汉杰一向对蒋介石一直抱有感恩之心，也是一个可以拉拢过来的人。

范汉杰打鬼子是没的说，但是反对蒋校长，范汉杰心有愧意；北伐一路，自己固然屡立战功，蒋校长也是屡有提拔。千里马常有，伯乐却不常见。等到四一二政变以后，老蒋对自己更是不薄，任命自己当了浙江警备师长。后来到了19路军，也没少听校长的教诲。

郑介民和手下黎庶望来到了苍前山，苍前山居住的大都是洋人和有钱人，军警都不能持枪入内。现在，范汉杰的家就在苍前山。

黎庶望和范汉杰军校同学三年，关系一向不错。

进了屋，黎庶望湿漉漉的皮鞋踩在范汉杰家的大红地毯上。范汉杰满脸笑意，甩手扔给他一颗烟，“哧”的一声，就要给他点上。

黎庶望的烟在嘴里，头一扭，闪过火焰，冷眼看他。

范汉杰看他一眼，嬉皮笑脸地问：“望哥，好久不见，你戒烟戒色了？”

黎庶望没理他，冷脸问道：“汉杰，校长对你不薄，为什么要跟着蔡廷楷这些乱党和校长作对？”

范汉杰一脸无奈：“箭在弦上，不得不发。大家都反，我要不同意，这颗脑袋不等校长来拿，早就有人拿走了。”

黎庶望拍了拍范汉杰的肩膀，道：“校长是个重师生情份的人，他老人家让我给你捎句话，人不怕犯错，怕的是犯错不改，改了错就是好学生嘛。”

范汉杰面有喜色，道：“那我能替校长做些什么呢？”

黎庶望打了个响指，说：“很简单，拔草寻蛇，投石问路，你只要帮我们找一本十九路军的密码本就可以了。”

密码本在手，就如同抓住了19路军的脉搏，一起一伏，都逃不出蒋介石的手掌心。

而另一路郑介民派去的海南小同乡云大沂也大放光彩，不仅提供了比特务处福建省站更多更准确的情报，更策动了 78 师师长云应霖投效蒋介石。

不久，福建事变在意料中平息，只不过蒋介石依然高兴不起来，最近令他不高兴的这个人，名叫张敬尧。

既然校长心情不好，郑介民当然要为校长分忧了。

三、再显身手

张敬尧虽然名叫敬尧，其实他敬的却是血腥：其人辛亥革命中镇压过武昌起义，以“杀敌骁勇”提升为团长；1914 年在河南镇压过白朗起义，“剿匪”有功，升为陆军第 7 师师长；1921 年，当了湖南督军兼署省长的张敬尧更是“金子我所欲也，杀人亦我所欲也”。

张氏兄弟在湖南称霸一方，大发横财。在霍邱马店、龙潭寺一带买田几万亩，又在桑郢大兴土木，修建极其华丽的督军府，在天津置了不少房屋和地产。杀人之多，动至数万，兵悉劫掠，地无不遍，死不能葬，生无可归。当时的湖南人为此写了副对联：“堂堂手张，尧舜禹汤，一二三四，虎豹豺狼。”

张敬尧自从被湖南人赶出湖南以后，日子过得并不得意：投吴佩孚，吴佩孚败；靠张宗昌，张宗昌倒。日本人在东北成立满洲国，张敬尧的日子有了起色，日本人任命他为“平津第二集团军总司令”，给他 700 万元经费，潜入北平，收集旧部，勾结流氓土匪，策动驻军，准备配合日军在北平城内暴动。

张敬尧进了北平城，化名常石谷，住进了六国饭店。郑介民和手下白世雄、王天木等人一候就是几天，却始终找不到下手的机会：白天刺杀，人多不易下手，刺客也难以脱身；晚上动手，张敬尧这家伙不仅枪法厉害，而且警惕性特高，睡觉也不安分，有时跑到副官的房子中睡，有时溜到参谋长赵庭贵房间里过夜。他在哪睡觉都不知道，能有几分胜算？

张敬尧居无定所，让守在六国饭店的郑介民等人犯了愁，这时西服店的应老板出现了，他嘴里还嘟囔着：“早晨才量好尺寸，晚上就要拿衣服，这不是催命嘛！”

郑介民虽然才来几天，和应老板倒有几分熟，看他从六国饭店出来，就问他：“应老板，今儿个又来好生意了？”

应老板呵呵一笑：“还行，就是有点急，这不张督军刚刚量了尺寸，晚上就急着要，说明天一早就要出去接客人。”

郑介民眼睛一亮，边让路边说：“呵呵，应老板您先忙，我就不耽误您了。”

抽烟，点火的事未必要亲自做；吃饭，可以有人喂；洗澡，有人可以帮你搓背。试衣服，却不可能找人替你试，衣服合不合身，别人最多给点意见，最好的办法还是自己照镜子。

一个房子可能有很多房间，但有镜子的房间很少，不是在卧室，就是在洗手间。

郑介民通知王天木行动，指定北平站行动员、年轻力壮的白世雄为暗杀的主要执行人，并研究了进入饭店的方法与动手后的逃走路线。又派人在楼梯口、饭店门口掩护刺客撤退，还安排了一辆小轿车来接应。

1933 年 5 月 6 日晚，应老板拿着一个包袱进入六国饭店的一个房间。几分钟后，应老板倒退着从房间里出来，脸上还陪着笑：“您老先试衣服，我在外面候着”。

白世雄等人夺门而入，王天木直扑卧室，白世雄直扑洗和间。洗手间正在试衣服的人，长方脸，鼻端高翘，两腮瘦削，留着浓黑的两撮小胡子，下巴底下还有一撮长毛，一撮毛伸手就想拔枪，可他手上还拿着衣服，衣服影响了他的速度，白世雄趁机抬手就是三枪，子弹准确地射进了一撮毛的脑袋。

枪响之后，王天木和白世雄等人拔腿便跑，钻进轿车里一路飞奔。汽车开到王府井大街东安市场，白世雄才下了车，混入人群中，步行去了清华园。

第二天，北平各大报刊登了一条新闻：巨商常石谷六国饭店遇刺身亡，凶手逃逸无踪……

蒋介石一门心思想统一中国，共产党领导的红军却把红旗在中国腹地越插越多，日本人的膏药旗长得不咋地，却也自我感觉良好的在东北、华北、上海一插再插。蒋介石有心拔旗，无力可拔，无法可拔。

东方无真经，蒋介石却听说西方有强人，德国的希特勒和意大利的墨索里尼运用法西斯式的独裁统治将国家整得铁桶一般。

蒋介石崇拜强权，也信奉真理。1934 年春，蒋介石决定派出军事考察团前往欧洲考察，实际上主要是去德、意两国。军事团一行七人，成员有郑介民和潘佑强、杜心如、滕杰等人。蒋介石给军事考察团的任务有两个：一是学习法西斯统治人民和反共防共的一套办法，二是发展复兴社在欧洲的组织。

郑介民对希特勒和墨索里尼两个独裁统治集团作了仔细的研究，不过他对德意两国的特务组织和活动下的功夫更大，搜集了不少材料，写出了不少自己的心得。

郑介民和戴笠不同，戴笠是天生的特务料子，对特务处的工作一直是跟着感觉走，脚踩西瓜皮，滑到哪算哪，更不用说提出一套科学可行的制度。

等到郑介民考察回国，戴笠找他谈心，实实在在地长了不少见识。后来特务处改组为军委会调查统计局第二处，军统所进行的一系列活动，很多都是参照郑介民的建议和心得建立和执行起来的。

比如说，通过特务组织去控制交通和通讯，监督无线电台和收音机及干扰广播，派特务渗入机关、工厂、学校，加强警察机构等等措施。

德国之行使郑介民加深了对法西斯独裁统治的了解，更增添了他对希特勒的仰慕，仰慕不如相见，郑介民便请求晋见希特勒，第一次，无回音。再请，对方称元首国事繁忙，无暇接见外宾。第三次请求，德方不好再拒绝，终于同意召见他。

面对铁杆儿粉丝，希特勒没有意想中的热情，只有无尽的傲慢。意大利的墨索里尼倒是和蔼可亲，回到国内以后，郑介民常以曾见到过这两个“法西斯老祖宗”为荣。不过也有人认为郑介民在吹牛皮。

郑介民在希特勒面前没有一点儿脾气，但在留学生的面前是指点江山、豪情万丈。

在欧洲，郑介民每到一个地方总要召集当地的留学生开座谈会，将复兴社夸成一朵花，这也好，那也妙，委员长现在都对国民党很失望，正准备用复兴社取代国民党。复兴社由蒋介石兼社长，可以说是道路是平坦的、前途是光明的。一句话，没听说过复兴社那是你的损失，听说过以后还不加入就是自我堕落。

据郑介民自己说，他的这些话常常受到留学生们的欢迎。因为这些人对国民党中一些老朽昏庸的权贵们早有不满，平时敢怒而不敢言，郑介民的这些话正好温暖了他们的心窝窝。

1935 年春夏间，郑介民等人由欧洲回来后，蒋介石曾抽出不少时间听取他们的口头报告，并看了他们的长篇大论的文字报告，兴趣异常浓厚。戴笠也不断找郑介民问长问短，请他到特务处做报告，他立刻成了最受欢迎的大忙人。

郑介民回国不久，就被蒋介石官升一级，任命为参谋本部第二厅第五处少将处长。

四、机不可失

20世纪30年代初的中国，正处于多事之秋，福建事变的硝烟刚刚散去，号称“南天王”的广东军阀陈济棠又扯起了反帜。

陈济棠有两广联军30万人，飞机190余架，更有湖南的何键拔刀相助。

陈济棠一向信命。因为洪秀全家出了个天子，陈济棠就用钱把洪家的后人砸晕，把自己母亲的骸骨埋进字花县芙蓉嶂洪秀全的祖坟，只因为有人说这里有出天子的龙脉。陈济棠老婆莫秀英本来是青楼出身，但俩人一结婚，陈济棠的官运就旺得不行，因此陈济棠最听秀英的话，说英雄不问出身，只问旺夫与否。后来新修要塞炮台，陈济棠就取名为“秀英炮台”，希望讨个好彩头。

机会不错，陈济棠还是比较谨慎，不打没把握的仗。

每临大事有静气，陈济棠不仅有静气，还有玄术。

陈济棠的老哥陈维周精通阴阳。1935年，陈维周专程去奉化察看蒋介石祖坟的风水。回来后，陈维周就兴高采烈地对陈济棠说：“蒋介石的祖坟不如芙蓉嶂的龙势远甚，而且蒋介石的气运快要衰落，明年肯定要垮台，一蹶不可复振，代之而兴者便是伯南。”

1936年5月，陈维周利用进京面见蒋介石的机会又仔细端详了蒋介石的面相，回来对陈济棠说：“我此次入京，与蒋介石促膝而谈，仔细观了他的气色。蒋介石满脸晦气，断难过廿五年（1936年）。”

扶乩“参谋”翁半玄则向陈济棠进言：“大运已至，机不可失！”

天时，地利，人和，此时不反，更待何时？

1936 年 6 月，陈济棠联络李宗仁、白崇禧，以抗日为名，举起反蒋旗号。

消息传到南京，蒋介石冷哼一声道：“陈济棠井底之蛙，成不了大气候。”他一面挥兵迎敌，一面紧急召见郑介民。他一向坚信军事与政治要相辅而行，不战而屈人之兵才是军事家追求的最高境界。

郑介民自然猜到了蒋介石的心思，应对时胸有成竹。他早在年前就发现陈济棠有异动，因此先期将特务处骨干潜伏到广州活动，而且卓有成效。陈济棠部第 1 军军长余汉谋已答应与中央保持一致，绝不追随陈济棠兴兵作乱。

蒋介石说：“陈济棠蓄谋已久，手亡没有王牌不敢向中央挑战。他的王牌就是空军。最近广东方面向德国订购了一批容克式飞机，空中力量号称全国之最。我们的士兵对空中打击很不适应，有畏惧心理，陈济棠也正是有此心理优势，扣掉他的空军就打掉了他的自信，胜负也就不言自明。”

“可以把他们买过来……”郑介民说得很轻松，他已经通过特务处华南区区长邢森州与陈济棠的诸多空军将领拉上了关系。

陈济棠这边动作挺快，蒋介石的动作也不慢，派出各路人马接招。郑介民也前往香港，指挥华南区特务进行暗杀陈济棠、分化其部下的活动。

郑介民给出的理由足够打动陈振兴的心：中国内战，劳民伤财，日本人坐观虎斗。开出的条件也足够吸引人：安家费 12 万元。

第二天，七架飞机飞往南昌，通电效忠蒋介石。出师未捷机先失，长使济棠怒如雷。陈济棠从此对空军严加看管。飞机入库，由宪兵看守。飞行员不得擅自行动，训练中止。扣押第二中队队长丁纪徐，政训处主任李鹤龄空降空军政治部，掌控全局。

陈济棠暴怒如雷，空军上上下下却也是极度愤怒：用人不疑，疑人不用。不用也就罢了，居然把老子当犯人。这日子没法过了！

终于，有人主动来找郑介民了，来人开门见山地说：“黄光锐过来，每架飞机二万，队长要有车有房，如何？”

郑介民想过说服陈济棠的飞行员投诚，却从没想过将他的空军连根拔起。想过自己求爷爷告奶奶的找人，却从来没有想过幸福自己来敲门。

事关重大，郑介民自己不敢拿主意，赶紧去电请示蒋介石。

要价确实是高，不过 100 多架飞机的影响不是一般的大，不仅是扇了陈济棠的脸，更是要了他的命。至于价钱，先付定金，等飞机过来，不如他意，难道他还能再飞回去不成。蒋介石一口答应，成交。

黄光锐拿到了足额的定金，心中很是舒畅：老蒋做事，果然比陈济棠痛快。

11 月 17 日，黄光锐、陈卓林收买了警卫机场的警卫营长，带领全部飞机飞往韶关，并通电全国反对陈济棠。

陈济棠听说飞机北飞，这才明白，机不可失原来是这么回事。只是这明白有点迟，代价也太大，空军的反水让陈济棠彻底失去了心理支撑，他长叹一声，只能宣布下野走人，灰溜溜的到香港避难去了。

蒋介石到了汀州，专门召见郑介民，表扬他在此次行动巾“判断准确，处置得当”，几其收买空军一节“功不可代”，接着又掏出一纸支票，作为对其奖励。

可是这一次郑介民没有受宠若惊，而是隐隐有一丝失望。

他原指望借着此次的功劳，能让蒋介石答应他脱离军统，他的许多黄埔同学现在已经是师长、军长，率甲数万坐镇一方，这让他羡慕得心里如猫抓一般。

五、儒将之梦

七七事变以后，蒋介石在表面上虽然接受了中国共产党所提出的一致联合起来抗日的主张，而暗地里却更加积极地进行反共防共的阴谋活动。国民党政府从南京逃到武汉以后，在珞珈山举行的国民党临时全国代表大会上，蒋介石便提出要增加一个庞大的特务机关，把原来由陈立夫领导的军事委员会调查统计局交与戴笠，另在中央党部内设立一个同样的调查统计局，以加强他反共反人民的特务力量。

蒋介石当时虽有意提拔戴笠，但苦于他的资历不够，只好指定侍从室第一处主任贺耀祖为局长，以戴为副局长负实际责任。但对郑介民的安排成了问题，蒋介石不想让郑介民离开这个特务组织，又不便设两个副局长，最后才决定叫他兼任军统局的主任秘书，协助戴笠工作。

郑介民对这个安排很不乐意，老蒋的命令又不敢不听，就想方设法不去军统局上班，各种借口是无所不用其极。郑介民不想掺和军统的事，戴笠却是很高兴，权力这东西和食物一样，吃的人越多，装进肚子里的东西就越少。

全国抗日战争开始不久，蒋介石就想请英国帮助中国组建一支突击部队。郑介民对此很感兴趣，就托人向蒋介石说情，希望派他去担任这项任务。蒋介石认为郑介民没有带兵打仗的经验，不适宜搞这种工作，另派李默庵去筹备组建英国机械装备的突击部队，郑又一次感到很大失望。郑介民一方面叹惜自己没有带兵打过仗，“武”的气质不够，一面又醉心于想当一个“儒将”。当时国民党许多将领，都有“武人唯恐不能文”的思想。

当参谋本部改组为军令部之后，郑介民却意外地被蒋介石提升为该部第二厅中将副厅长。这样虽使他安下心来，却仍不忘情于带兵的工作。1939 年陆军大学设立将官班，专门调训国民党中高级军官，他便请求带职去受训。

当时有人问他，为什么还要去进陆军大学？郑介民很高兴地说：“现在规定军事机关和部队的幕僚长都要陆大毕业，如果我不是，不但没有机会带兵，不懂业务，无法工作。如果和陆大学生不是同学关系，也不易驾驭，所以非去不可。”

1939 年 9 月，郑介民进入陆军大学将官班学习。当时的陆大设在贵州遵义，有些参加培训的高级军官就是纯粹来镀金，报名、画沙盘什么的都由参谋代办，自己则跑到重庆、贵阳吃喝玩乐。即使来了，也只是敷衍了事，反正是混一个学历。郑介民在这段时间内却与众不同，他非常认真地学习，有空还从事写作。他偶尔回重庆几天，也是到军统局和第二厅去要一些资料。他老婆经常写信骂他，说别人常常回来，你却不想家，还疑心他在遵义玩什么花样，曾两次偷偷地跑到遵义，看到他的确是在埋头学习和写作才放了心。

几年间，郑介民从军统局与第二厅的档案中搜集了不少材料，先后编写了《军事情报学》、《谍报勤务教范草案》、《游击战术之研究》等几本书。国民政府对他这种肯钻研和写作的精神很是欣赏，后来授给他一枚“积学勋章”。郑介民对这枚勋章极为重视，认为是最难得的“荣誉”，经常爱把它拿出向人炫耀，以显示他是个“文武双全”的“儒将”。

1942 年 1 月，日军集结大量海陆空军猛攻新加坡，6 万英军无力抵抗，号称远东第一的巨港20天便宣告沦陷。

刚逃到荷属爪哇的西南太平洋盟军总司令、英国上将魏菲尔狂跳的心已经平息，悔意却越来越浓，越来越厚：一失足成千恨，早知如此，何必当初。

早在1940年夏天，蒋介石让戴笠加强军统在南洋各地的特务活动，戴笠第一时间想到了郑介民。就这个任务而言，曾经在南洋生活过的郑介民无疑是最合适的。

郑介民到南洋一带视察，组织军统开展沿海工作。南洋一带是英国的势力范围，为了取得英国支持，郑介民大打感情牌，联合英国成立中英情报合作所。

中英情报合作所设在重庆小龙坎周家湾别动军司令部旁边，双方的合作内容主要是军统向英方提供有关日本陆海空军在中国沿海及大陆活动的情报。为了配合英方工作，郑介民还派了一个特别工作小组到香港、印度（日寇占领香港前去印度的）工作，专门侦察日本空军的活动、破译日本空军的密电。

在盟国军事会议上，郑介民求见西南太平洋盟军总司令魏菲尔希望面谈，魏菲尔却很瞧不起中国军人，拒绝会谈，郑介民便托魏菲尔的高级幕僚递材料，称新加坡绝对没法防守的，不如集中力量坚守印度尼西亚，把印度尼西亚打造成西南太平洋盟军的反攻基地。

魏菲尔冷笑，他认为只要缩短防线，集中兵力，确保新加坡是决无问题的。

新加坡沦陷后，魏菲尔很是后悔，于是致电蒋介石，说悔不该采纳郑介民的意见。

后来，为了扼制日军的进一步扩张，蒋介石特意派郑介民到瓜哇和魏菲尔联络。魏菲尔听说郑介民到了瓜哇，亲自到机场欢迎他。郑介民在协同对日作战中提出了许多有预见性的意见，获得了盟军将领的称赞。

蒋介石认为郑介民在和盟军打交道时还有一套办法，后来又指定他参加在重庆举行的中美联合参谋会议。当时任中国战区参谋长兼美军驻华总司令的魏德迈，对郑介民的印象也相当好。

1944年夏天，郑介民和美军驻华总部的一些将领们聊天。聊得起劲的时候，大家就开始预测开辟第二战场的时间。各种说法都有，可就是没有什么拿得出手的理由。

郑介民倒是毫不谦虚，一口咬定6月初就是盟军登陆法国开辟第二战场的时候。全场一片哗然，哨声四起，盟军变成了这小子开的连锁店了？

郑介民倒是振振有词："从整个战局看，轴心国的势力正在萎缩，盟军的势力正在壮大，彼消此长，开辟第二战场正在情理之中。每年 6 月，英伦海峡的潮水涨得最高，盟军的总指挥应该会考虑到这一点。"

1944 年 6 月 6 日，盟军在法国的诺曼底登陆。

消息传到重庆以后，听过郑介民预言的美国军官见到他都竖直起大拇指，冲他点头微笑，魏德迈听到这些话以后，还当面称赞过他。

蒋介石听说了这事，也夸他两句："这家伙，前几年猜到了日军要攻占香港，现在又算死了盟军的登陆时间，还真是个人才。"

六、保密局长

1946 初，蒋介石派郑介民担任军调处执行部北平办事处国民党方面的代表。

和谈是个过程，至于谈不谈得拢、谈成什么样，那就是双方的事情，最少蒋介石是谈了，对人心方面也有个交待。郑介民负责和谈，也负责利用国民党和共产党进行"和平谈判"的机会了解放区的情况。

老蒋不怕和谈失败，他怕的是和谈成功。在蒋介石心里，和谈只是个幌子，和谈是假，备战才是真。蒋介石的备战工作做得很不错，郑介民做的假和谈工作也很不错。

戴笠坠机身亡后，郑介民成为军统局长，1947 年，军统改组为保密局，由郑介民继续主持保密局工作，他把大部分精力用在对各地中共地下党的迫害方面，在情报战线上积极配合蒋介石的军事进攻。

1947 年 9 月，保密局北平站发现中共北平地下党组织和电台的线索，郑介民和毛人凤研究之后，立即派保密局行动处处长叶翔之赶到北平，主持破坏工作。叶翔之到了北平后，报告案情重大，涉及保定绥靖公署许多高级人员，郑便立刻亲自飞到北平指挥工作。

由于这一案件的发展，以后又在西安、兰州等处破坏了电台，逮捕了十多位中共地下工作人员，还在东北也破坏了一处地下党组织。

郑介民对这次破坏极感兴奋，除随时向蒋介石报告外，并连续在保密局召集大特务们开会研究。他强调今后为了配合前方的军事进攻，对在后方活动的中共党组织必须用全力来进行破坏，以安定后方秩序。他最感兴趣的是搜查出来的中共地下党电台。在没有看到以前，他断定这些地下电台一定是苏联供给中共专做秘密活动的新型电台。

当特务们把搜获的文件和电台送到南京后，结果使他大出意外，这些电台做得很粗糙。他看了以后，用讽刺的口吻说："这些东西我们早就扔到垃圾箱里去了，他们还当作宝贝在使用。"等他翻过一些档案材料之后，又改口说："用这样的电台能做出这么多的工作，真不简单，这是人家比我们强的地方。"

郑介民是个研究型的人才。对于从各种途径搜得的各种材料，郑介民从不吝啬自己的热情和时间，一气看上几小时都是常有的事，所以常常从中发现新线索、整出新思路。

郑介民好为人师，喜欢教手下怎样做得更好。有一次保密局召开会议，郑介民就向在座的特务介绍如何从材料中发现线索，并鼓励都做书虫，一个字一个字地啃，一页纸一页纸地嚼。

在郑介民任保密局长期间，只是每天上午去一两小时。他的办公桌抽斗内，满装着从各地收集来的中共发行的书刊文件。当时保密局的电讯总台，有两部专门收听中共广播的电台，每天把收到的电讯抄下两份，一份送给他，一份由毛人凤看后批交情报处（保密局第一处）存查。他对这些电讯看得很仔细，看后便带走。

为了反共，郑介民绞尽脑汁，全力以赴。郑介民不断研究中共文件，除了大肆诬蔑宣传以外，还特别注意钻中共政策中的空子，打打擦边球。中国共产党提倡宗教信仰自由，郑介民就指使军统特务中宗教信徒到解放区进行特务活动。天津稽查处长李广和信仰天主教，在山西教区关系很多，他便叫李在教徒中进行布置。还有比利时神甫雷震远，郑一直利用他披着宗教外衣在华北进行特务活动。

另外，他还利用中共少数民族政策，先后多次命令外勤省站尽力在少数民族中去发展组织。他常说："将来有些地区汉人立不了足，这些少数民族中的同志（指参加军统的特务）是大有办法的。"

郑介民撰写的《游击战术》

郑介民认为共产党即使打下天下，也不会对各地的资本家、大商人动手动脚，而是友好对待他们。为了让这些资本家协助保密局工作，郑介民让毛人凤到上海、重庆、昆明等地拉拢资本家，而以保障他们在国外的利益为交换条件。

郑介民任保密局局长的时候，许多特务都认为对解放区布置工作太困难。郑介民就指指责他们四肢发达、头脑进水，不肯动脑筋去研究中共的文件，所以急得嘴上起泡也拿不出个主意来。

为了开发大家智力，郑介民就给他们出主意："共产党不能不要老百姓。只要他们要人，我们就有办法。他们要路人甲，我们就给他路人甲；他们要路人乙，我们就给他路人乙。不怕做不到，就怕想不到。"

毛人凤继任局长以后，就专门在医生、护士、教师、店员、小商贩等行业中布眼线、招特务、埋炸弹，一反过去吸收特务专找社会关系复杂、爱活动的以及地方恶霸豪绅和流氓头子等的办法。

郑介石除了被老婆逼着到军统领东西积极以外，一生中最最积极的事就是反共，有机会就鼓励身边的人反共，为他们加油打气：共军的胜利只是运气好，国军只要戒焦戒躁，听老蒋的话，跟老蒋走，反败为胜只是早晚的事。

郑介民自认为对当时国际形势有相当了解，并多次预测美国必定要趁苏联在二次大战后损失惨重、元气未复之前对苏作战。如果美国对苏发动战争，美国一定能够打败苏联，国民党也会搭上幸福的快车，顺风顺水地消灭共产党。他的这种论断很适合蒋介石的胃口，所以让他到中央训练团、中央军官学校等许多训练机关讲课，以鼓舞士气、安定人心。

不过，和陈诚相比，郑介民没陈诚那么狂妄。陈诚敢说“三个月消灭共产党”，郑介民的讲话就谦虚了很多，甚至可以说缺少安全感和信心。私下和亲信聊天的时候，郑介民曾经说：“最好是发生第三次世界大战，单靠我们反共，困难还有很多，打下去很难有必胜的把握。”

七、人生死角

国民党退到台湾以后，考虑到党政军情报机构系统复杂、工作重复，所以当局在1954年成立“国家安全局”，当年的“中统”、“军统”都在该局控制之下。郑介民为局长，陈大庆为副局长。

蒋介石退到台湾以后，美国看他的目光已经不再像从前那样热情，支持也不再给力，这让老蒋心里很不好受。

郑介民和美国方面则依旧火热，二战虽然已经结束，但盟军方面并没有忘记一起走过的日子，时不时地邀请郑介民访问，回来时也不忘给他捎上丰厚的礼物。

1959年3月，郑介民又一次访美。美国人的接待依旧极为隆重，临走的时候竟然还送给他个人一张一千万的支票。

有些钱郑介民敢收，有些钱却觉得烫手。

蒋介石看到递过来的支票，嘴里要郑介民自己好好收起来，心中却是波澜起伏。

1948年，郑介民的老弟郑挺锋在傅作义手下当94军军长。那个时候，蒋介石在东北的精锐部队在辽沈战役中全军覆灭，郑介民就急忙从南京赶到北平，请求傅作义允许郑挺锋离职南下。

郑介民将郑挺锋带回南京后，坚决不让他再回北平，理由是郑挺锋一旦留在华北，不是吃解放军的“花生米”，就会当了人家的俘虏。为了不让郑挺锋回北平，郑人民想方设法把郑挺锋弄到海南岛当了 21 兵团副总司令。解放军还没打到海南岛，郑介民又赶紧叫郑挺锋撤到台湾，生怕这个老弟被解放军捉去。

水至清则无鱼，蒋介石不相信手下为了造福全人类而为自己流血拼命，所以他有容忍，但美国人从不给自己好脸色，却一直对郑介民笑容有加，钱不是问题，可这小子和美国人关系也太亲密了吧。

郑介民虽然收下支票，心里却是一片苦涩。自从来到台湾，老蒋虽然对自己依旧客气，却是生疏了很多。

1955 年，黎复在胡适的《自由中国》半月刊发表文章，指责青年、民社两党曲阿取容，不配称政党，声言台湾非有一个“反对党”不可。黄阳辉的共和党就在这个时候开张大吉，黄阳辉组建共和党，是奉了东京“台湾共和国大统领”廖文毅的密令，黄阳辉此人，不仅是廖文毅的急先锋，还是台独领袖。

廖文毅让黄阳辉在台湾南部联合台湾青年发展组织，以“台湾是台湾人的台湾”为口号进行推翻国民党政权的工作。不到三年的工夫，黄阳辉的共和党竟然成为南台湾一带不可小瞧的势力，前后吸收成员近千人。

1959 年，出身华裔的共和党员邓友良成为美国国会议员。黄阳辉就顺风而上，声称“台湾共和党”是美国共和党的分支，美国政府有意把台湾变成美国的第 51 个州，台湾的共和党党员都有资格参加美国国会议员的选举。听说有参加美国选举的机会，很多社会名流纷纷加入共和党。

黄阳辉搞台湾独立甚至要变成美国的第 51 个州，蒋介石当然不能同意，他要求郑介民立即出手，生要见人，死要见尸。

1959 年 8 月 12 日，安全局在高雄拘捕共和党 30 多人。黄阳辉背后有美国人撑腰，听到消息，一头扎进美国人的宅子里。

郑介民不敢进宅子搜查，所以暗中派人守候。守株待兔是个笨办法，但还是有效。当黄阳辉自以为安全的时候，一副手铐锁住了他的自由。

手铐锁住了黄阳辉的手，监狱拦住了他逃脱的路，但挡不住美国人探望黄阳辉的步伐。在台湾，美国人比在他们自己国家更加随心所欲，台湾上下轻易不驳回他们的面子，更何况探监也是理所当然的事。

美国人来了又走，狱警们长出了一口气，不想惹麻烦的最好办法是远离不安因素。黄阳辉也是个不安因素，但是已经被大牢锁住。

郑介民查监，发现黄阳辉竟然不在，竟然如空气般在狱警的眼皮底下消失了。

蒋介石闻之大发雷霆，要郑介民把人交出来。

郑介民背了黑锅没地方说，委屈之中就嘟囔了几句。蒋介石就开始发飙："我还没说你几句，你倒顶上嘴了。你忠心党国？你弟弟郑挺锋到美国公干现在还不回，你大儿子干脆就定居美国，你什么时候去美国？我给你送行。"

为了洗清自己，郑介民只能向蒋介石立下军令状：三日之内破案。

三天很快过去，案子依然毫无头绪。蒋介石也不和他客气，当即下令给郑介民记大过两次，并下令一周内必须结案，否则，所有经办人员一律军法处置。

别说一周，就是一年，郑介民也是束手无策。他并非对黄阳辉的情况一无所知，他甚至猜到黄阳辉藏身的具体地点，但那里竖着美国星条旗，他是望洋兴叹。如果贸然行动，引起美国人恼火，发起难来，蒋介石还是要打他的屁股。

感到自己走入了人生死角的郑介民，心情开始变得烦躁不安。

为了抚慰他，蒋介石邀请郑介民一起坐船共赏日月潭的月色。接连几天开会，郑介民已经是身心疲惫，可是老蒋开口邀请，他不敢不去。

船在湖中轻荡。君臣二人表面虽是十分热情，然而却是各有所思。

"耀全，来，吃西瓜。"女佣端来一盘西瓜，放在桌上。

"冬天能吃到这样的西瓜，可真不容易啊！"蒋介石边说，边拿起一块递到郑

郑介民遗像

介民手中。

郑介民不想吃，可面对紧盯着他的蒋介石，郑介民无法推脱。

1959 年 12 月 11 日，台湾“中央社”台北报道：“国防会议国家安全局长、国民党中央委员会第二组主任郑介民上将，今晨 2 时因心脏病不治逝世北投寓所，享年 62 岁。”

历史评说

郑介民虽然是国民党特务系统的掌门人之一，但他与戴笠截然不同，战略眼光精确长远，又具研究精神，著述甚丰，曾因此获得过一枚积学奖章，被国民党内一些同行称为“有政治头脑”和“科学训练”的军事情报专家、“军事谋略家”和“军事理论家”。他著有《游击战术之研究》、《谍报勤务》、《军事情报学》、《中日战争太平洋列强政略的判断》、《抗战期中对共产党的对策》、《苏俄现阶段的国家战略》等作品，堪称中外特务系统中难得一见的儒将。

青云直上——桂永清

桂永清，黄埔系将领中的另类奇葩，犯一次错误升一次官，在国民党军界三起三落，直至官拜一级上将，被称作蒋介石的“张好古”。在 1946 年戴笠坠机失事后，桂永清踌躇满志地夺得了中华民国海军总司令的职位，成为第一个担任海军总司令、第一个担任“参谋总长”的黄埔生。

小档案

姓名字号： 桂永清，字率真

籍　　贯： 江西省贵溪县

生卒年月： 1900.1.17—1954.8.12　卒年 54 岁

毕业院校： 黄埔军校

军　　衔： 一级上将

最高军职： 国民革命军海军总司令

一、第一次丢官

桂永清小时候不大爱念书，上学老爱打瞌睡，被贵溪县第二小学的同学们戏称为“宰我”（宰我是孔子爱打瞌睡的学生，被孔子说成是“朽木不可雕也”）。

桂永清上了江西第一中学后，成绩居然好起来了。毕业后，他当了高小教员，但这并不是桂永清的理想，他经过考虑，决定投笔从戎。1923 年冬，桂永清来到广州，在大元帅府军政部教导团军士连当兵。

这时候，孙中山为征讨旧军阀、创立共和国，建立了广州黄埔陆军军官学校。它吸引了一大批有志青年。1924 年 5 月，黄埔一期开始招考，24 岁的桂永清得到消息，想去报名。可是，几十块钱的报名费让桂永清犯难了。只好红着脸找族叔桂玉壶去借。桂玉壶看这个晚辈越来越有出息，也就慷慨解囊，给了桂永清 40 块大

桂永清

洋，并嘱咐他“好好干”。果然，桂永清没让他失望，终以入伍生的身份考取了黄埔军校，从此走向了成功。后来，桂永清有了钱，去探望这位族叔，给老人家盖了房子，又送他的几个小孙子去上了洋学堂。

就这样，桂永清考上了黄埔陆军军官学校第一期步兵科，同年6月进入步兵科第2队受训。这时的桂永清，早已不是那个上课打瞌睡的小学生了，他勤学苦练，表现积极，深得黄埔师生的赞赏，和杜聿明、胡宗南、关麟征并称为“四杰”。总教官何应钦很喜欢这个各方面表现优异的小伙子，桂永清还没毕业，何应钦就把他派到教导团去代理排长。

1925年，桂永清参与组织“孙文主义学会”，这个时候，黄埔军校内以共产党和国民党左派为代表的革命势力与以国民党右派为代表的反动势力的斗争十分尖锐。在这场斗争中，桂永清成为了右派势力的骨干分子。他与贺衷寒、缪斌、夏伯涛、蒋优生等同是孙文主义学会的主要领导人之一，和当时军校的左翼进步组织——青年军人联合会相对抗。

桂永清在校期间的表现和政治立场，得到了校长蒋介石的注意和赏识，为以后在政治上的成功奠定了基础。

在黄埔学生军第一次东征攻打淡水时，蒋介石从望远镜里看到，一个年轻的军人，在枪林弹雨中，正在沿着云梯登城，快到顶端时，云梯被守军推倒，年轻的军人直挺挺地摔向城下。蒋介石看了，也不禁为这个年轻人捏把汗。

没想到，这位年轻的军人就地一滚又站了起来，一叫劲，竖起云梯接着住上爬，转眼间又出现在城头。打下淡水后，蒋校长亲切接见了他，这位勇敢的青年军官，就是桂永清，蒋介石对他的表现大加赞赏，说：“这才是带兵的将才呀！”

在这次战役中，教导2团9连连长不幸牺牲，蒋介石便让桂永清转任教导2团9连上尉连长。此后桂永清在袭棉湖，克兴宁城的战役中，把淡水一役的大无畏精神发扬光大，冲锋陷阵，身先士卒，旋又升任第1军特务营营长。

黄埔军第二次东征的时候，桂永清率领他所在的营参加了攻打惠州的战役。蒋介石当时是东征军总司令，为了彻底打败陈炯明，取得老百姓的支持，蒋介石一路上叮嘱所有官兵：“如有骚扰人民，违反军纪的，上至校长，下至士兵，都要枪毙。”

当时黄埔学生军都是热血青年，有理想，有抱负，一路征战，别说拿群众一针一线，就是喝口水也要掏钱，所以深得民心。

桂永清打仗是把好手，从不说“弟兄们给我冲”，而是操起刺刀直接就往上冲，营里的战士一看营长都不要命，自然战斗力直线上升。桂永清打仗不要命，很得上级欣赏，很快桂永清的尾巴就开始翘起来。陈炯明的部队败退以后，东征军开始全城搜索潜伏的敌人。桂永清指挥着他手下的士兵挨家挨户口搜索，他自己则打起了小九九：身入宝山，怎么能空手而回?

于是桂永清冲进一家典当行，手枪往桌子一扔：“老板，我要当家伙，多少钱?”当铺还没从枪炮声中回过神来，现在又看一个军官来当枪，心里直打哆嗦：“这大爷哪是来当枪的，明明是要来命的，我只怕还没拿到他的枪，就被人送了一颗花生米。”老板不敢收他的枪，从当铺里拿了几块布料、一副手镯和几块光洋递给桂永清，说：“长官，您的枪就当这些东西。至于枪，小人怕走了火，还是您帮小人看住的好。”

第二天，桂永清乐呵呵地把敲诈来的东西寄回了江西老家，桂永清的同学李之龙是个有心人，他看着桂永清气势汹汹的走进当铺、笑呵呵地走出邮局，怒气不禁涌上心头：桂永清好大的胆子，蒋介石一再嘱咐官兵不许扰民犯民，你桂永清却强拿强要，这是明摆着不把军纪和校长放在眼里。

李之龙做事向来神速，他联合多位党代表，带着来当铺老板到蒋介石那里告状。证人出了场，桂永清深知狡辩是没用的，他干脆头一点，全认了。

总司令蒋介石当时就怒了，抢这么点东西还让人抓住把柄，这样的人留着有什么用，拍着桌子吼道：“娘希匹，拉出去给我毙了。再通知全军，谁胆敢违反军纪、抢百姓的财物，桂永清就是他的榜样!”

贺衷寒负责传达蒋介石的命令，他和桂永清关系一向不错，又都是孙文学会的骨干。贺衷寒平常为人就爱讲义气，现在看桂永清马上就要被枪毙，赶紧去找廖仲恺，要求廖仲恺出面帮桂永清说好话。

廖仲恺一想抢老百姓的钱财确实不对，但要是就这样枪毙了有些可惜，于是便去找蒋介石求情。黄埔一期的同学看着桂永清怪可怜的，联名呈请国民党中央，请求党念及桂永清在淡水、红湖、兴宁的表现，看在他没有功劳也有苦劳的份上，饶他一命。政治部主任周恩来也希望留他一命，但下不为例。

这么多人替桂永清求情，蒋介石也不好驳大家的面子，于是同意把枪毙改为降级处分，桂永清总算捡回了一条小命。事后，蒋介石把桂永清叫到跟前狠狠地训斥了一翻，桂永清眼泪直流道：“感谢校长不杀之恩，学生以后一定期痛改前非，严守军纪，做好表率。”

从此以后，桂永清心里对蒋介石很是感激，打仗的时候，他更加勇猛，对军纪丝毫不敢松弛。他带兵之余，还坚持记日记，时刻反省自己，总结经验。他在日记中写道：“身先士卒，仗好打；没有规矩，兵难带”，以此勉励自己。

二、第二次丢官

1928 年 8 月，国民政府军事编遣会议结束之后，第 1 集团军整编为六个师，以刘峙、顾祝同、钱大钧、蒋鼎文、方鼎英、曹万顺分任第 1、第 2、第 3、第 9、第 10、第 11 师师长。在六个师中，有五个师的师长是从黄埔军校舍就跟着蒋介石打天下，深得蒋介石的信任。只有第 11 师师长曹万顺是北伐以后才投诚过来的，虽然曹万顺表现不错，可蒋介石对他还是不放心，毕竟曹万顺投靠自己的时间太短了，蒋介石可不敢把一个师的家当都扔在他身上。

为了有效地控制 11 师，同时监视曹万顺，蒋介石指派原来的 21 师师长陈诚改任 11 师副师长。为了让陈诚手中有信得过的人手，蒋介石把北伐军总司令部的两个警卫团改编为警卫师第31 旅，由桂永清担任第 31 旅旅长，副旅长位置暂时空缺。

接着，蒋介石把第 31 旅交给了曹万顺管理，称可以加强第 11 师的战斗力，实际上是在曹万顺背后布了支奇兵，以防范曹万顺万一有不二之心。

桂永清到任没几天，他看到第 31 旅副旅长有空缺，就向蒋介石推荐自己的好友邱清泉为副旅长。蒋介石没有采纳他的意见，为了不让桂永清在第 31 旅搞一堂言，蒋介石手一点，让李默庵当了第 31 旅副旅长。桂永清嘴上不敢多说，心中却是满腹委屈：我大小也是个旅长，怎么连指定个副手的权力都没有。

在这个时期，蒋介石兵强马壮，在诸多军阀中实力最为雄厚，已经很少有形势严峻的时刻，于是桂永清也放松了下来，他对麻将发生了很大的兴趣。在他看来，麻将这东西，既能打发时间忘却不愉快，又能收点孝敬赚来实惠。

李默庵来第31旅报到的时候，桂永清就让他站在背后看自己打了一小时的麻将。这是桂永清有意晾他，故意来个下马威，看到钱赢得差不多了，桂永清才回头不阴不阳地来了一句：“老李，你怎么有空到我这逛了？”

李默庵当时就怒从心头起，真是人善被人欺，马善被人骑啊，自己这口气要是咽下去了，以后指不定被桂永清捏成什么样。

于是，桂永清整天和手下军官切磋麻艺的“先进事迹”很快被李默庵报告上去了。蒋介石听了大怒：“桂永清如此玩忽职守，但凡曹万顺起了祸心，第31旅瞬间就会被曹万顺一锅端掉。端了你桂永清不要紧，我好好的一个师的家当可就砸在你手里了。”

桂永清接到撤职的命令后，一下心凉了半截，他赶紧赶到南京，找到当时任军政部部长的何应钦，求何应钦替他说情。何应钦知道求情成功的希望不大，只能“曲线救桂”，为日后做打算，于是他就对桂永清说：“这个事情已经没什么转机了，你不如出国留学，避避风头，等风头过了，我再帮你递递话，重新找个好差事。”桂永清也没有别的好办法，只能点头同意。

何应钦找到蒋介石，向他建议说：“军队需要人才，桂永清也算是个有用之才，不如派他到德国去留学，将来也好为党国效力。桂永清自知触犯军纪，不敢来见校长。”蒋介石撤了桂永清的职，气稍微消了一些，就说：“桂永清目无长官，竟带头违反军规，太不像话了。既然你替他求情，我就暂且饶他一次，你去叫他来见我。”

桂永清灰溜溜地进来了，蒋介石一见桂永清，劈头就骂：“是李默庵没有资格当副旅长？还是我挑人没有眼光？”

桂永清脸上的汗珠子“吧嗒吧嗒”的直往下掉，赶紧立正道：“报告校长，李默庵来了我是百分百高兴，校长您的眼光那是极准的。”

蒋介石哼声道：“邱清泉已经另有任用，谁叫你多管闲事的。看在你过去为党国效力的份儿上，我就不再深究。何部长说你愿意去德国留学，我同意你去。你要好好研究德国的战术和训练方式，以后为党国建军改制做出贡献。现在31旅拨给归刘峙指挥，你到军政部去领3万元安家费，早日去德国学习吧。”

桂永清眼睁睁地看着自己的旅长宝座被人给拆个粉碎，却没有半点办法，只好领了路费去德国“深造”。

1931年，桂永清到到达柏林，进入德国入步兵专科学院学习装甲兵战技战术。

在步兵专科学院，桂永清痛改前非，用自己的吃苦耐劳、谦逊诚实获得了教官、同窗连连称赞。在短短几个月的时间，桂永清就掌握了以精深著称的德语；因为缺少理工知识方面的训练，桂永清时常钻研课程到深夜。

经过两年的努力，桂永清的辛勤付出获得了回报，他最终以当期学员前三甲的优异成绩毕业。在深造期间，桂永清不仅仅努力学习德国的法西斯军事训练方法，他还广泛地和德国同学交往，结识了德国将领戈林上将、巴德上将，海德少将等人。

毕业后，桂永清留在德国使馆担任武官职务。他刻苦求学的态度，也渐渐闻达于南京军界高层。

1931年，桂永清收到了一封来自蒋介石的密令，要求他回国。

根据蒋介石的指示，桂永清迅速从德国出发，经由中东铁路，走过西伯利亚冰原，在满洲的林海雪原中找到了马占山，代表国民党中央政府向坚持抗日的马占山和他的部队表示慰问。

辞别马占山的时候，桂永清向南京出发密电，把马占山部缺少弹药和粮草、林海雪野中的艰难如实地汇报给中央，请求中央向马占山提供弹药供给、棉衣补充，然后，他在马占山部下的护送下，秘密潜入内蒙古东部地区。

到了内蒙以后，桂永清迅速和内蒙东部的众多王公、首领成为了朋友，在马头琴优美的琴声中、在酩酊大醉之间，桂永清向新结交的朋友谈了中央对他们的期望，获得了朋友们对中央的支持。

回到南京以后，桂永清屁股还没坐热，他的黄埔同窗贺衷寒、滕杰等人就邀请他参加聚会，讨论成立一个以黄埔学生为核心、由蒋介石亲自领导的秘密组织，九一八事变后，蒋介石由于受到国内的压力而被迫下野。痛定思痛之后，蒋介石对下野的原因做出分析，认为都是由于没有得力的部下、铁血的组织支持才导致这个结果。

为了更好地“攘外安内”，蒋介石决定让自己信得过的黄埔学生成立一个以黄埔学生为核心的组织，来对付反对自己的势力。桂永清这次行程万里、结交马占山、鼓励内蒙贵族，着实令蒋介石满意，于是他头一点，贺衷寒、滕杰就把桂永清拉拢进了复兴社。

1932年3月1日，蒋介石在南京“励志社”召开“复兴社”成立大会，蒋介石亲自担任社长，桂永清、贺衷寒、酆悌、滕杰、周复、康泽、潘知强、郑介民、邱开基九人当选为中央干事，桂永清从此成为蒋介石的十三太保之一。

三、血染紫金山

桂永清刚一脚跨入龙门，陈诚就送了他一份大礼，成功地向蒋介石推荐他了教导总队的总队长。

桂永清这个人虽然时常贪点小利，人力投资却是做得相当地好，与别人不一样，桂永清喜欢投资潜力股和烧冷灶。蒋介石下野以后，陈诚也受到了免职的处分，以前称兄道弟的人不见了，白眼和冷落却是多了不少。桂永清倒是看得挺准，知道只要蒋介石能够复出，陈诚就必然前途无量。

锦上添花容易，但未必能打动人心，雪中送炭困难，却能让人铭记一辈子。桂永清时不时地拎一些小意思去看望失意的陈诚，陪他说话解闷。知道陈诚有胃病，桂永清千方百计地从民间请来中医为陈诚治疗胃病。

复兴社成立以后，下设组织、宣传、训练、特务四处。桂永清刚从德国回来，在德国学了一身的新东西正跃跃欲试。陈诚一看有训练这个部门，和桂永清正是专业对口，立马向蒋介石推荐桂永清履新。蒋介石一看是陈诚开口，桂永清又是刚从德国取经回来，立即批准，任命桂永清为教导总队的总队长。

教导总队不是训练士兵的普通部队，它是专门为军队培养干部和骨干的。这些学生毕业后，会进入各地的军队当军官，这个教导总队的总队长，将来必定会门生满天下。

按照桂永清的规划，教导总队相当于一个团，辖步兵三营、步榴炮连及通信连，团长由桂永清的黄埔一期同学周振强担任。教导总队总队编制完成以后，桂永清完全采用德式的训练方法训练学员，并在队内讲授德军的战略战术。部队携带全德式装备，用德国的训练方法提高士兵的战斗力。

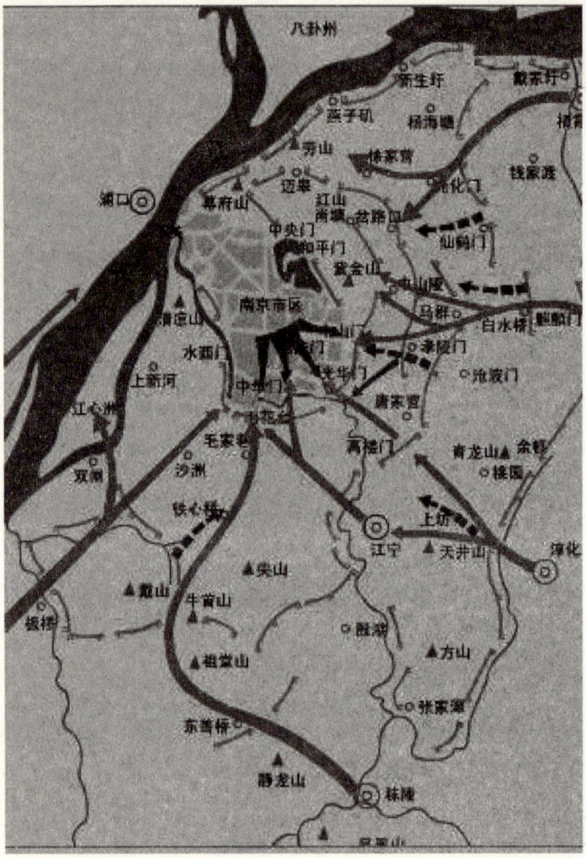

南京保卫战示意图

为了严肃军纪，桂永清制定了一套严格的规章制度。首先要求教导总队所有官兵做到“五不”，即不抽烟，不赌博、不宿娼、不饮茶、不用热水洗脸洗澡。并宣布：“凡有违‘五不’的人，学问再好，本事再大，我也不用，在我这儿，不允许任何人破坏‘五不’。”桂永清特别重视对军官的培养和考核。凡参加复兴社的军官必须每天写日记，自我反省，还得逐级检查批阅，并且不定期接受军事素质的考核。

这支队伍训练出来以后，战斗力远远超过一个甲种师，蒋介石因此对教导总队十分重视，把它作为自己的“御林军”使用，并授予桂永清拱卫首都南京的军事大权。

桂永清入了复兴社以后，便积极发展复兴社的势力。为了吸收大学生加入，他在南京创办了一个“南京青年骑射会”，以学习骑马射击并发给手枪来吸引大学生。这一招果然挺灵，青年学生的加入，为复兴社注入了新鲜血液。桂永清兼任“南京青年骑射会”干事长，骑射会一共举办了三期，其中百分之八十的会员都参加了“复兴社”。

为了在学生心目中树立蒋介石的光辉形象，桂永清在训练中经常对学员说：

“德国出了个希特勒，使德国复兴，中国有了我们蒋校长，只要大家一致拥护，中国也必可复兴。”

1937 年 7 月 7 日，卢沟桥事变发生，桂永清当时正在英国参加英王的加冕典礼。听到抗战全面爆发的消息，桂永清急忙回国，率领他的教导总队投入到八一三淞沪会战中。此时，教导总队已拥有步兵 16 个团，骑、炮、工兵、通讯、汽车各一个团，另有四个独立营，一个独立连，官兵总数超过一个正规军的编制。

何应钦本来决定调教导团进入四川，然后扩编成为 30 个团，作为第二期作战主力。桂永清知道何应钦是想为自己留点家底，却依然坚决要求立即参战，他召集营以上的军官召开战前动员会：“现在摆在我们面前有两条路：一是到后方扩军，大家升官，我升集团军总司令，你们营长升团长，团长升旅长，旅长升师长，师长升军长。另一条路就是到前方和日本人拼命。长期以来，别的部队拿着低工资干着拼命活。咱们教导总队的待遇在全国是数得着的，论装备咱用的是德式的全新装备。现在全国上下齐心要和日本人拼命，咱们却到后方避难，虽然是上峰命令，旁人也无法说什么。但大家好好想想，我们是不是对得起身上的这身皮?”

教导队的年轻军官本来就是热血男儿，早有以身报国的决心，全体官兵纷纷向中央请命，要求开赴战场。蒋介石为教导总队的勇气所打动，于是将其中三个团调到湖南扩建，把总队主力调到淞沪战场抵抗日军。

1937 年 11 月 6 日，桂永清总队长带着教导队到达上海，直接投入苏州河畔八字桥阵地，接替胡宗南第 1 军的防线。他和参谋长邱清泉同赴第一线巡视，告诫教导官兵死守阵地。日军的前沿部队乘橡皮艇强行渡河时，教导总队给予了日军沉重的打击，日军司令部只得改变路线，将第二批援军从金山登陆，对上海展开前后夹击。

淞沪会战失败后，日军乘势进犯南京城。蒋介石决定以中央军主力坚守南京，由唐生智率领阻挡日军抗衡。唐生智豪情万丈，宣称要与“与首都共存亡”。为了表示自己破釜沉舟的决心，让守城士兵断了后退的心，唐生智下令把下关的渡船全部沉入江中。

教导总队因为是御林军，所以蒋介石并没有安排教导队进入战斗序列，而是命令他们护送国民政府向汉口撤退。此时桂永清却主动请战，在桂永清的坚决要求下，教导总队终于接到了守卫南京城的命令。12 月 7 日，日军进犯到南京光华门下，教导总队拼死阻击。8 日，守军第 2 团遭到日军空袭，营长吴幼元身受重伤，第 2 团团长谢承瑞亲自督战。桂永清亲自带着医官到光华门前去救护伤员。

教导总队后来负责守卫紫金山，承受着日军攻城的第一波冲击。日军指挥官看到部下一批批倒在冲锋的路上，心下大急，于是向教导总队的阵地施放毒气。教导总队因为没有防毒面具，不少人顿时晕倒在地。日军趁势再次发起冲锋。教导队总队一营长罗雨丰见状大急，率领还清醒的战士挥动刺刀迎了上去，坚决要把日军挡在阵地外面。战士们用自己的身体和刺刀写就了一幅壮烈图，一营几乎全部阵亡。

面对数倍于自己人的日军，桂永清将教导队分成多层梯队，有效地打退了日军的一次又一次的冲锋。在紫金山的保卫战中，教导总队坚守了三天三夜，部队伤亡惨重，先后有五名营长阵亡。三天后，第 5 团团长邓文僖奉命退出紫金山，率部坚守天堡城。桂永清亲自到天堡城督战，将士们痛饮烈酒，齐喊口号："人在城在，人亡城亡"。

唐生智有"与首都共存亡"的豪情，却没有"与首都共存亡"的肝胆，眼看着日军步步紧逼南京城，他心中打起了退堂鼓。1937 年 12 月 12 日晚，唐生智丢下尚在前线流血牺牲的国军将士，率先乘船逃离南京。

唐生智离开南京的消息传出去以后，南京的守军军心顿时大乱，所有的人都有被欺骗的感觉，撤退并不是不行，问题是大家应该同进同退。现在唐生智临阵脱逃，人心一散，队伍就不好带了，大量的士兵放下武器，只想一走了事。桂永清一看，这仗没法打下去，只好带着教导总队往汉口撤退。

南京城当时三面被日军围，只有从下关渡江逃命这一条路，江水急湍，却没有渡江的船只，所有的船只都已被唐生智下令沉到江中，撤到江边的将士慌了神，手脚麻利的士兵有的砍树做成筏子渡江，有的抢老百姓的门板渡江，即使如此，被淹死、冻死的军人仍然不计其数，南京城内数十万来不及撤退的百姓和士兵则被日军残酷的屠杀。

1938 年 1 月，蒋介石把损失惨重的第 46 师与教导总队两部合编，组建成为新的第 46 师，任命桂永清为师长。

四、第三次丢官

1938年5月，日军土肥原师团孤军直入，径取兰封，截断陇海线，引起整个战局的震动。蒋介石调集了15个师约15万人的兵力，把土肥原师团两万人马包围在罗王寨、曲兴集一带，准备一举歼灭土肥原师团，以提升抗战以来低迷的士气。

1938年夏，蒋介石突然召见桂永清，将他晋升为第27军军长，下辖第36、第46、第106和炮兵共四个师，奉命在河南兰封、考城之间驻防，截断日军西进的路线。

蒋介石特意调桂永清、邱清泉率部参加围歼土肥原，主要是因为桂永清在前几次的战斗中表现英勇、指挥有板有眼，蒋介石想让桂永清继续出彩，好以后委以重任。

兰封城本来由宋希濂的71军防守，桂、邱的27军到达兰封城以后，蒋介石就命71军向红庙方向进击，把防守兰封城的任务交给27军。为了确保万无一失，蒋介石特意把71军的88师留下来协助27军，88师也暂时交给桂永清指挥。

两军换防时，宋希濂向邱、桂两人介绍日军和友军的情况，邱清泉根本就没耐心听他说什么，桂永清也认为这次是以多打少、歼灭土肥原师团那是迟早的事情，打个哈哈就过去了。

桂永清的运气不错，刚到封城就打了个胜仗，给日军来了个下马威。5月21日，64军、74军向野鸡岗发起进攻，邱清泉则带着几辆坦克、几十个步兵在兰封城郊照例巡逻。正在这时，邱清泉听到远处传来马蹄声音，手一挥，所有的人全都隐蔽起来。不久，一支百余人的日军骑兵部队朝着兰封城的方向急速而来。邱清泉很会抓住战机，等到日军一进入包围，就命令坦克向日军冲了过去，步兵则占据有利地形对骑兵开枪。日军骑兵被打了个晕头转向，扔下100具尸体跑了。

这次偶然的胜利让桂永清喜滋滋地给蒋介石和战区司令部分别拍了电报，称打死打伤日军数百人。蒋介石听到消息十分高兴，认为桂永清这小子还是有实力的，因此歼灭土肥原的信心更是爆涨。

土肥原贤二师团是日军甲种师团，配有300多辆装甲车，战力居华北日军各师团之首。5月23日，在坦克、大炮的支持之下，土肥原的一个加强旅团对兰封县城发起猛烈的攻击。日军火力太猛，桂永清仅抵抗了三个小时，土肥原就突破了兰封的外围防线。

接着，日军第14师团集中力量向双塔集地区攻击。第27军阵地很快被突破，桂永清率领所属部队狼狈逃往开封、杞县，日军于24日占领陇海路上的战略要点兰封，至此，土肥原师团成功跳出了国民党军的包围圈。

抗战全面爆发以来，国民党军虽然浴血奋战，却连连失利，中国政府迫切需要一场胜利来提振人气和军心。蒋介石调集十几万人围攻土肥原的一个师团，目的也就在于此。可桂永清的不战而逃把蒋介石的整个计划打得粉碎，令蒋介石对桂永清极其失望。

桂永清只好到武汉去向蒋介石负荆请罪，何应钦和陈诚看桂永清惹了大祸，都开口帮他求情。蒋介石觉得桂永清不堪大用，命令桂永清把第27军交给胡宗南指挥，派他去担任战干团的教育长。

1937年上海、南京相继失守后，日寇的铁蹄逐渐伸展到我国内地，全国各地有很多流亡学生和爱国青年无家可归、报国无门。1938年初，为了顺应民心，国民政府在武昌正式成立战时工作干部训练团。

战时工作干部训练团总团由蒋介石亲自兼任团长，陈诚任副团长，桂永清任教育长。训练团名义上是培训抗战骨干后备力量，蒋介石也存了私心，想从青年当中选择忠于自己的人才，打造自己的干部班底，为日后打败共产党做准备。

蒋介石对战时工作干部训练团的工作非常重视，多次到团部训话，并对身边的人说："北伐靠黄埔，抗日靠战干团。"陈诚也多次到战干团视察和讲话，强调战干团是蒋介石的"新生力量"，大家都是有前途的。

桂永清当了教育长以后，使用德国的训练方法训练学员，对学生生活管理要求十分严格，较之黄埔军校有过之而无不及。为了控制学生，桂永清利用三青团特务组织监视学生的言行。战干团没有团歌，桂永清就把黄埔军校校歌作为战时工作干部训练团的团歌，并宣布各期毕业学生的学籍并入黄埔军校。

武汉沦陷后，战干团由武昌迁往重庆綦江。在迁移途中，战干团中的一些进步的职员和学生组织了一个忠诚剧社，沿途宣传抗日，很受各地人民的欢迎。

忠诚剧团曾应邀到重庆的国泰大戏院演出《李秀成之死》，演出前后，一些演员和重庆的进步人士交流，发表了一些激进的言论。混进剧团的三青团特务立即向教育长桂永清告状，称《李秀成之死》宣传共产主义思想、剧团内有共产党组织。

桂永清一听头皮就炸了，战干团竟然混进了共产党的组织，老头子知道肯定得扒自己的皮。桂永清立即给政治部部长陈诚打报告说：共产党已经混进战干团，有专门的电台向外广布通讯网，随时准备举行暴动。

陈诚立即命令桂永清以国民党组织部颁发的《惩治异党条例》为依据进行搜捕，以宣传共产主义、有共产党嫌疑的罪名将该剧团职员和男女学生 50 多人分别扣押在綦江枣子园、派政治部主任藤杰、总队长杨厚灿、萧劲负责审讯。

不久，桂永清又在全团 5000 余名学生中大肆清查所谓共产党。有一个 16 岁的李姓学生写了一本力行哲学的稿子，书中有一句“这样乱杀人”的话，就被看作是共产党活埋。有些学生有进步思想，有的学生对特务的行为不满，都被当作共产党活埋。从 1939 年冬到 1940 年春这一段时期中，被害的学生共计 210 名。

《李秀成之死》剧中的一位女演员侥幸逃出綦江，跑到重庆找到阳翰笙等进步人士控诉了上述罪行。阳翰笙等立即向周恩来汇报，周恩来找到新上任的政治部部长张治中询问此事。

綦江惨案的消息一传出，重庆的各大媒体竞相报道，各界掀起一波怒潮，章士钊在报上发出“自古奇冤多，大者綦江狱”的感叹。重庆各界舆论都说战干团是杀人的魔窟、吃人的场所。有子女在该团的人们听到自己的子女被害，纷纷向政治部提出申诉，要求彻查。

张治中看到民愤如此高涨，亲自到綦江处理此事，把关押中的学员放了出来，把迫害学员的主犯押回重庆交军事法庭审判。听了详细报告后，张治中震惊地说：“这是狼心狗肺的人干的事。”

桂永清在綦江惨案负有不可推卸的责任，因此被撤职。在何应钦的再次说情下，桂永清被派往欧洲从事外交工作，暂避风头。

五、海军总司令

全面抗战初期，中德两国仍保持着外交往来。鉴于桂永清曾在德国学习过，由他担任中国驻德使馆武官是合适之选。

桂永清仓惶逃到德国，却心有不甘，他到底是个军人，还是希望自己能够当个军长，重新回到战场带兵打仗。

1941 年 4 月左右，桂永清和一位德国军官在起喝酒。几杯酒下肚，两个人酒意上涌，不知不觉就有了几分醉意。谈起中国的未来，桂永清一脸担忧说：日本固然是中国的劲敌，苏联才是中国最值得警惕的邻国。

德军军官听了连连摆手，大着舌头说："苏联？到时有没有苏联这个国家都还是个问题。不用多久，苏联将碾压在德国机械化部队的履带下，共产党将被消灭个精光。"

桂永清一脸不屑地看着德军军官，目光里只写着三个字：你瞎吹。

德国军官输不起这个人，喝酒输了不要紧，面子丢了那可是大事情，赶紧抖出一份猛料：德国元首希特勒已经打算彻底解决苏联问题。而且就在最近一段时间内，准确地说，就是 6 月 22 日。

得到这一消息后，桂永清赶紧以最快速度通知国内。为了核实这一情报的真实性，蒋介石指示财政部长孔祥熙等人在重庆举行茶话会招待德国驻华人员，打探情况。因为当时中德关系比较融洽，德国有些驻华人员也就有意无意地承认德国政府最近将对苏有重大军事行动。

国民党军事委员会的阎宝航也出席了这次茶话会，他的另一个身份是中共地下党，当时他就感觉到气氛异常，于是询问出席茶话会的国民党元老于右任，终于得知这一消息。

中共方面立即将这一情报通知了苏联政府。苏联政府当时已经从各个渠道得到不少这方面的消息，但斯大林依然半信半疑，认为事情不靠谱。接到中共的情报后，斯大林开始重视这事，并且准备枪炮欢迎远道而来的德国军队。后来事实也证明，德国军队正是在中共警告的日期向苏联发动了进攻。

苏德战争爆发以后，斯大林专门给中共发来感谢电报："感谢你们提供了德国进攻的情报，使苏联提早进入战备状态。"据说这是抗战期间斯大林给中共发出的唯一一封感谢电报。斯大林是当时世界共产主义阵营的领袖，架子很大，这次难得对小老弟提出表扬，由此可见这份电报的价值。追根溯源，桂永清的功劳可不小。

太平洋战争爆发后，中国与德国断绝了外交关系，桂永清的任务也算结束了，但蒋介石仍然无意起用桂永清，让他留驻瑞士，继续观察欧洲军事形势。1943 年，又改任驻英国军事代表团团长、驻联合国军事参谋团的中国军事代表等职。

在担任驻英军事代表团团长期间，桂永清的主要任务是和英、美的联合参谋部保持联系，互通消息。驻英军事代表团团长平时可做的事情不多，倒也悠闲。

陈诚虽然和桂永清相隔千万里，却时常惦记着桂永清，希望他不断进步，于是不断嘱咐桂永清应该这多研究海军体制和海军教育。陈诚还给他透露了一个信：美

海军总司令桂永清

国参战后，中国迟早会在对日战争中取得胜利，蒋介石已经有重整中国海军的打算。中国海军过去都由“闽系”当家，黄埔系的学生一点儿插不上手的，蒋介石对此也很不满意。

黄埔系也不是不想插足海军，问题是没有三两三，扔给你一条船，黄埔系也没人指挥得了。桂永清心想，如果自己在英国好好琢磨，说不定日后就是黄埔海军第一人了。

桂永清的心中有了动力，日子就充实多了。他经常利用能与英国军方高层接触的机会，对英国海军的体制和教育训练进行多方面的考察，又找到不少海军方面的书籍学习。

日本投降以后，英国政府打算将几艘超龄军舰赠送中国，由桂永清负责接收。借着这个机会，桂永清和海军搭上了关系。这时候，国民政府派了一批年轻的海军下级军官到英国来接受培训，并指定桂永清来管理他们。桂永清因此就和英国海军有了更多的联系，而且这段经历还为他日后统帅海军奠定了基础。

抗战胜利后，在国外坐了七年冷板凳的桂永清终于接到了蒋介石的电报，命令他立即回国。

在这之前，国民政府正在改组海军，陈绍宽被免去了海军总司令职务，海军司令部被撤销。蒋介石在军政部下设海军处，任命军政部长陈诚兼任海军处长。陈诚趁势提名桂永清任军政部海军署代署长、海军副司令。

桂永清毕竟是黄埔一期生，又是黄埔将领中唯一个懂海军的人，蒋介石也把过去的不满揭了过去，不久，又任命桂永清为海军代总司令。

此时的民国海军其实是个烂摊子，内部军制紊乱，派系林立，各派系间矛盾重重，各行其是，军令很难统一。人员素质不高，内斗倒个个是把好手。装备陈旧不说，数量还少得可怜。

桂永清执掌海军后，对海军进行了大规模的人事整顿；选派一批中年海军军官去英美接受培训，作为舰长或艇长的候选人；派青年海军军官到英美留学，作为基层干部候选人。规定不论学员无论从前毕业于哪所学校，一律以毕业年份区分，统一学籍，并入海军军官学校。

为了扩充民国海军实力，桂永清也不断向外寻求赞助。1947 年 7 月，美国国会同意将若干海舰及浮坞无偿转让给中华民国政府。为了获取新型的舰艇，桂永清利用自己任驻英国军事代表团团长时与英国军方结下的密切关系，请求英国海军赠送或租借国民党海军几艘有威力的大型战舰，而英国政府也答应赠送给国民党海军一艘轻型巡洋舰“重庆号”，并租借一艘新型护航驱逐舰“灵甫号”。就这样，桂永清先后通过接收、租借的方式，从英国和美国弄到了一大批各种类形的军舰。

抗战胜利时，国民党海军仅有小型舰艇 15 艘，共计吨位 7249 吨。到了 1948 年，国民党海军现役军舰已有 428 艘，总吨位达 19 万吨，海军官兵达 4 万多人。

1947 年 4 月 25 日，桂永清把上海的“中央海军军官学校”和青岛的“中央海军训练团”合并为“海军军官学校”，迁入青岛。由于它设在青岛，所以又叫“青岛海军军官学校”。从此，它就成了国民党海军培养军官的唯一教育机构，省得毕业生有派系之争。

桂永清仅用了一年多时间，就把国民党海军的规模扩大了好几倍，蒋介石对桂永清的成绩表示满意。1948 年 7 月，蒋介石正式任命桂永清为海军总司令。

六、“重庆号”起义

在国共内战中，桂永清的海军舰队从掩护国军攻占烟台，配合陆军进攻胶东半岛，支持辽西，接应营口撤退将士，到支持汤恩伯坚守上海，阻止共军渡江作战，桂永清的海军一直是蒋介石的最后生命线。

蒋介石对桂永清抱着很大希望，在辽沈战役中，因为形势吃紧，于是蒋介石想借助海军壮壮声威。1948 年 10 月，“重庆号”途经塘沽，蒋介石由桂永清陪同，登上了英国人赠送的巡洋舰“重庆号”，视察海军的实际情况。

蒋介石通过扩音器向全舰官兵训话，大讲军人守则、礼义廉耻、戡乱建国，实际上他是对海军官兵做最后的动员。“重庆号”一靠近葫芦岛码头，蒋介石就乘车去巡视前线。接着又在舰上召集卫立煌、桂永清、周至柔等几十名高级将领开会，商议对付解放军的对策，以便挽回东北战场的败局。桂永清把蒋介石送下舰后，就指挥“重庆号”炮轰解放军塔山阵地。

辽沈战役打响后，“重庆号”所配置的大口径炮就没有停息过，企图帮助步兵冲过解放军阻击线。炮火确实猛烈，将解放军阵地炸得千疮百孔。但桂永清忘了，最后解决战斗还得靠步兵，纵然有炮兵助阵，在解放军的顽强阻击下，东北国民党军还是寸步难进。

锦州被林彪攻克以后，援军变成了逃兵，跑得慢的士兵变成了解放军的俘虏。桂永清指挥“重庆号”接应溃兵。仗着船坚炮利，又漂浮在大海上，解放军近身不得，桂永清猖狂得很，以排炮拦截追兵。在“重庆号”的舰炮掩护下，一部分国民党败兵得以逃生，以致让解放军在辽沈战役中留下了未能全歼关外部队的遗憾。

桂永清因此以为他就是“海上霸王”，从葫芦岛撤往上海途中，横冲直撞，见到民间帆船也要耀武扬威一把。他向蒋介石表态说，就凭着“重庆号”，可以从长江头打到长江尾，共产党奈何不得。

中国共产党因此也盯上了“重庆号”，因为它几乎成了国民党海军的象征，拿下它，其影响将是爆炸性的。在共产党的影响下，一部分思想左倾的下级军官成立了“士兵解放委员会”。另外，当时形势的发展已近乎明朗化，国民党的失败已成了定局，“重庆号”官兵没有人不考虑自己的前途，那些在英国培训的年轻水兵已经有三分之一的人开了小差，人心思动，人心思变。

对此，桂永清虽然心知肚明，但还是一味地采用打压手段。他特地到舰上训话，宣称：“凡有不想干的，尽管走，桂某人不拦他。哪个想投共军的，站出来，我保证送他去！”桂永清训完话，开小差的也并没减少。舰上的进步官兵，争取了舰长邓兆祥的同情和支持，共同酝酿起义。

1949 年 2 月 25 日，随着一声炮响，“重庆号”在上海吴淞口宣布起义，由邓兆祥舰长亲自驾驶驰向茫茫大海，奔向烟台解放区。

当听到这个消息时，桂永清额头上滚动着汗珠，跑了“重庆号”，怕是蒋介石也饶不过他。因此守着电台向“重庆号”呼叫，苦苦哀求：只要“重庆号”能叛而复返，凡有要求，一概答应。

“重庆号”事件，让国民党政权在世界舆论面前丢尽了面子。这艘国民党海军威力最大、装备最先进的“重庆号”巡洋舰，居然就在政府眼皮子底下采取行动，由吴淞口开往烟台解放区去了。

“重庆号”起义宣言发布后，中外震惊，蒋介石得此消息大怒，拍桌斥责桂永清“事先疏于防范”，“着即撤职留任！”

国民党立法院也提出紧急动议，说：“‘重庆号’为海军总司令之旗舰，此次居然出走，实为古今中外之奇说！”责令桂永清和参谋总长顾祝同、国防部长徐永昌立即到院报告真相。一时间，桂永清成为国民党内众矢之的，搞得他焦头烂额，说话都语无伦次了，竟对记者说邓兆祥在英国留学时已加入共党了。

如今“重庆号”反而成了共军的利器，蒋介石只能责令空军尽快炸沉“重庆号”。但空军又找不到“重庆号”，因为共产党也知道蒋介石会有这么一手，已经把“重庆号”隐藏了起来。桂永清急得寝食难安，他亲自召集海军各舰舰长会议，策划讨伐“重庆号”。

到了这个时候，没人敢担负这个任务，桂永清只好点了几个舰长的名字，问他们如果碰到“重庆号”怎么办。“逸仙号”的舰长邵伦就比画着“重庆号”上大炮的口径，说：“我们‘逸仙号’炮口都比它细好多，没法跟它打。见了它只能跑，跑不掉，就只能扯起白旗投降。”

桂永清听了鼻子都气歪了，自己手里的军舰没法和“重庆号”对抗，只能依靠空军和美军的配合了。

机会终于来了，“重庆号”奉命驶向葫芦岛时，被国民党空军侦察机发现了，美国海军出动三艘潜水艇驶向葫芦岛海面，来阻止“重庆号”逃逸。

在美军的有力配合下，国民党空军接连四天出动多架美式 B-24 式重型轰炸机在葫芦岛海面轮番轰炸。“重庆号”严重受伤，舰体倾斜。舰上解放军共有六名士兵阵亡，近 20 人受伤。为避免轰炸机进一步对“重庆号”舰只造成破坏，解放军决定拆除舰上重要设备，在 3 月 20 日打开闸门自沉于葫芦岛海底。

七、短命的总长

“重庆号”起义事件让海军总司令桂永清丢尽了脸面，两个月之后，国民党第2舰队司令林遵将军又拒绝了桂永清下达的“全面阻止共军渡江”和撤回上海的命令，率领着国民党海军江防第2舰队在南京附近的笆斗山江面宣布起义，浩浩荡荡投向解放军。

1950年4月，解放军跨过琼州海峡，只用了六天时间便攻占了海南岛。紧接着，舟山群岛、万山群岛、东山岛等，相继被解放军攻下。桂永清夸口的“海上长城”被摧毁殆尽，眼看台湾亦面临“空前未有的危险时期”，蒋介石实在不敢再把最后的生机交在桂永清手里了，遂当机立断，立即免去他的海军总司令之职。

不过这时桂永清的好友陈诚做了“行政院长”，特意给他安排了一个体面的台阶：晋升海军上将。1952年，桂永清调任“总统府”参军长，从此做了一个闲官。

桂永清与蒋介石

国民党败退到台湾以后，美国政府对台湾“一人说话，全民点头”的政治形式很是不满，因此一直想逼蒋介石下野，换个新人上台。朝鲜战争爆发以后，美国虽然不愿意蒋介石继续执政，却也害怕解放军乘机攻下台湾，于是将第七舰队驶入台湾海峡，给国民党当局撑起了一个保护伞。

美国为了让台湾岛成为他的一艘不沉的航空母舰，帮了蒋介石一把，使蒋介石又看到了希望。1953 年 3 月，蒋介石连任总统。他对军界高层进行“反共抗俄总动员”，将领们的位置相应地又有一番变动，桂永清也风闻了将由周至柔接替他“参军长”职务的风传。

桂永清以为这是自己在军界彻底完蛋的兆头，他的表现反而显行淡薄潇洒起来。他托人购买了字帖笔墨，准备在书法绘画中安度晚年，他对周围人也说，从此可有读书写字的机会了。没想到，这却是他再一次升迁的机会。

1954 年 5 月 6 日，桂永清陪新当选上总统的蒋介石乘军舰去视察大陈岛“防务”。50 天后，即 6 月 24 日，蒋介石便任命桂永清为“国防部参谋总长”，由二级上将晋升为一级上将。

从大陆撤退台湾后，桂永清反倒是青云直上了，这是怎么回事呢？第一，当然是因为桂永清与陈诚的关系；第二，蒋介石身边也确实需要人才，黄埔一期生大多是蒋介石最亲信的弟子，蒋介石最器重的就是黄埔一期生，自北伐以后，正是他们支撑着蒋介石的事业。

如今蒋介石的心腹爱将胡宗南、杜聿明等人，兵败的兵败，被俘的被俘，蜀中无大将，廖化作先锋，蒋介石想在军队中继续选拔黄埔一期生建立新的领导体系，只能重用桂永清了。而自桂永清以后的历任参谋总长，大多是蒋介石在黄埔军校的子弟兵。

这次的意外升迁，让桂永清喜出望外，于是他又重新振作起来，决心建设“强大”的三军，反攻大陆。他在病中草拟了三军军事训练计划，力图把国民党军队推向现代化。可惜桂永清的身体已经如风中残烛，但是他“为着初任总领三军重任，不愿片刻休息，既看西医，也服中药，以求急效”。

6 月 30 日，桂永清正式就任参谋总长，他也是国民党由海军成为军队统领机关领导者的第一人。

1954 年 8 月 11 日晚上，魏道明夫妇在北投某友别墅设宴，桂永清夫妇也应邀参加。刚入席，桂永清即称喉头伤风，说话声音嘶哑，但他仍用哑嗓子发言说必须建设强大三军，才能“打倒共匪”，还嘱同席的蔡孟坚多多“研究反攻大陆后重建方案”，诚所谓到了“声嘶力竭”的地步。不想这成了他最后的演讲，当晚桂永清便住进了医院。

8月12日，人们从广播中听到了桂永清已在当日凌晨暴卒的消息，终年54岁。屈指一算，从他上任参谋总长起至病逝，仅有短短的44天。

历史评说

桂永清的军事才华在如恒河沙数、将星如云的黄埔学生中简直排不上号，与胡宗南、杜聿明、王耀武等人相比，桂永清更类似于一个穿着军装的政客。他屡屡犯错，却又屡屡有贵人相助。他如同一只蜘蛛，绞尽脑汁为自己编织了一张密密麻麻的人际关系网，一路官运亨通、青云直上。在黄埔同学们纷纷兵败被俘、折戟沉沙之后，狡黠圆滑的桂永清终于成功登顶参谋总长的宝座，成为国民党第一个统帅三军的黄埔生。不成想上任仅44天，桂永清便暴病身亡，真是人算不如天算。